Lorenz

Abfallstrafrecht

Abfallstrafrecht

Abfallbewirtschaftung – Abfallverbringung – Abfallbeauftragte

von

Dr. Manuel Lorenz

Rechtsanwalt und Fachanwalt für Strafrecht
in Mainz
Lehrbeauftragter der Universität Trier

C.F. Müller

Dr. Manuel Lorenz ist Rechtsanwalt und Fachanwalt für Strafrecht. Sein Tätigkeitsfeld umfasst das Wirtschafts- und Steuerstrafrecht, Umweltstrafrecht, Insolvenz- und Bankrottstrafrecht sowie Arbeitsstrafrecht. Darüber hinaus ist *Dr. Manuel Lorenz* Lehrbeauftragter an der Universität Trier für Internationales und Wirtschaftsstrafrecht sowie Dozent für Abfall- und Umweltstrafrecht am Umweltinstitut in Offenbach.

Bibliografische Information der Deutschen Nationalbibliothek.
Die Deutsche Nationalbibliothek verzeichnet diese Publikation in der Deutschen Nationalbibliografie; detaillierte bibliografische Daten sind im Internet über <https://portal.dnb.de> abrufbar.

Zitiervorschlag:
Lorenz Abfallstrafrecht, Rn. 1

Print: ISBN 978-3-8114-5664-8
ePub: ISBN 978-3-8114-5667-9

E-Mail: kundenservice@cfmueller.de
Telefon: +49 6221 1859 599
Telefax: +49 6221 1859 598

www.cfmueller.de

Satz: TypoScript, München
Druck: CPI books, Leck

Vorwort

Gibt‘s schön‘re Pflichten für ein edles Herz,
Als ein Verteidiger der Unschuld sein,
Das Recht der Unterdrückten zu beschirmen?
Friedrich von Schiller

Das Abfallstrafrecht ist der wohl praxisrelevanteste und umsatzstärkste Teil des Umweltstrafrechts in Deutschland. Ausweislich einer Prognose von Statista soll der Umsatz in der Branche Abfallwirtschaft in Deutschland im Jahr 2025 etwa 43 Milliarden Euro betragen. Gleichwohl ist bislang kein Beitrag zu finden, der sich konzentriert und ausschließlich mit der strafrechtlichen Haftung im Abfallrecht und ausschließlich mit solchen Straftatbeständen befasst, die den ordnungsgemäßen und rechtmäßigen Umgang mit Abfällen absichern.

Ziel des vorliegenden Werkes soll deshalb sein, dem praktischen Anwender, mag es sich um Juristen, Unternehmer, Unternehmensleiter wie Vorstände, Geschäftsführer und leitende Angestellte oder auch um Abfallbeauftragte handeln, konzentrierte Informationen mit Bezug zur strafrechtlichen Haftung im Abfallrecht an die Hand zu geben. Vor diesem Hintergrund wird auch ein besonderes Augenmerk auf die Funktion und Haftung des Betriebsbeauftragten für Abfall gelegt. Zum besseren Verständnis und zur Erleichterung des Auffindens werden im besonderen Teil die einschlägigen Strafvorschriften den jeweiligen Ausführungen zumindest auszugsweise vorangestellt.

Es ist mir ein besonderes Anliegen, Hinweise über die Bedürfnisse und Fragestellungen der Praxis zu erhalten, um das Werk in Folgeauflagen markt- und anwenderorientiert weiterentwickeln zu können. Vor diesem Hintergrund bitte ich, entsprechende Hinweise und Anregungen an folgende E-Mail-Adresse zu richten:

Hinweis@Abfallstrafrecht.de

Ganz besonders möchte ich mich bei Frau Katharina Sachen, Frau Hannah Clüsserath und Frau Franziska Terlinden für die wertvolle Unterstützung sowie bei meiner lieben Frau Rebecca Lorenz dafür bedanken, dass sie mir zuhause stets unermüdlich den Rücken freihält.

Rechtsanwalt Dr. Manuel Lorenz

Meinen Söhnen
Jakob und Johann

Inhaltsverzeichnis

3. Kapitel
Besonderer Teil

Anhang I:
Merkposten für den Abfallbeauftragten

Anhang II:
Gesetzgebungsgeschichte zu den Begriffen Abfall und Gefährlichkeit

Abkürzungsverzeichnis

a.A.	andere Ansicht
Abfallverbringungs-verordnung	Verordnung (EG) Nr. 1013/2006 des Europäischen Parlaments und des Rates vom 14.6.2006 über die Verbringung von Abfällen, Abl. L 190 v. 15.7.2006, S. 1
AbfBeauftrV	Abfallbeauftragtenverordnung
AbfG	Abfallgesetz
AbfVerbG	Abfallverbringungsgesetz
AbfVerbrBußV	Abfallverbringungsbußgeldverordnung
ABl.	Amtsblatt
Abs.	Absatz
AG	Amtsgericht, Aktiengesellschaft
Art.	Artikel
AtomG	Atomgesetz
Aufl.	Auflage
AVV	Abfallverzeichnisverordnung
AwSV	Verordnung über Anlagen zum Umgang mit wassergefährdenden Stoffen
Az.	Aktenzeichen
BayObLG	Bayerisches Oberstes Landesgericht
BayObLGSt	Sammlung der Entscheidungen des Bayerischen Obersten Landesgerichts in Strafsachen
Bd.	Band
BeckOK	Beck'scher Online-Kommentar
BeckRS	Beck-Rechtsprechung
Beschl.	Beschluss
BfA	Betriebsbeauftragter für Abfall
BGBl.	Bundesgesetzblatt
BGH	Bundesgerichtshof
BGHSt	Sammlung der Entscheidungen des Bundesgerichtshofs in Strafsachen
BImSchG	Bundesimmissionsschutzgesetz
BRD	Bundesrepublik Deutschland
BT-Drucks.	Bundestagsdrucksache
BVerwG	Bundesverwaltungsgericht
BVerwGE	Bundesverwaltungsgerichtsentscheidung
bzw.	beziehungsweise
ChemG	Chemikaliengesetz
d.h.	das heißt
EG	Europäische Gemeinschaft
EU	Europäische Union
f.	folgende
ff.	fortfolgende
GefStoffV	Gefahrstoffverordnung
gem.	gemäß
GG	Grundgesetz

GmbH	Gesellschaft mit beschränkter Haftung
grds.	grundsätzlich
h.M.	herrschende Meinung
Hs.	Halbsatz
i.B.a.	in Bezug auf
i.S.d.	im Sinne des
i. S.	im Sinne
i.S.v.	im Sinne von
i.V.m.	in Verbindung mit
IWG	Investitionserleichterungs- und Wohnbaulandgesetz
JZ	Juristenzeitung
Kap.	Kapitel
KG	Kammergericht
KK-OWiG	Karlsruher Kommentar zum Gesetz über Ordnungswidrigkeiten
KrWG	Kreislaufwirtschaftsgesetz
lit.	litera (Buchstabe)
LK	Leipziger Kommentar zum Strafgesetzbuch
LPK-StGB	Lehr- und Praxiskommentar zum Strafgesetzbuch
MDR	Monatsschrift für Deutsches Recht
MK	Münchener Kommentar zum Strafgesetzbuch
m.w.N	mit weiteren Nachweisen
NJW	Neue Juristische Wochenschrift
NK	Nomos Kommentar zum Strafgesetzbuch
Nr.	Nummer
NStZ-RR	Rechtsprechungsreport der Neuen Zeitschrift für Strafrecht
NuR	Zeitschrift Natur und Recht
NVwZ	Neue Zeitschrift für Verwaltungsrecht
OLG	Oberlandesgericht
OWiG	Ordnungswidrigkeitengesetz
Rn.	Randnummer
S.	Seite, Satz
SK	Systematischer Kommentar zum Strafgesetzbuch
sog.	sogenannt(e/er/es)
SSW-StGB	Satzger/Schluckebier/Widmaier, Kommentar zum Strafgesetzbuch
StGB	Strafgesetzbuch
StrÄG	Strafänderungsgesetz
StV	Strafverteidiger (Zeitschrift)
TRGS	Technische Regeln für Gefahrstoffe
UPR	Umwelt- und Planungsrecht
Urt.	Urteil
UVPG	Gesetz über die Umweltverträglichkeitsprüfung

v.	vom/von
Var.	Variante(n)
VG	Verwaltungsgericht
vgl.	vergleiche
Vor	Vorbemerkung(en)
VwGO	Verwaltungsgerichtsordnung
VwVfG	Verwaltungsverfahrensgesetz
wistra	Zeitschrift für Wirtschafts- und Steuerstrafrecht
z.B.	zum Beispiel
ZWH	Zeitschrift für Wirtschaftsstrafrecht und Haftung im Unternehmen

Literaturverzeichnis

Achenbach, Hans/Ransiek, Andreas/Rönnau, Thomas (Hrsg.) Handbuch Wirtschaftsstrafrecht, 6. Aufl. 2024 (zitiert: Achenbach/Ransiek/Rönnau/*Bearbeiter*)

Beckemper, Katharina/Wegner, Carsten Der Abfallbegriff – Geltung des § 3 Abs. 3 S. 1 Nr. 2 KrW/AbfG im Abfallstrafrecht, wistra 2003, 281-285

Beckmann, Martin Zur Erforderlichkeit eines Abfallbeauftragten für den Lebensmitteleinzelhandel nach den §§ 59 KrWG, 2, 7 AbfallbeauftrV, AbfallR 2023, 2-18

Bergwitz, Christoph Der Abfallbeauftragte – das unbekannte Wesen, NZA 2021, 542-545

Bickel, Christian Die Strafbarkeit der unbefugten Gewässerverunreinigung nach § 38 WHG, ZfW 1979, 139-149

Bittmann, Folker Anmerkung zum Urteil des BGH vom 14.7.2021 (6 StR 282, 20, NZWiSt 2022, 26) – Betrugsrelevante Aufklärungspflicht und Vermögensbetreuungspflicht, NZWiSt 2022, 30-34

Bloy, Rene Umweltstrafrecht – Geschichte – Dogmatik – Zukunftsperspektiven, JuS 1997, 577-587

Börner, René Umweltstrafrecht, 1. Aufl. 2020 (zitiert: *Börner* Umweltstrafrecht)

ders. § 327 Abs. 2 Nr. 1 StGB und die „wesentliche Änderung" des Betriebs (§ 327 Abs. 2 Nr. 1 StGB) wistra 2006, 7-10

Böse, Martin Die Garantenstellung des Betriebsbeauftragten, NStZ 2003, 636-641

Breuer, Rüdiger/Gärdiz, Klaus Ferdinand Öffentliches und privates Wasserrecht, 4. Aufl. 2017 (zitiert: *Breuer/Gärdiz* Öffentliches und privates Wasserrecht)

Bürkle, Jürgen/Hauschka, Christoph E. Der Compliance Officer, 1. Aufl. 2015 (zitiert: *Bürkle/Hauschka* Der Compliance Officer)

Czychowski, Manfred/Reinhardt, Michael (Hrsg.) Wasserhaushaltsgesetz, 13. Aufl. 2023 (zitiert: *Czychowski/Reinhardt* Wasserhaushaltsgesetz)

Dannecker, Gerhard/Dannecker, Christoph Die „Verteilung" der strafrechtlichen Geschäftsherrenhaftung im Unternehmen, JZ 2010, 981-992

Deiters, Mark/Reuker, Ulf/Wagner, Sebastian Die strafbarkeitsbegrenzende Wirkung der behördlichen Duldung virtuellen Glücksspiels, NStZ 2021, 321

Erb, Volker/Schäfer, Jürgen (Hrsg.) Münchener Kommentar zum Strafgesetzbuch: StGB, Bände 1 (§§ 1 – 37), 4. Aufl. 2020 und 6 (§§ 298 – 358), 4. Aufl. 2022 (zitiert: MK-*Bearbeiter*)

Erbs, Georg/Kohlhaas, Max/Häberle, Peter (Hrsg.) Strafrechtliche Nebengesetze, Kreislaufwirtschaftsgesetz, 247. Ed. Stand Juni 2023 (zitiert: Erbs/Kohlhass/*Bearbeiter* Strafrechtliche Nebengesetze KrWG)

dies. Strafrechtliche Nebengesetze, Chemikaliengesetz, 247. Ed. Stand Juni 2023 (zitiert: Erbs/Kohlhass/*Bearbeiter* Strafrechtliche Nebengesetze ChemG)

dies. Strafrechtliche Nebengesetze, Abfallverbringungsgesetz, 247. Ed. Stand Juni 2023 (zitiert: Erbs/Kohlhass/*Bearbeiter* Strafrechtliche Nebengesetze AbfVerbrG)

Erdt, Tom Das verwaltungsakzessorische Merkmal der Unbefugheit in § 324 StGB und seine Stellung im Deliktsaufbau, 1997 (zitiert: *Erdt* Das verwaltungsakzessorische Merkmal der Unbefugtheit in § 324 StGB und seine Stellung im Deliktsaufbau)

Fischer, Thomas Strafgesetzbuch, 69. Aufl. 2022 (zitiert: *Fischer*)

Fluck, Jürgen Die Duldung des unerlaubten Betreibens genehmigungsbedürftiger Anlagen – Ein Beitrag zu den verwaltungsrechtlichen und strafrechtlichen Wirkungen informellen Verwaltungshandelns, NuR 1990, 197-204

Franzheim, Horst/Pfohl, Michael Umweltstrafrecht Eine Darstellung für die Praxis, 2. Aufl. 2001 (zitiert: *Franzheim/Pfohl* Umweltstrafrecht)

ders. Strafrechtliche Probleme der Altlasten, ZfW 1987, 9-16

Giesbert, Ludger/Reinhardt Michael (Hrsg.) Beck'scher Online-Kommentar zum Umweltrecht, 67. Ed. Stand 1.7.2023 (zitiert: BeckOK-UmweltR/*Bearbeiter*)

Göhler, Erich Kommentar zum Ordnungswidrigkeitengesetz, 18. Aufl. 2021 (Göhler/*Bearbeiter* OWiG)

Graf, Jürgen/Jäger, Markus/Wittig, Petra (Hrsg.) Wirtschafts- und Steuerstrafrecht, 2. Aufl. 2017 (zitiert: Graf/Jäger/Wittig/*Bearbeiter*)

Hauschka, Christoph E./Moosmayer, Klaus/Lösler, Thomas (Hrsg.) Corporate Compliance Handbuch der Haftungsvermeidung im Unternehmen (zitiert: Hauschka/Moosmayer/Lösler/*Bearbeiter* Corporate Compliance)
Hecker, Bernd Europäisches Strafrecht, 6. Aufl. 2021 (zitiert: *Hecker* Europäisches Strafrecht)
Hecker, Bernd/Lorenz, Manuel Systematische Übersicht der Rechtsprechung zum Umweltstrafrecht, NStZ-RR 2023,129
dies. Systematische Übersicht der Rechtsprechung zum Umweltstrafrecht, NStZ-RR 2022, 65
dies. Systematische Übersicht der Rechtsprechung zum Umweltstrafrecht, NStZ-RR 2021, 65
dies. Systematische Übersicht der Rechtsprechung zum Umweltstrafrecht, NStZ-RR 2020, 33
dies. Systematische Übersicht der Rechtsprechung zum Umweltstrafrecht, NStZ-RR 2019, 65
dies. Systematische Übersicht der Rechtsprechung zum Umweltstrafrecht, NStZ-RR 2018, 65
dies. Systematische Übersicht der Rechtsprechung zum Umweltstrafrecht, NStZ-RR 2017, 33
Heger, Martin/Hower, Markus Gewässerverunreinigung durch Kunststoffpartikel in Kosmetikprodukten, NuR 2014, 470-476
Heine, Günter/Jörg, Martin Die Beseitigung radioaktiv kontaminierten Klärschlamms als strafrechtliches Problem – Tschernobyl und die Anwendbarkeit von § 326 StGB, NuR 1988, 325-334
Hellmann, Uwe Wirtschaftsstrafrecht, 5. Aufl. 2018 (zitiert: *Hellmann* Wirtschaftsstrafrecht)
Horn, Eckardt Umweltschutz-Strafrecht: eine After-Disziplin?, UPR 1983, 362-367
Ipsen, Jörn Allgemeines Verwaltungsrecht, 11. Aufl. 2019 (zitiert: *Ipsen* Allgemeines Verwaltungsrecht)
Jarass, Hans D. Kommentar BImSchG, 14. Aufl. 2022 (zitiert: *Jarass* BImSchG)
Kindhäuser, Urs/Neumann, Ulfried/Paeffgen, Hans-Ullrich (Hrsg.) NomosKommentar Strafgesetzbuch, Bände 1 (§§ 1-79b StGB) und 3 (§§ 232-358 StGB), 6. Aufl. 2023 (zitiert: NK-*Bearbeiter*)
Kloepfer, Michael/Heger, Martin Umweltstrafrecht, 3. Aufl. 2014 (zitiert: *Kloepfer/Heger* Umweltstrafrecht)
Köhler, Helmut Der wasserrechtliche Beauftragte, ZfW 1976, 323-346
Kollmer, Norbert/Klindt, Thomas/Schucht, Carsten (Hrsg.) Arbeitsschutzgesetz, 4. Aufl. 2021 (zitiert: Kollmer/Klindt/Schucht/*Bearbeiter* Arbeitsschutzrecht)
Krey, Volker/Esser, Robert Deutsches Strafrecht Allgemeiner Teil, 7. Aufl. 2022 (zitiert: *Krey/Esser* AT)
Krell, Paul Umweltstrafrecht, 1. Aufl. 2017 (*Krell* Umweltstrafrecht)
ders. Die Systematik des Abfallstrafrechts – Zugleich Besprechung von BGH, Urt. v. 23.10.2013 – 5 StR 505/12, NZWiSt 2014, 14-20
Krenberger, Benjamin/Krumm, Carsten Kommentar zum Ordnungswidrigkeitengesetz, 7. Aufl. 2022 (Krenberger/Krumm/*Bearbeiter*)
Kudlich, Hans Objektive und subjektive Zurechnung von Erfolgen im Strafrecht – eine Einführung, JA 2010, 681-687
Kühl, Kristian Strafrecht Allgemeiner Teil, 8. Aufl. 2017 (zitiert: *Kühl* AT)
Kunze, Christoph Das Merkmal „unbefugt" in den Strafnormen des Besonderen Teils des StGB, 2014 (zitiert: *Kunze* Das Merkmal „unbefugt" in den Strafnormen des Besonderen Teils des StGB)
Lackner, Karl/Kühl, Kristian/Heger, Martin (Hrsg.) Strafgesetzbuch Kommentar, 30. Aufl. 2023 (zitiert: Lackner/Kühl/Heger/*Bearbeiter*)
Leipold, Klaus/Tsambikakis, Michael/Zöller, Mark Alexander (Hrsg.) AnwaltKommentar StGB, 3. Aufl. 2020 (zitiert: Leipold/Tsambikakis/Zöller/*Bearbeiter* AnwaltKommentar StGB)
Leitner, Werner/Rosenau, Henning (Hrsg.) Wirtschafts- und Steuerstrafrecht Kommentar, 2. Aufl. 2022 (zitiert: Leitner/Rosenau/*Bearbeiter* Wirtschafts- und Steuerstrafrecht)
Lenk, Michaela Sanktionierung von Unternehmen, 2021 (zitiert: *Lenk* Sanktionierung von Unternehmen)
Löwe, Ewald (geistiger Schöpfer) Löwe Rosenberg Die Strafprozessordnung und das Gerichtsverfassungsgesetz, Großkommentar, Bd. 7, 27. Aufl. 2021 (zitiert: LR-StPO/*Bearbeiter*)
Malitz, Michael Zur behördlichen Duldung im Strafrecht, 1995 (zitiert: *Malitz* Zur behördlichen Duldung im Strafrecht)
Matt, Holger/Renzikowski, Joachim (Hrsg.) Strafgesetzbuch Kommentar, 2. Aufl. 2020 (zitiert: Matt/Renzikowski/*Bearbeiter*)
Michalke, Regina Umweltstrafsachen, 3. Aufl. 2022 (zitiert: *Michalke* Umweltstrafsachen)
Mitsch, Wolfgang (Hrsg.) Karlsruher Kommentar zum Gesetz über Ordnungswidrigkeiten, 5. Aufl. 2018 (zitiert: KK-OWiG-*Bearbeiter*)

Möhrenschlager, Manfred Revision des Umweltstrafrechts – Das Zweite Gesetz zur Bekämpfung der Umweltkriminalität, NStZ 1994, 513-519
Nagel, Jürgen Der Abfallbeauftragte, 2022 (zitiert: *Nagel* Der Abfallbeauftragte)
Narges, Jonathan Die Kausalität bei Gremienbeschlüssen – das Problem der überbedingten Erfolge, ZJS 2019, 97-105
Oonk, Andreas Strafrechtliche Verantwortung im Unternehmen im Zeitalter der Compliance, 2019 (zitiert: *Oonk* Strafrechtliche Verantwortung im Unternehmen im Zeitalter der Compliance)
Perschke, Stefan Die Verwaltungsakzessorietät des Umweltstrafrechts nach dem 2. UKG, wistra 1996, 161-168
Pfeiffer, Joachim Verunreinigung der Luft nach § 325 StGB, 1996 (zitiert: *Pfeiffer* Verunreinigung der Luft nach § 325 StGB)
Pfohl, Michael Anmerkung zu BGH Urt. v. 30.7.2020 – 4 StR 419/19, NStZ-RR 2021, 13
Ranft, Otfried Das garantiepflichtwidrige Unterlassen der Deliktshinderung, ZStW 1994, 815-863
Ransiek, Andreas Betreiben, Ausführen, Herstellen – § 327 StGB und andere Tatbestände des Wirtschaftsstrafrechts in: Strafverteidigung, Revision und die gesamten Strafrechtswissenschaften Festschrift für Gunter Widmaier zum 70. Geburtstag, 2008 (zitiert: *Ransiek* FS Widmaier)
Rengier, Rudolf Strafrecht Allgemeiner Teil, 15. Aufl. 2023 (zitiert: *Rengier* AT)
ders. Die öffentlich-rechtliche Genehmigung im Strafrecht, ZStW 1989, 874-907
Rissing-van Saan, Ruth/Radtke, Henning/Rönnau, Thomas/Schluckebier, Wilhelm/Cirener, Gabriele (Hrsg.) Leipziger Kommentar zum Strafgesetzbuch, Bd. 1, 13. Aufl. 2020; Bd. 2, 13. Aufl. 2021; Bd. 18, 13. Aufl. 2022 (zitiert: LK-*Bearbeiter*)
Rudolphi, Hans-Joachim/Wolter, Jürgen (Hrsg.) Systematischer Kommentar zum Strafgesetzbuch, Bd. 6, 10. Aufl. 2020 (zitiert: SK-*Bearbeiter*)
Rogall, Klaus Die Duldung im Umweltstrafrecht, NJW 1995, 922
ders. Die Auswirkungen des neuen Kreislaufwirtschafts- und Abfallgesetzes auf das Umweltstrafrecht, Festschrift für Karlheinz Boujong zum 65. Geburtstag, 1996 (zitiert: *Rogall* FS Boujong)
ders. Dogmatische und kriminalpolitische Probleme der Aufsichtspflichtverletzung in Betrieben und Unternehmen (§ 130 OWiG), ZStW 1986, 573-623
ders. Grundprobleme des Abfallstrafrecht – 2. Teil, NStZ 1992, 561-568
Rotsch, Thomas „Lederspray" redivivus – Zur konkreten Kausalität bei Gremienentscheidungen, ZIS 2018, 1-13
Roxin, Claus Strafrecht Allgemeiner Teil, Bd. II, Besondere Erscheinungsformen der Straftat, 2003 (zitiert: *Roxin* AT II)
Sack, Hans-Jürgen Umweltschutz-Strafrecht, 49. Aktualisierung 2023 (zitiert: *Sack* Umweltschutzstrafrecht)
Saliger, Frank Umweltstrafrecht, 2. Aufl. 2020 (zitiert: *Saliger* Umweltstrafrecht)
ders. Gewährung von Ausgang an Straftäter, JZ 2004, 977-980
Salje, Peter Zivilrechtliche und strafrechtliche Verantwortung des Betriebsbeauftragten für Umweltschutz, BB 1993, 2297-2306
Samson, Erich Konflikte zwischen öffentlichem und strafrechtlichem Umweltschutz, JZ 1988, 800-805
Sanden, Joachim Die Bodenverunreinigung (§ 324a StGB), wistra 1996, 283-292
Sander, Horst P. Rechtsstellung und Rechtsschutz des Betriebsbeauftragten für Gewässerschutz aus der Sicht der Industrie, NuR 1985, 47-58
Schall, Hero Systematische Übersicht der Rechtsprechung zum Umweltstrafrecht, NStZ-RR 1998, 353
ders. Systematische Übersicht der Rechtsprechung zum Umweltstrafrecht, NStZ-RR 1992, 209; 1992, 265
ders. Grund und Grenzen der strafrechtlichen Geschäftsherrenhaftung, Festschrift für Hans-Joachim Rudolphi zum 70. Geburtstag, 2004 (zitiert: *Schall* FS Rudolphi)
Scheidler, Alfred Zurechenbarkeit umweltdeliktischen Verhaltens bei arbeitsteiligen Betriebsorganisationen, ZUR 2010, 16-19
Schlösser, Jan Die Anerkennung der Geschäftsherrenhaftung durch den BGH, NZWiSt 2012, 281-286
Schoch, Friedrich/Schneider, Jens-Peter Verwaltungsrecht VwGO, 44. Aufl. 2023 (zitiert: Schoch/Schneider/*Bearbeiter* Verwaltungsrecht)
Scholz, Rupert Strafbarkeit juristischer Personen?, ZRP 2000, 435-440
Schönke, Adolf/Schröder, Horst (Hrsg.) Strafgesetzbuch, Kommentar, 30. Aufl. 2019 (zitiert: Schönke/Schröder/*Bearbeiter*)
Schünemann, Bernd Die Strafbarkeit von Amtsträgern im Gewässerstrafrecht, wistra 1986, 235-246

ders. Strafrechtsdogmatische und kriminalpolitische Grundfragen der Unternehmenskriminalität, wistra 1982, 41-50
Stein, Philipp Illegales Verbringen von Abfällen als unechtes Unternehmensdelikt – zu den Tathandlungen der §§ 18a, 18b AbfVerbrG, wistra 2021, 53-58
Többens, Hans W. Die Bekämpfung der Wirtschaftskriminalität durch die Troika der §§ 9, 130 und 30 des Gesetzes über Ordnungswidrigkeiten, NStZ 1999, 1-8
Truxa, Klaus Peter Rechtsstellung und Funktion von Betriebsbeauftragten für Gewässerschutz nach §§ 21a ff. WHG, ZfW 1980, 220-224
Ullmann, Arieh A. Industrie und Umweltschutz Implementation von Umweltschutzgesetzen in deutschen Unternehmen, 1982 (zitiert: *Ullmann* Industrie- und Umweltschutz)
Volk, Klaus/Beukelmann, Stephan (Hrsg.) Münchner Anwaltshandbuch Verteidigung in Wirtschafts- und Steuerstrafsachen, 2. Aufl. 2014 (Volk/Beukelmann/*Bearbeiter* Münchener Anwaltshandbuch)
Von Heintschel-Heinegg, Bernd (Hrsg.) Beck'scher Online-Kommentar zum StGB, 57. Ed. Stand 1.5.2023 (zitiert: BeckOK-StGB/*Bearbeiter*)
Von Landmann, Robert/Rohmer, Gustav/Beckmann, Martin/Durner, Wolfgang/Mann, Thomas/Röckinghausen, Marc (Hrsg.) Landmann/Rohmer Umweltrecht, 100. Ed. Stand 1.1.2023 (zitiert: Landmann/Rohmer/*Bearbeiter* Umweltrecht)
Wabnitz, Heinz-Bernd/Janovsky, Thomas/Schmitt, Lothar (Hrsg.) Handbuch Wirtschafts- und Steuerstrafrecht, 5. Aufl. 2020 (zitiert: Wabnitz/Janovsky/Schmitt/*Bearbeiter*)
Wahrig, Deutsches Wörterbuch, 27. Aufl. 2018
Wasmuth, Johannes Rechtfertigende Wirkung der behördlichen Duldung im Umweltstrafrecht, NJW 1990, 2434
Weber, Rudolf Der Betriebsbeauftragte, 1988 (zitiert: *Weber* Der Betriebsbeauftragte)
Wegener, Bernhard W. Verwaltungsakzessorietät im Umweltstrafrecht – Zur Auslegung von § 330d Nr. 5 StGB, NStZ 1998, 608-610
Wendler, Annett Die Haftung des Betriebsbeauftragten im Strafrecht, 2010 (zitiert: *Wendler* Die Haftung des Betriebsbeauftragten im Strafrecht)
Winkelbauer, Wolfgang Zur Verwaltungsakzessorietät des Umweltstrafrechts, 1985 (zitiert: *Winkelbauer* Zur Verwaltungsakzessorietät des Umweltstrafrechts)

1. Kapitel
Einleitung

Wer seinen Müll nicht sieht, 1
kann ihn auch nicht entsorgen.
Werner Friebel

Das Abfallstrafrecht wird im Kernstrafrecht durch die Tatbestände des unerlaubten Umgangs mit Abfällen (§ 326 StGB), der Gewässer- (§ 324 StGB) und Bodenverunreinigung (§ 324a StGB), sowie des unerlaubten Betreibens einer Abfallentsorgungsanlage (§ 327 Abs. 2 S. 1 Nr. 3 StGB) geprägt. Diese Straftatbestände werden durch nebenstrafrechtliche Vorschriften wie zum Beispiel die §§ 18a, 18b AbfVerbrG zur Abfallverbringung ergänzt. Nicht selten mitverwirklicht werden die Straftatbestände der Untreue (§ 266 StGB), des Betrugs (§ 263 StGB) und der Steuerhinterziehung (§ 370 AO). Aufgrund der vielfach verschachtelten Blankettgesetze gilt auch das Abfallstrafrecht als Teil des Umweltstrafrechts nicht ohne Grund als Expertenstrafrecht.

Hinzu kommt, dass das Abfallrecht eine europäisierte Thematik ist. Das Einschreiten des 2
europäischen Gesetzgebers war erforderlich geworden, weil unterschiedliche nationale Regelwerke zur Abfallbeseitigung zu ungleichen Wettbewerbsbedingungen führen können und somit unmittelbare Auswirkungen auf das Funktionieren des Binnenmarkts haben.[1] Das nationale Abfallverwaltungsrecht ist seither stark durch europarechtliche Vorgaben geprägt. Zentrales Regelwerk war lange Zeit die Richtlinie 75/442/EWG[2], die den Begriff „*Abfall*" erstmals europarechtlich definierte. An ihre Stelle trat zwischenzeitig die Richtlinie 2006/12/EG[3], die schließlich von der heute geltenden Abfallrahmenrichtlinie 2008/98/EG[4] abgelöst wurde. Der Rechtsbegriff Abfall wird dort in Art. 3 Nr. 1 definiert. Für die deutschen Gerichte und Behörden ist im Abfallverwaltungsrecht in erster Linie zwar die Definition des Abfalls in § 3 KrWG maßgeblich. Unmittelbar anwendbar auf die Vorschriften des Abfallstrafrechts ist diese verwaltungsrechtliche Vorschrift jedoch nicht.[5] Hinzu kommt, dass die nationalen Gerichte den Begriff „*Abfall*" im Lichte der Abfallrahmenrichtlinie 2008/98/EG unionsrechtskonform auslegen, was auch Auswirkungen auf den Umfang der Strafbarkeit nach § 326 StGB haben kann.[6] Die EGAbfVerbrVO[7] zum Beispiel, auf die § 326 Abs. 2 StGB in der bis zum 9.11.2016 gelten-

1 Erwägungsgrund 1 der Richtlinie 75/442/EWG des Rates v. 15.7.1975 über Abfälle, ABl. L 194 v. 25.7.1975, S. 47.

2 Richtlinie 75/442/EWG des Rates v. 15.7.1975 über Abfälle, ABl. L 194 v. 25.7.1975, S. 39.

3 Richtlinie 2006/12/EG des Europäischen Parlaments und des Rates v. 5.4.2006 über Abfälle, ABl. L 114 v. 27.4.2006, S. 9.

4 Richtlinie 2008/98/EG des Europäischen Parlaments und des Rates v. 19.11.2008 über Abfälle und zur Aufhebung bestimmter Richtlinien, ABl. L 312 v. 22.11.2008, S. 3 zul. geänd. durch Richtlinie (EU) 2018/851 des Europäischen Parlaments und des Rates v. 30.5.2018 zur Änderung der Richtlinie 2008/98/EG über Abfälle, ABl. L 150/109 v. 14.6.2018; letztere umgesetzt durch das Gesetz zur Umsetzung der Abfallrahmenrichtlinie der Europäischen Union v. 23.10.2020, BGBl. I, S. 2232, in Kraft seit 28.10.2020.

5 NK-*Ransiek* § 326 Rn. 7.

6 MK-*Alt* § 326 Rn. 16 f.

7 Verordnung (EG) Nr. 1013/2006 des Europäischen Parlaments und des Rates v. 14.6.2006 über die Verbringung von Abfällen, ABl. 2006 L 190, 1, in Kraft seit 12.7.2007, zul. geänd. durch Verordnung (EU) 2015/2002 der Kommission v. 10.11.2015 zur Änderung der Anhänge IC und V der Verordnung (EG) Nr. 1013/2006 des Europäischen Parlaments und des Rates über die Verbringung von Abfällen, ABl. 2015 L 294, S. 1.

den Fassung ausdrücklich Bezug nahm und auf die nunmehr die §§ 18a und 18b AbfVerbrG verweisen, beansprucht unmittelbare Geltung. Dies hat zur Folge, dass der Verordnung entgegenstehendes nationales Recht (Bundes- und Landesrecht) nicht angewendet werden darf.[8]

3 Das vorliegende Werk stellt sich daher der Aufgabe, die für das Abfallstrafrecht relevanten Straftatbestände sowie die Grundlagen und Besonderheiten der strafrechtlichen Haftung praxisnah darzustellen. Dazu werden zunächst in einem allgemeinen Teil der strafrechtlich Abfallbegriff definiert und sodann nach den verwaltungsrechtlichen Besonderheiten des Abfallstrafrechts die Grundlagen der strafrechtlichen Haftung dargestellt. In dem daran anschließenden Besonderen Teil werden die einschlägigen Straftatbestände des Abfallstrafrechts dargestellt, wobei sich Umfang und Tiefe der Ausführungen an der praktischen Relevanz orientieren. Auf die in der Praxis regelmäßig mitverwirklichten Straftatbestände des sonstigen Wirtschaftsstrafrechts (Untreue, § 266 StGB; Betrug, § 263 StGB; Steuerhinterziehung, § 370 AO) wird nicht näher eingegangen.

8 *VGH München* Beschl. v. 27.3.2017 – 20 CS 16.2404, BeckRS 2017, 108036; vgl. dazu auch *Hecker/Lorenz* NStZ-RR 2018, 65, 66; MK-*Alt* § 326 Rn. 16 f.; *Hecker* Europäisches Strafrecht Kap. 9 Rn. 9.

2. Kapitel
Allgemeiner Teil

4 Der nachfolgende allgemeine Teil befasst sich mit Themen, die *„vor die Klammer gezogen"* werden können, weil sie für das gesamte Abfallstrafrecht gleichermaßen gelten. Zunächst wird der im Strafrecht geltende Abfallbegriff definiert, wobei insbesondere auch das Verhältnis zwischen dem strafrechtlichen und dem verwaltungsrechtlichen Abfallbegriff geklärt wird. Danach wird auf die Gefährlichkeit des Abfalls eingegangen, wobei nicht nur Ausführungen zu der Gefährlichkeit nach § 326 StGB gemacht werden. Es wird vielmehr auch auf die in das Abfallverbringungsgesetz ausgelagerten Straftatbestände eingegangen. Ferner wird die praktisch wichtige Verwaltungsrechtakzessorietät des Abfallstrafrechts erklärt, bevor schließlich die Grundlagen der strafrechtlichen Haftung dargelegt werden.

A. Der Abfallbegriff

5 Im Strafgesetzbuch findet sich keine eigenständige Definition zum strafrechtliche Abfallbegriff. Der Gesetzgeber hat bei der Einführung der Straftatbestände zum Schutze der Umwelt (§§ 324 ff. StGB) im Zuge der Umweltstrafrechtsreform 1980 bei der Begriffsbestimmung für das Strafgesetzbuch bewusst auf die Begriffsbestimmungen des Abfallverwaltungsrechts verwiesen.[1] Der Gesetzgeber bezog sich dabei auf das damals geltende Abfallbeseitigungsgesetz[2], die erste bundeseinheitliche Regelung des Abfallrechts und gleichzeitig frühester Vorgänger des in seiner heutigen Form geltenden Kreislaufwirtschaftsgesetzes (KrwG)[3]. Das genaue Verhältnis zwischen dem verwaltungsrechtlichen Abfallbegriff und dem aus dem Verwaltungsrecht abgeleiteten strafrechtlichen Abfallbegriff war lange Zeit unklar. Der *BGH* hatte sich somit des Öfteren mit der Frage zu beschäftigen, was als Abfall im strafrechtlichen Sinne zu verstehen ist, sodass sich eine ständige Rechtsprechung[4] zum strafrechtlichen Abfallbegriff entwickelt hat: Der strafrechtliche Abfallbegriff ist an den des Verwaltungsrechts anzulehnen, jedoch selbstständig, ohne die verwaltungsrechtlichen Anwendungsbeschränkungen zu bestimmen.[5]

I. Der strafrechtliche Abfallbegriff

6 Der strafrechtliche Abfallbegriff ist eng an den Abfallbegriff des Verwaltungsrechts angelehnt, weshalb die nachfolgenden Ausführungen zum strafrechtlichen Abfallbegriff auch auf die jeweils einschlägigen Normen des in seiner heutigen Form geltenden KrWG Bezug nehmen. Nach § 3 Abs. 1 S. 1 KrWG sind Abfälle alle Stoffe oder Gegenstände, derer sich der Besitzer entledigt, entledigen will oder entledigen muss. Differenziert wird daher nach Maßgabe des Abfallverwaltungsrechts zwischen einem subjektiven Abfallbegriff, der an einen Entledigungs-

1 BT-Drucks. 8/2382, S. 17.

2 Gesetz über die Beseitigung von Abfällen (Abfallbeseitigungsgesetz – AbfG) v. 8.6.1972, BGBl. I 1972, S. 873.

3 Kreislaufwirtschaftsgesetz v. 24.2.2012, BGBl. I, S. 212.

4 *BGHSt* 37, 21, 24; 37, 333, 335; 59, 45, 47; *BGH* NStZ 1997, 544, 545; *BGH* NJW 2021, 3735; *OLG Celle* NJW 1986, 2326; *OLG Oldenburg* NJW 1988, 2391, 2392.

5 NK-*Ransiek* § 326 Rn. 7 ff.

willen des Besitzers anknüpft und einem objektiven Abfallbegriff, sog. Zwangsabfall.[6] Zu beachten ist, dass der verwaltungsrechtliche Abfallbegriff nicht ohne Einschränkungen im Strafrecht anwendbar ist. Insbesondere die Anwendungsbeschränkungen des KrWG finden im Strafrecht keine Anwendung. Insoweit ist der strafrechtliche Begriff also weiter. Andererseits ist der Anwendungsbereich im Strafrecht aber auch enger, weil die verwaltungsrechtlichen Tatbestände mit gesetzlichen Fiktionen (z.B. § 3 Abs. 2 und 3 KrWG) nicht übertragen werden können. Grund dafür ist, dass die Grundprinzipien des Strafrechts insbesondere in Gestalt des in dubio pro reo-Grundsatzes nicht unterlaufen werden dürfen.

1. Allgemein

7 Strafrechtlich relevant ist neben dem gefährlichen Abfall (insbesondere im Rahmen des unerlaubten Umgangs mit Abfall nach § 326 StGB) auch der nicht nichtgefährliche Abfall (insbesondere im Fall der illegalen Verbringung nicht gefährlicher Abfälle nach § 18b AbfVerbrG).

8 In Bezug auf die Frage, inwieweit sich der für das Strafrecht relevante Abfallbegriff mit dem Fortgang der abfallverwaltungsrechtlichen Vorschriften änderte, machte der Gesetzgeber keine Angaben. Auch bezüglich der Frage nach welcher Maßgabe der für das Strafrecht relevante Abfallbegriff, von dem des Abfallverwaltungsrechts abzuleiten ist, blieben zunächst viele Frage offen. Bezüglich des Verhältnisses zwischen dem für das Strafrecht geltenden Abfallbegriff und dem verwaltungsrechtlichen Abfallbegriff haben sich in der Rechtspraxis viele Probleme ergeben.

9 Der *BGH* hat sich seither mit der Frage zu beschäftigen, was als Abfall im strafrechtlichen Sinne zu verstehen ist, sodass sich eine ständige Rechtsprechung zum strafrechtlichen Abfallbegriff entwickelt hat. Der strafrechtliche Abfallbegriff ist in Anlehnung an die abfallverwaltungsrechtlichen Begriffsbestimmungen, jedoch ohne dessen Anwendungsbeschränkungen selbständig zu bestimmen.[7]

10 Soweit ersichtlich, entschied der *BGH* zum ersten Mal im Jahr 1990, dass der strafrechtliche Abfallbegriff selbstständig und in Anlehnung an die Begriffsbestimmung des Abfallbeseitigungsgesetzes a.F.[8] zu bestimmen ist, ohne dass alle Regelungen des Abfallgesetztes unmittelbar gelten sollten:

„Der strafrechtliche Abfallbegriff ist demgegenüber selbständig zu bestimmen, zwar in Anlehnung an die Begriffsbestimmung in § 1 Abs. 1 Satz 1 AbfG, nicht aber in unmittelbarer Abhängigkeit von allen Regelungen des Abfallgesetzes.“[9]

11 Dieser Rechtsprechung blieb der *BGH* jeweils unter Bezugnahme des in seiner aktuell geltenden Fassung einschlägigen Gesetzes des Abfallverwaltungsrechts treu. 2013 bezog sich der *BGH* dann erstmals auf das heute geltende KrWG und definierte *„Abfall“* in seiner Entscheidung wie folgt:

„Der strafrechtliche Abfallbegriff ist in Anlehnung an das Abfallverwaltungsrecht selbständig zu bestimmen. Abfall sind danach alle Stoffe und Gegenstände, deren sich der Besitzer durch Beseitigung oder Verwertung entledigt, entledigen will oder entledigen muss. Das Regime des Abfallrechts endet erst mit der ordnungsgemäßen und schadlosen Verwertung des Abfalls.“[10]

---

6 BeckOK-StGB/*Witteck* § 326 Rn. 8.

7 *BGHSt* 37, 21, 24; 37, 333, 335; 59, 45, 47; *BGH* NStZ 1997, 544, 545; *BGH* NJW 2021, 3735; *OLG Celle* NJW 1986, 2326; *OLG Oldenburg* NJW 1988, 2391, 2392.

8 Abfallbeseitigungsgesetz (AbfG) v. 7.6.1972, BGBl. I 1972, S. 873.

9 *BGHSt* 37, 21, 24.

10 *BGHSt* 59, 45, 47.

Diese Definition entspricht der Definition des Art. 3 Abs. 1 der Abfallrahmenrichtlinie 2008/98/EG.[11] 12

Die mit Einschränkungen geltende Verweisung auf den verwaltungsrechtlichen Abfallbegriff ist eine dynamische Verweisung, sodass sich der Verweis immer auf die aktuell gültige Norm bezieht.[12] 13

Hinsichtlich der Nichtanwendbarkeit der Anwendungsbeschränkungen des § 2 Abs. 2 KrWG ist der strafrechtliche Abfallbegriff weiter als der abfallverwaltungsrechtliche, denn der strafrechtliche Abfallbegriff erfasst auch Abfälle, die nicht dem Anwendungsbereich des heute geltenden Kreislaufwirtschaftsgesetzes unterliegen. Auch der strafrechtliche Abfallbegriff umfasst daher nach Maßgabe des Abfallverwaltungsrechts einen subjektiven Abfallbegriff, der an einen Entledigungswillen des Besitzers anknüpft und einem objektiven Abfallbegriff, sog. Zwangsabfall, dessen sich der Besitzer aufgrund eines hohen Gefahrpotenzials oder keinerlei vernünftiger wirtschaftlicher Verwendung, entledigen muss. Während die in den Anwendungsbeschränkungen des Kreislaufwirtschaftsgesetzes (§ 2 Abs. 2 KrWG) normierten Stoffe den Sonderregeln unterschiedlicher spezieller Umweltgesetze unterfallen, werden diese Stoffe im Strafrecht in einer einheitlichen Regelung erfasst. So gelten auch die unterschiedlichen Zuständigkeiten von zum Beispiel Abfallbehörde und Abwasserbehörde nicht für das Strafrecht. Der strafrechtliche Abfallbegriff des § 326 Abs. 1 Nr. 2 StGB ist in Bezug auf die Anwendungsbeschränkungen des § 2 Abs. 2 KrWG weiter. So können die dort genannten Stoffe strafrechtlich Abfall sein, obwohl auf sie die Vorschriften des KrWG nicht anwendbar sind. § 326 StGB erfasst daher z.B. trotz § 2 Abs. 2 Nr. 9 KrWG auch (feste oder flüssige) Stoffe einschließlich Abwässer, die in Gewässer oder Abwasseranlagen eingeleitet oder eingebracht werden.[13] 14

Dieses Verständnis des strafrechtlichen Abfallbegriffs wird dem Grunde nach auch von der herrschenden Literatur getragen.[14] In der Literatur wird die Übertragbarkeit des verwaltungsrechtlichen Abfallbegriffs an einer Stelle jedoch zu Recht eingeschränkt: Eine Anlehnung an den Abfallbegriff des KrWG scheidet aus, soweit die dortigen Regelungen nicht mit den geltenden strafprozessualen Prinzipien wie z.B. der Unschuldsvermutung vereinbar sind. Insoweit ist der strafrechtliche Abfallbegriff enger, weil die strafrechtlichen Tatbestände die Indizwirkung der abfallverwaltungsrechtlichen Vorschriften nicht übernehmen können. Die strafprozessualen Prinzipien, die mit den Fiktionen des Abfallverwaltungsrechts unvereinbar sind, würden dadurch unterlaufen werden. Beispielsweise ist nach § 3 Abs. 2 und 3 KrWG eine Entledigung bzw. der Wille zur Entledigung unter den dort normierten Voraussetzungen anzunehmen. Solche gesetzlichen Vermutungen können im Strafrecht jedoch nicht gelten, da dies gegen den in dubio pro reo-Grundsatz verstoßen würde.[15] 15

Das zentrale Regelwerk des deutschen Abfallverwaltungsrechts ist das Kreislaufwirtschaftsgesetz[16], dessen Abfallbegriff in § 3 Abs. 1 KrWG definiert wird. 16

---

11 Richtlinie 2008/98/EG des Europäischen Parlaments und des Rates v. 19.11.2008 über Abfälle und zur Aufhebung bestimmter Richtlinien, ABl. L 312 v. 22.11.2008, S. 3.

12 MK-*Alt* § 326 Rn. 20.

13 *BVerwG* NVwZ 2023, 98; Schönke/Schröder/*Heine/Schittenhelm* § 326 Rn. 2g m.w.N.

14 Statt vieler nur MK-*Alt* § 326 Rn. 20 ff.; Schönke/Schröder/*Heine/Schittenhelm* § 326 Rn. 2 ff.; Matt/Renzikowski/*Rettenmaier/Gehrmann* § 326 Rn. 6 ff.

15 So auch Matt/Renzikowski/*Rettenmaier/Gehrmann* § 326 Rn. 6, 10; Schönke/Schröder/*Heine/Schittenhelm* § 326 Rn. 2g; *Krell* Umweltstrafrecht Rn. 146; *Saliger* Umweltstrafrecht Rn. 280; MK-*Alt* § 326 Rn. 20.

16 Kreislaufwirtschaftsgesetz v. 24.2.2012, BGBl. I, S. 212.

17 Nach § 3 Abs. 1 KrWG sind Abfälle alle Stoffe oder Gegenstände, deren sich der Besitzer entledigt hat, entledigen möchte oder entledigen muss. Die Literatur unterscheidet daher auch in Bezug auf den strafrechtlichen Abfallbegriff zwischen einem objektiven Abfallbegriff, dem sogenannten Zwangsabfall, dessen sich der Besitzer aufgrund eines hohen Gefahrpotenzials und mangels vernünftiger wirtschaftlicher Verwendung, entledigen muss, sowie einem subjektiven Abfallbegriff, dem sogenannten gewillkürten Abfall, der an einen Entledigungswillen des Besitzers anknüpft.[17]

2. Objektiver Abfall (Zwangsabfall), § 3 Abs. 1 S. 1 Var. 3 KrWG

18 Der objektive Abfallbegriff ist an § 3 Abs. 1 S. 1 Var. 3 KrWG angelehnt und erfasst Stoffe, deren sich der Besitzer entledigen muss. Die Vorschrift dient der Erfassung auch solcher Stoffe oder Gegenstände, die aufgrund ihres Gefährdungspotenzials für die Allgemeinheit kurzfristig entsorgt oder verwertet werden müssen, derer sich ihr Abfallbesitzer jedoch nicht (freiwillig) entledigen will (sog. Zwangsabfall).[18] Der objektive Abfallbegriff ist insoweit an eine behördliche Entledigungspflicht geknüpft. Wann sich der Besitzer den erfassten Stoffen entledigen muss, wird in § 3 Abs. 4 KrWG konkretisiert:

§ 3 Begriffsbestimmungen

[...]

(4) Der Besitzer muss sich Stoffen oder Gegenständen im Sinne des Absatzes 1 entledigen, wenn diese nicht mehr entsprechend ihrer ursprünglichen Zweckbestimmung verwendet werden, auf Grund ihres konkreten Zustandes geeignet sind, gegenwärtig oder künftig das Wohl der Allgemeinheit, insbesondere die Umwelt, zu gefährden und deren Gefährdungspotenzial nur durch eine ordnungsgemäße und schadlose Verwertung oder gemeinwohlverträgliche Beseitigung nach den Vorschriften dieses Gesetzes und der auf Grund dieses Gesetzes erlassenen Rechtsverordnungen ausgeschlossen werden kann.

19 § 3 Abs. 4 KrWG bedient sich demnach drei Kriterien, die beim Abfallbesitzer kumulativ vorliegen müssen, damit ein Stoff oder Gegenstand als Zwangsabfall eingeordnet werden kann und sich der Besitzer des Stoffes oder Gegenstandes entledigen muss:[19] Aufgabe des ursprünglichen Verwendungszwecks (§ 3 Abs. 4 Var. 1 KrWG), gegenwärtige oder künftige Gefahr für das Wohl der Allgemeinheit (§ 3 Abs. 4 Var. 2 KrWG) und das Erfordernis der ordnungsgemäßen Verwertung oder gemeinwohlverträglichen Beseitigung (§ 3 Abs. 4 Var. 3 KrWG).

a) Abfallbesitzer

20 Der Frage nach dem Abfallbesitzer kommt im Strafrecht eine zentrale Bedeutung zu, weil sich die verwaltungsrechtlichen Pflichten (zugelassene Verfahren, von denen abgewichen wird) an den Abfallbesitzer richten und das Verletzen von verwaltungsrechtlichen Pflichten eine strafrechtliche Haftung auslösen kann.

17 BeckOK-StGB/*Witteck* § 326 Rn. 8.

18 Matt/Renzikowski/*Rettenmaier/Gehrmann* § 326 Rn. 11; Landmann/Rohmer/*Beckmann* Umweltrecht KrWG § 3 Rn. 63; MK-*Alt* § 326 Rn. 32; NK-*Ransiek* § 326 Rn. 16; Schönke/Schröder/*Heine/Schittenhelm* § 326 Rn. 2e.

19 Erbs/Kohlhaas/*Häberle* Strafrechtliche Nebengesetze KrWG § 3 Rn. 26; Schönke/Schröder/*Heine/Schittenhelm* § 326 Rn. 2e.

Nach Maßgabe des abfallrechtlichen Besitzbegriffs des § 3 Abs. 9 KrWG ist jedenfalls zur Begründung des objektiven Abfalls allein die tatsächliche Sachherrschaft entscheidend.[20] Auf den Willen des Abfallbesitzers kommt es insoweit nicht an.[21] 21

Das *BVerwG* führt in seinem Beschluss vom 28.4.2022[22] aus, dass im Abfallrecht nicht auf den zivilrechtlichen, sondern auf den öffentlich-rechtlichen Besitzbegriff abzustellen ist, bei dem es insbesondere auf einen Besitzbegründungswillen nicht ankommt. Voraussetzung sowohl für den zivilrechtlichen Besitzbegriff des § 854 Abs. 1 BGB als auch für den öffentlich-rechtlichen Besitzbegriff des § 3 Abs. 9 KrWG ist zwar die tatsächliche Gewalt bzw. Sachherrschaft, dennoch sieht das *BVerwG* hierin keinen Wertungswiderspruch zur strafrechtlichen Verantwortlichkeit des Abfallbesitzers. So setze die Strafbarkeit nach §§ 326, 327 StGB nicht notwendig die tatsächliche Sachherrschaft des Täters über den Abfall voraus.[23] Der Anknüpfungspunkt für die Strafbarkeit des Abfallbesitzers sei der vorsätzliche oder fahrlässige Verstoß gegen eine strafbewehrte Norm. Demgegenüber habe der öffentlich-rechtliche Besitzbegriff im Abfallrecht die Funktion, die Verantwortlichkeit für den Abfall im Hinblick auf das abfallrechtliche Gebot der ordnungsgemäßen, insbesondere umweltverträglichen Entsorgung zu bestimmen.[24] Der Anknüpfungspunkt für die Strafbarkeit des Abfallbesitzers liege jedoch im vorsätzlichen oder fahrlässigen Verstoß gegen eine strafbewehrte Norm, wohingegen dem öffentlich-rechtlichen Besitzbegriff im Abfallrecht die Funktion zukommt, die Verantwortlichkeit für den Abfall mit Blick auf das abfallrechtliche Gebot der ordnungsgemäßen, insbesondere umweltgerechten Entsorgung zu bestimmen.[25] 22

Der Fall der Beauftragung der Abfallentsorgung wird im Abfallverwaltungsrecht mit Hilfe von § 16 KrWG gelöst.[26] So argumentiert das *BVerwG*, dass mit Aufgabe der tatsächlichen Sachherrschaft grundsätzlich auch die Entsorgungspflicht des Abfallbesitzers entfalle. Etwas anderes gelte jedoch, wenn der Abfallbesitzer einen Dritten mit der Erfüllung seiner Entsorgungspflichten beauftrage und ihm auf Grund des Auftrages den Abfallbesitz übertrage. In diesem Fall bliebe die Verantwortlichkeit für die Erfüllung seiner Entsorgungspflicht bestehen. Die Besitzaufgabe solle die Pflicht der Besitzer von Abfällen, diese ordnungsgemäß zu verwerten oder zu beseitigen gerade nicht entfallen lassen. Der Gesetzgeber begründet dies wie folgt: 23

„Die Übertragung der Pflichten auf Dritte würde dazu führen, dass die Grundpflichten erlöschen. Dies schafft unklare Zustände. Es muss daher bei den bestehenden Verantwortlichkeiten bleiben.“[27]

Damit wird dem Verursacherprinzip Rechnung getragen, das allgemein im Umweltrecht gilt.[28] Nach dem Verursacherprinzip muss derjenige, der die Umweltbelastung (potentiell) verursacht, auch die Kosten ihrer Vermeidung, Verringerung oder Beseitigung tragen.[29] Damit wäre es nicht vereinbar, wenn ein zur Entsorgung Verpflichteter sich seiner Entsorgungspflicht allein durch die Übertragung des Abfallbesitzes an einen Dritten entledigen könnte.[30] 24

20 LK-*Heghmanns* § 326 Rn. 19; *Krell* Umweltstrafrecht Rn. 147; *Hecker* NStZ 1990, 326.
21 Schönke/Schröder/*Heine/Schittenhelm* § 326 Rn. 2 f.
22 *BVerwG* NZI 2022, 658; *Hecker/Lorenz* NStZ-RR 2023, 129, 133.
23 *BGHSt* 43, 219, 231 f.
24 *BVerwG* NZI 2022, 658, 659; *BVerwG* Beschl. v. 5.11.2012 – 7 B 25.12, BeckRS 2012, 59710.
25 *BVerwG* Beschl. v. 5.11.2012 – 7 B 25.12, BeckRS 2012, 59710.
26 *BVerwG* NVwZ 2007, 1185, 1186.
27 BT-Drucks. 12/5672, S. 96.
28 St. Rspr., vgl. *BVerwG*E 106, 43.
29 Landmann/Rohmer/*Epiney* Umweltrecht AEUV Art. 191 Rn. 28.
30 *BVerwG* NVwZ 2007, 1185, 1186.

b) Aufgabe des ursprünglichen Verwendungszweckes, § 3 Abs. 4 Var. 1 KrWG

25 Damit ein Stoff oder Gegenstand als Zwangsabfall qualifiziert werden kann, darf er zunächst nicht mehr entsprechend seiner ursprünglichen Zweckbestimmung verwendbar sein. Dieses Kriterium erfasst nicht schon solche Sachen, die zeitweise nicht genutzt werden, jedoch jederzeit wieder entsprechend ihrer ursprünglichen Zweckbestimmungen verwendet werden könnten oder zumindest noch einen Wert haben.[31] Das Kriterium ist vielmehr dahingehend zu verstehen, dass die Sache keinerlei vernünftige wirtschaftliche Verwendung mehr finden darf, d.h. sie muss objektiv ohne jeglichen Gebrauchswert sein.[32] Das Kriterium der objektiven Gebrauchswertlosigkeit wurde von der Rechtsprechung im Zusammenhang mit der Einordnung von Autowracks herausgearbeitet. Es wird darauf abgestellt, ob die Sache in ihrem gegenwärtigen Zustand als Ganzes noch verwendbar oder jedenfalls alsbald mit wirtschaftlich vernünftigem Aufwand wieder ihrem ursprünglichen Verwendungszweck zugeführt werden kann.[33] Bei der Möglichkeit des bloßen Ausbaus von Einzelteilen ist dies in der Regel zu verneinen,[34] bei einem funktionstüchtigen, wenn auch restaurierungsbedürftigen Oldtimer, unter anderem aufgrund des dem Oldtimer innewohnenden Liebhaberwertes, zu bejahen.[35]

26 **Beispiel:** Das *VG Aachen*[36] hatte über einen Fall zu entscheiden, in dem es um die ordnungswidrige Lagerung zweier Lkw auf dem Grundstück der Betroffenen ging. Die Lkw haben sich in desolatem Zustand befunden und wurden längerfristig nicht mehr genutzt. Es wuchs Moos darauf, beide Tanks wiesen nachweislich Rostspuren auf und beide Lkw standen bereits seit langer Zeit ohne Kennzeichen auf dem Grundstück. Beide waren weder zugelassen noch mit TÜV versehen. Das *VG Aachen* nahm an, dass es sich bei den Lkw um Abfall i.S.d. § 3 Abs. 1 S. 1 KrWG handele. Begründet wurde dies mit dem Verlust der ursprünglichen Zweckbestimmung und dem fehlenden neuen Verwendungszweck.[37]

c) Gegenwärtige oder künftige Gefahr für das Wohl der Allgemeinheit, § 3 Abs. 4 Var. 2 KrWG

27 Eine Qualifizierung als Zwangsabfall setzt weiter voraus, dass ein Stoff oder Gegenstand auf Grund seines konkreten Zustandes geeignet ist, gegenwärtig oder künftig das Wohl der Allgemeinheit, insbesondere die Umwelt zu gefährden. Eine konkrete Gefährdung i.S.e. bevorstehenden Schadenseintrittes ist dabei nicht erforderlich, vielmehr genügt eine abstrakte Gefahr.[38] Eine solche abstrakte Gefahr liegt nach der Rechtsprechung vor, wenn

„die gegenwärtige Aufbewahrung der Sache und ihre künftige Verwendung oder Verwertung nach Art oder Verfahren auf Grund allgemeiner Erfahrungen und wissenschaftlicher Erkenntnisse typischerweise zu einer Gemeinwohlgefährdung (...) führen."[39]

---

31 *Krell* Umweltstrafrecht Rn. 153 f.
32 NK-*Ransiek* § 326 Rn. 17 f.; MK-*Alt* § 326 Rn. 33; Matt/Renzikowski/*Rettenmaier/Gehrmann* § 326 Rn. 11.
33 So *BayObLGSt* 1997, 11, 13 und das *OLG Celle* NZV 1997, 405.
34 So das *OLG Braunschweig* NStZ-RR 2001, 42, 43.
35 *OLG Celle* NZV 1997, 405.
36 *VG Aachen* Beschl. v. 5.9.2019 – 6 L 713/19, BeckRS 2019, 21857.
37 *Hecker/Lorenz* NStZ-RR 2020, 33.
38 Erbs/Kohlhaas/*Häberle* Strafrechtliche Nebengesetze KrWG § 3 Rn. 29.
39 *BVerwG* NVwZ 1993, 988, 989.

Ausreichend ist nach dem *BayObLG* 28

„insoweit eine Gefährdungslage auf Grund des Zustandes der Sache sowie typischer Auslösungs- und Wirkungsketten, die das Risiko des Auslaufens umweltgefährdender Flüssigkeiten nicht nur als eine theoretische, fernliegende Möglichkeit erscheinen lässt. Diese Gefahr ist insbesondere für Autowracks typisch, die unter freiem Himmel ungeschützt den Witterungseinflüssen ausgesetzt sind.“[40]

Beispiel: Das *BVerwG*[41] setzte sich mit der Abfalleigenschaft von verunreinigtem Mais auseinander. Die Klägerin, die sich gegen einen gegen sie gerichteten Kostenfestsetzungsbescheid für eine abfallrechtliche Ordnungsverfügung wehrte, importierte Futtermais nach Deutschland und lagerte ihn in einem Hafen. Entnommene Proben stellten eine Belastung von Teilmengen des Futtermaises mit Schimmelpilzen (Aflatoxin B1) fest. Von diesem gehe Gesundheitsgefährdungspotential aus. Aflatoxin B1 verfüge über hohe giftige und krebserregende Eigenschaften und gefährde auf unterschiedlichste Weise die menschliche Gesundheit. Das Gericht stufte den verunreinigten Mais somit als Abfall im objektiven Sinne ein, da es sich hier um einen Stoff oder Gegenstand gehandelt habe, derer sich der Besitzer nach § 3 Abs. 1 S. 1 Var. 3 KrWG entledigen musste.[42] 29

Was unter dem Wohl der Allgemeinheit zu verstehen ist, wird in § 15 Abs. 2 KrWG konkretisiert. Eine solche Gefährdung liegt danach vor, wenn die in § 15 Abs. 2 S. 2 Nr. 1-6 KrWG genannten Schutzgüter beeinträchtigt oder gefährdet werden. 30

§ 15 Grundpflichten der Abfallbeseitigung

[…]

(2) Abfälle sind so zu beseitigen, dass das Wohl der Allgemeinheit nicht beeinträchtigt wird. Eine Beeinträchtigung liegt insbesondere dann vor, wenn

1. *die Gesundheit der Menschen beeinträchtigt wird,*
2. *Tiere oder Pflanzen gefährdet werden,*
3. *Gewässer oder Böden schädlich beeinflusst werden,*
4. *schädliche Umwelteinwirkungen durch Luftverunreinigungen oder Lärm herbeigeführt werden,*
5. *die Ziele oder Grundsätze und sonstigen Erfordernisse der Raumordnung nicht beachtet oder die Belange des Naturschutzes, der Landschaftspflege sowie des Städtebaus nicht berücksichtigt werden oder*
6. *die öffentliche Sicherheit oder Ordnung in sonstiger Weise gefährdet oder gestört wird.*

[…]

Es fällt auf, dass die Nummern 1 bis 4 weitestgehend mit § 326 Abs. 1 Nr. 1 bis 4 StGB übereinstimmen, woraus folgt, dass auch der objektive Abfallbegriff eine strafrechtsspezifische Einschränkung dahingehend erfährt, dass das Wohl der Allgemeinheit im Strafrecht enger zu verstehen ist und insbesondere Beeinträchtigungen des Orts- und Landschaftsbildes nicht von § 326 StGB geschützt werden.[43] 31

40 *BayObLG* Beschl. v. 27.1.2022 – 202 ObOWi 80/22.
41 *BVerwG* NVwZ-RR 2018, 961.
42 *Hecker/Lorenz* NStZ-RR 2019, 65.
43 *Krell* Umweltstrafrecht Rn. 156 f.

32 Das Gefährdungspotenzial eines Stoffes oder Gegenstandes reicht jedoch nicht aus, um zu bestimmen, wann oder warum er als Abfall anzusehen ist, weil auch von anderen Stoffen Gefahren ausgehen können, wenn sie z.B. unsachgemäß verarbeitet oder gelagert werden.[44] Aus diesem Grund müssen auch die anderen beiden Kriterien, also die Aufgabe des ursprünglichen Verwendungszwecks und das Erfordernis der ordnungsgemäßen Verwertung oder der gemeinwohlverträglichen Beseitigung kumulativ und nicht alternativ vorliegen.[45]

d) Erfordernis der ordnungsgemäßen Verwertung oder der gemeinwohlverträglichen Beseitigung, § 3 Abs. 4 Var. 3 KrWG

33 Schließlich erfordert § 3 Abs. 4 KrWG, dass das Gefährdungspotenzial nur durch eine ordnungsgemäße und schadlose Verwertung oder gemeinwohlverträgliche Beseitigung ausgeschlossen werden kann. Dieses letzte Kriterium stellt eine notwendige Einschränkung des objektiven Abfallbegriffs dar und gewährleistet, dass Zwangsabfall nur dann vorliegt, wenn dessen Entsorgung das letztmögliche Mittel, die *„ultima ratio"* darstellt.[46] Grund für dieses notwendige einschränkende Kriterium ist der Eingriff in das Eigentumsrecht nach Art. 14 GG, der im Hinblick auf dessen Sozialbindung (Art. 14 Abs. 2 GG) gerechtfertigt sein muss.

34 Ob die Kriterien für die Annahme von Zwangsabfall kumulativ vorliegen, ist mit Hilfe einer Gesamtabwägung festzustellen, bei der gerade vor dem Hintergrund des Eingriffs in das Grundrecht der Eigentumsfreiheit des Abfallbesitzers auch der Grundsatz der Verhältnismäßigkeit zu beachten ist.[47]

3. Subjektiver Abfall, § 3 Abs. 1 Var. 1, 2 KrWG

35 Nach dem subjektiven Abfallbegriff, der den sog. gewillkürten Abfall beschreibt, handelt es sich bei einer Sache dann um Abfall, wenn sich der Besitzer der Sache entledigen will.[48] Diese subjektive Betrachtungsweise kann dazu führen, dass auch objektiv wertvolle Gegenstände als Abfall zu klassifizieren sind. Das ist Ausdruck der negativen Eigentumsfreiheit (Art. 14 GG), wonach grundsätzlich jeder selbst entscheiden darf, ob er sich einer Sache entledigen will oder nicht.[49]

36 Gemäß § 3 Abs. 1 S. 1 Alt. 1 und 2 KrWG ist für den subjektiven Abfallbegriff die Entledigung oder der Entledigungswille des Abfallbesitzers maßgeblich.[50] Die beiden Merkmale überschneiden sich weitgehend, denn auch die Entledigung setzt einen entsprechenden Willen voraus und der Entledigungswille muss sich nach außen manifestieren.

---

44 NK-*Ransiek* § 326 Rn. 16.

45 NK-*Ransiek* § 326 Rn. 16; MK-*Alt* § 326 Rn. 32; Schönke/Schröder/*Heine/Schlittenhelm* § 326 Rn. 2e.

46 Erbs/Kohlhaas/*Häberle* Strafrechtliche Nebengesetze KrWG § 3 Rn. 30; Matt/Renzikowski/*Rettenmaier/Gehrmann* § 326 Rn. 11.

47 Erbs/Kohlhaas/*Häberle* Strafrechtliche Nebengesetze KrWG § 3 Rn. 33; Matt/Renzikowski/*Rettenmaier/Gehrmann* § 326 Rn. 11.

48 MK-*Alt* § 326 Rn. 30; NK-*Ransiek* § 326 Rn. 13; Matt/Renzikowski/*Rettenmaier/Gehrmann* § 326 Rn. 7; Schönke/Schröder/*Heine/Schittenhelm* § 326 Rn. 2c.

49 *Krell* Umweltstrafrecht Rn. 147.

50 Matt/Renzikowski/*Rettenmaier/Gehrmann* § 326 Rn. 7; Schönke/Schröder/*Heine/Schittenhelm* § 326 Rn. 2c.

a) Abfallbesitzer

Ausgangspunkt für den subjektiven Abfallbegriff ist erneut die Frage nach dem Abfallbesitzer. Anders als beim objektiven Abfall kommt im Rahmen des subjektiven Abfallbegriffs dem Willen des Abfallbesitzers Bedeutung zu.[51] 37

Die Rechtsprechung und Teile der Literatur gehen auch in Bezug auf den subjektiven Abfallbegriff davon aus, dass nicht auf den zivilrechtlichen, sondern auf den öffentlich-rechtlichen Besitzbegriff abzustellen ist, weshalb insoweit auch beim subjektiven Abfallbegriff kein Besitzbegründungswille gefordert wird.[52] Begründet wird dies unter anderem damit, dass sonst Sachen, die zu keiner Zeit jemand besitzen wollte, z.B. wilde Müllablagerungen, nicht als subjektiver Abfall eingestuft werden könnten.[53] 38

Teile der Literatur vertreten jedoch, dass jedenfalls in Bezug auf den subjektiven Abfallbegriff die privatrechtlichen Grundsätze zur Bestimmung des Abfallbesitzers zu Grunde zu legen sind, ohne jedoch den zivilrechtlichen Besitzbegriff ausnahmslos anzuwenden.[54] Insoweit wird jedenfalls im Rahmen des subjektiven Abfallbegriffs das Vorliegen eines Herrschaftswillens[55] bzw. Besitzwillens[56] gefordert. Begründet wird dies damit, dass das *„Entledigen-Wollen"* notwendigerweise auch Ausdruck eines entsprechenden Herrschaftswillens ist.[57] 39

Für den weiteren Abfallbegriff des Verwaltungsrechts wird das abfallrechtliche Interesse vorgebracht, das der Gefahrenabwehr dient und daher nicht von subjektiven Belieben des Abfallbesitzers abhängen darf.[58] Da auch Sorgfalts- und Garantenpflichten an den Besitz anknüpfen, wird sich insoweit dafür ausgesprochen, Besitz am Abfall einheitlich i.S.d. Abfallrechts zu sehen, wonach lediglich die tatsächliche Sachherrschaft ausschlaggebend sein soll.[59] Die zivilrechtlichen Regelungen haben dagegen eine andere Zielsetzung, denn es geht insbesondere um den Besitzschutz.[60] Im Umweltstrafrecht und Umweltverwaltungsrecht steht hingegen die Gefahrenabwehr und Schutzgüter des Allgemeinwohls im Vordergrund. 40

b) Entledigung, § 3 Abs. 1 Var. 1 KrWG

Die Tatbestandsvariante der Entledigung wird in § 3 Abs. 2 KrWG definiert. 41

§ 3 Begriffsbestimmungen

[...]

(2) Eine Entledigung im Sinne des Absatzes 1 ist anzunehmen, wenn der Besitzer Stoffe oder Gegenstände einer Verwertung im Sinne der Anlage 2 oder einer Beseitigung im Sinne der Anlage 1 zuführt oder die tatsächliche Sachherrschaft über sie unter Wegfall jeder weiteren Zweckbestimmung aufgibt.

[...]

---

51 LK-*Heghmanns* § 326 Rn. 19; Schönke/Schröder/*Heine/Schittenhelm* § 326 Rn. 2d; Matt/Renzikowski/*Rettenmaier/Gehrmann* § 326 Rn. 7.
52 *BVerwG* NZI 2022, 658; LK-*Heghmanns* § 326 Rn. 19; *Krell* Umweltstrafrecht Rn. 147.
53 LK-*Heghmanns* § 326 Rn. 19; *Krell* Umweltstrafrecht Rn. 147.
54 Schönke/Schröder/*Heine/Schittenhelm* § 326 Rn. 2d; Matt/Renzikowski/*Rettenmaier/Gehrmann* § 326 Rn. 7.
55 Schönke/Schröder/*Heine/Schittenhelm* § 326 Rn. 2d; a.A.: *Krell* Umweltstrafrecht Rn. 147.
56 Matt/Renzikowski/*Rettenmaier/Gehrmann* § 326 Rn. 7.
57 Schönke/Schröder/*Heine/Schittenhelm* § 326 Rn. 2d.
58 LK-*Heghmanns* § 326 Rn. 19.
59 MK-*Alt* § 326 Rn. 30.
60 *Krell* Umweltstrafrecht Rn. 147.

42 § 3 Abs. 2 KrWG enthält eine Entledigungsfiktion („*ist anzunehmen*"). Eine solche Fiktion zum Nachteil des Betroffenen kann jedenfalls im Strafrecht aufgrund der geltenden Unschuldsvermutung nicht zur Anwendung kommen, weshalb diese Regelung im Strafrecht allenfalls Indizwirkung zukommen kann.[61] Entscheidend ist im Strafrecht allein die richterliche Überzeugung nach § 261 StPO.

43 § 3 Abs. 2 KrWG erfordert für die Entledigung zunächst das Bestehen der tatsächlichen Sachherrschaft. Der Besitzer entledigt sich dann einer Sache, wenn er diese i.S.d. Anlage 1 bzw. 2 des KrWG beseitigt bzw. verwertet oder die tatsächliche Sachherrschaft unter Wegfall jeglicher Zweckbestimmung aufgibt.[62]

44 Die Handlung der „*Verwertung*" kann zu Abgrenzungsschwierigkeiten führen. So liegt bei einer beabsichtigten wirtschaftlichen Verwertung oder Weiterverwendung (in zulässiger oder unzulässiger Weise) kein Abfall i.S.d. subjektiven Abfallbegriffs vor und zwar auch dann nicht, wenn dabei unwesentliche Bestandteile beseitigt werden oder später beseitigt werden sollen.[63]

45 **Beispiel:** Sowohl der *VGH Baden-Württemberg*[64] als auch der *BayVGH*[65] urteilten in einem Fall, in dem ein gewerblicher Sammler Alttextilien nach einer Vorsortierung am Container und einer anschließenden Grobsortierung gemeinsam mit anderen erworbenen Secondhand-Kleidungsstücken an einen Abnehmer veräußerte, dass es sich bei diesen Alttextilien nicht um Abfall handele. Begründet wurde das Fehlen der Abfalleigenschaft mit dem Argument, dass die Altkleider ihrer ursprünglichen Zweckbestimmung entsprechend unmittelbar weiterverwendet würden. So unterfielen Alttextilien dann nicht mehr dem Abfallbegriff des § 3 Abs. 1 KrWG, wenn sie nach verschiedenen Sortierungsvorgängen wieder zu Handelsware mit einem Marktwert würden.[66]

46 Eine Sache, die zwar generell zur Weiterverarbeitung oder Verwertung geeignet ist, kann aber ggf. als Zwangsabfall eingestuft werden.[67] Denn eine Sache ist jedenfalls dann Abfall und kein Wirtschaftsgut mehr, wenn sie ohne ordnungsgemäße Entsorgung objektiv ohne Gebrauchswert ist und die Umwelt gefährdet, mithin unter den objektiven Abfallbegriff (Zwangsabfall) fällt.[68]

47 Ebenfalls kein subjektiver Abfall ist ein Stoff, deren sich der Besitzer zwar entledigt, der jedoch zugleich als Wirtschaftsgut neuen Aufgaben dienen soll.[69] Wirtschaftlich ist die Verwertung, wenn tatsächlich ein Markt für den Stoff besteht und der Abnehmer ein Entgelt entrichtet.[70] Steht bei einer solchen Veräußerung einer Sache die Verwertung im Vordergrund und ist diese Hauptergebnis (vgl. § 23 Abs. 23 KrWG), so handelt es sich bei der Sache nicht um Abfall, sondern um ein Wirtschaftsgut.[71] Anders liegt der Fall, wenn die Sache zwar objektiv noch einen Gebrauchswert, der Abfallbesitzer jedoch kein Interesse an der künftigen Verwendung der

61 Vgl. *BGH* NStZ 1997, 544; *OLG Koblenz* NStZ-RR 1997, 363; *Beckemper/Wegner* wistra 2003, 281; Graf/Jäger/Wittig/*Bock* § 326 Rn. 9; Matt/Renzikowski/*Rettenmaier/Gehrmann* § 326 Rn. 10.
62 Matt/Renzikowski/*Rettenmaier/Gehrmann* § 326 Rn. 8.
63 Schönke/Schröder/*Heine/Schittenhelm* § 326 Rn. 2c.
64 *VGH Baden-Württemberg* NVwZ-RR 2018, 800.
65 *VGH Bayern* Beschl. v. 30.1.2017 – 20 CS 16.1416, BeckRS 2017, 101810.
66 *Hecker/Lorenz* NStZ-RR 2019, 65, 66.
67 SK-*Schall* § 326 Rn. 33; AnwK-StGB-*Szesny* § 326 Rn. 11; NK-*Ransiek* § 326 Rn. 14.
68 *BGHSt* 37, 21, 26 f.; *BGH* NStZ 1991, 282, 283.
69 Schönke/Schröder/*Heine/Schittenhelm* § 326 Rn. 2c; Graf/Jäger/Wittig/*Bock* § 326 Rn. 10.
70 SK-*Schall* § 326 Rn. 46; offengelassen in *BGH* StV 1998, 131, 133.
71 *EuGH* NVwZ 2003, 585, 586; *BVerwGE* 129, 1 ff.; NK-*Ransiek* § 326 Rn. 14.

abgegebenen Materialien mehr hat und es ihm nur darum geht, die Stoffe möglichst kostengünstig loszuwerden.[72] Wesentliches Indiz hierfür ist insbesondere, wenn der Besitzer den in der Sache noch vorhandenen Gebrauchswert, wie z.B. das in einem Gummi-Metall-Gemisch noch vorhandene Aluminium, kostengünstiger selbst hätte ausbeuten können.[73] Muss der ursprüngliche Besitzer der Sache für die Abnahme zahlen, liegt kein Wirtschaftsgut, sondern Abfall vor.[74] Um Abfall handelt es sich auch dann, wenn die Verwertung durch Dritte nur vorgeschoben ist.[75]

Eine Zuführung i.S.d. § 3 Abs. 2 KrWG liegt in aller Regel vor, wenn der Besitzer die Sache zum Zwecke der Entsorgung bereitstellt oder überlässt.[76] 48

c) Entledigungswille, § 3 Abs. 1 Var. 2 KrWG

Ein Entledigungswille setzt voraus, dass der Besitzer des Stoffes oder Gegenstandes diesen als Abfall beseitigen will. Dieser Entledigungswille wird im Abfallverwaltungsrecht für bestimmte Fallgestaltungen gesetzlich vermutet (§ 3 Abs. 3 KrWG). Eine solche Vermutungswirkung kann allerdings bei der strafrechtlichen Beurteilung keine Anwendung finden, denn die Bestimmung der Strafbarkeit des Täters darf im Strafrecht nicht von einer normativen Willensfiktion abhängen.[77] Eine solche Fiktion des Entledigungswillen ist nicht mit der im Strafrecht geltenden Unschuldsvermutung (in dubio pro reo-Grundsatz) vereinbar.[78] Sie entfaltet daher ausschließlich Indizwirkung.[79] 49

Der Entledigungswille bewirkt, dass eine Einstufung als Abfall auch dann möglich ist, wenn ein Stoff nach seiner Entsorgung wiederverwendet oder weiterverarbeitet werden kann, solange der Besitzer sich seiner entledigen will, weil er für ihn wertlos geworden ist.[80] So steht es der Abfalleigenschaft z.B. nicht entgegen, dass überlassenen Gummi-Metall-Gemische noch einen geringen Aluminiumanteil enthielten, der von den Abnehmern zumindest teilweise aussortiert wurde.[81] Dies ist Ausdruck der verfassungsrechtlichen Eigentumsfreiheit des Art.14 GG. 50

Für die strafrechtliche Beurteilung, ob ein Entledigungswille des Abfallbesitzers vorliegt, kann es nicht allein auf den inneren Willensentschluss ankommen. Solange der Besitzer die tatsächliche Sachherrschaft ausübt und nur die Absicht hat („*will*"), sich der Sache zu entledigen, ist die Sache noch nicht als Abfall zu klassifizieren.[82] Zu Abfall wird die Sache vielmehr erst dann, wenn der Abfallbesitzer seinen Entledigungswillen nach außen erkennbar werden lässt. Möglich ist jede im Rechtsverkehr gebräuchliche Form der Willensbekundung. Es kommt insbesondere nicht auf eine verbale Äußerung des Entledigungswillens an.[83] Eine solche verbale Äußerung kann nur Berücksichtigung finden, soweit sie die konkrete Verwendungsmaßnahme 51

---

72 *BGH* NStZ 1997, 544, 545.
73 *BGH* NStZ 1997, 544, 545.
74 NK-*Ransiek* § 326 Rn. 14.
75 *BGH* NStZ 1997, 544, 545.
76 Matt/Renzikowski/*Rettenmaier/Gehrmann* § 326 Rn. 8.
77 Matt/Renzikowski/*Rettenmaier/Gehrmann* § 326 Rn. 10.
78 Vgl. *BGH* NStZ 1997, 544; *OLG Koblenz* NStZ-RR 1997, 363; *Beckemper/Wegner* wistra 2003, 281; Graf/Jäger/Wittig/*Bock* § 326 Rn. 9.
79 Matt/Renzikowski/*Rettenmaier/Gehrmann* § 326 Rn. 10; MK-*Alt* § 326 Rn. 31.
80 *BGH* NStZ 1997, 544, 545; *BGHSt* 37, 333, 334.
81 *BGH* NStZ 1997, 544, 545.
82 LK-*Heghmanns* § 326 Rn. 26.
83 Matt/Renzikowski/*Rettenmaier/Gehrmann* § 326 Rn. 9.

benennt oder zumindest eine zeitnahe Verwertung substantiiert darlegt.[84] In der Praxis kommt insbesondere der Willenskundgabe durch konkludentes Verhalten Bedeutung zu. Der Entledigungswille wird somit in der strafrechtlichen Praxis überwiegend aus dem Verhalten des Besitzers unter Berücksichtigung der Verkehrsanschauung geschlossen.[85] Aber auch ein Unterlassen (durch langjähriges Liegenlassen von Bauschutt oder Abstellen von Autowracks auf dem eigenen Grundstück) kann den Entledigungswillen manifestieren.[86]

52 Etwaigen Vorstellungen oder Weiterverwertungsabsichten des Abfallbesitzers kommen dann lediglich eine nachrangige Bedeutung zu, sodass von einer Objektivierung des subjektiven Abfallbegriffs die Rede ist.[87]

53 **Beispiel:** Das *OLG Hamm*[88] hatte sich mit einem Fall zu beschäftigen, in dem es um die Lagerung von Mutterboden auf einem Waldstück auf einer Fläche von etwa 15x30 m ging. Der Betroffene zeigte der zuständigen Forstbehörde diesen nicht an, sodass sich die Frage stellte, wann es sich bei der Aufbringung von Mutterboden im Wald um eine anzeigepflichtige Verwertung von Abfällen im Wald nach §§ 70 Abs. 1 Nr. 3b, 6a Abs. 2 LFoG NW handelt. Maßgeblich war dafür, ob es sich dabei um Abfall im verwaltungsrechtlichen Sinne handelte. Das *OLG Hamm* führte aus, dass es sich bei Mutterboden, der zum Zwecke der Verfüllung eines Loches im Wald angeschafft wurde, nicht um Abfall handele, da es insofern an einem Entledigungswillen seitens des Besitzers fehle. Es sei nicht erkennbar gewesen, dass der Mutterboden für den Betroffenen ein wertlos gewordener Stoff oder Gegenstand war, dessen er sich entledigen wollte. Das wäre z.B. dann der Fall gewesen, wenn der Mutterboden beim Aushub einer Baugrube angefallen wäre und für den Betroffenen überflüssig war. Im vorliegenden Fall war jedoch denkbar, dass der Betroffene den Mutterboden gerade zum Zweck der Verfüllung des Loches im Wald angeschafft hat, sodass schlussendlich eine Einordnung des Mutterbodens als Abfall nicht vorgenommen werden konnte.[89]

4. Abfall zur Verwertung und Abfall zur Beseitigung

54 Die Tathandlungen des § 326 Abs. 1 StGB wurden im Zuge der Umsetzung der Richtlinie Umweltstrafrecht durch das 45. StrÄndG vom 6.12.2011[90] neu gefasst und auf die rechtswidrige Verwertung von Abfällen ausgedehnt. Folglich werden nicht nur Abfälle zur Beseitigung, sondern auch Abfälle zur Verwertung tatbestandlich erfasst. Die Differenzierung zwischen Abfällen zur Beseitigung und Abfällen zur Verwertung entscheidet darüber, welches Verfahren zur Behandlung der Abfälle anzuwenden ist.[91] Da Beseitigung und Verwertung unterschiedlichen Anforderungen unterliegen, ist die Bestimmung der Abfallart für die Frage von Bedeutung, ob der Abfall außerhalb einer dafür zugelassenen Anlage gem. § 326 Abs. 1 StGB behandelt bzw. ohne die erforderliche Genehmigung gem. § 326 Abs. 2 StGB verbracht wurde.[92]

---

84 Matt/Renzikowski/*Rettenmaier/Gehrmann* § 326 Rn. 9.

85 *Krell* Umweltstrafrecht Rn. 147.

86 LK-*Heghmanns* § 326 Rn. 26.

87 Matt/Renzikowski/*Rettenmaier/Gehrmann* § 326 Rn. 10.

88 *OLG Hamm* Beschl. v. 12.6.2018 – 4 RBs 141/18, BeckRS 2018, 13381.

89 *Hecker/Lorenz* NStZ-RR 2019, 65, 66.

90 Fünfundvierzigstes Strafrechtsänderungsgesetz zur Umsetzung der Richtlinie des Europäischen Parlaments und des Rates über den strafrechtlichen Schutz der Umwelt v. 6. 12.2011, BGBl. I, S. 2557, in Kraft seit 1.4.1998.

91 NK-*Ransiek* § 326 Rn. 9.

92 *BGH* NStZ 2014, 89, 92; LK-*Heghmanns* § 326 Rn. 12.

Nach § 3 Abs. 1 S. 2 KrWG sind Abfälle zur Verwertung *„Abfälle, die verwertet werden; Abfälle, die nicht verwertet werden, sind Abfälle zur Beseitigung"*, wobei die Verwertung von Abfällen nach § 7 Abs. 2 S. 2 KrWG grundsätzlich Vorrang vor deren Beseitigung hat. Die Beseitigung wird in § 3 Abs. 36 S. 1 KrWG entsprechend Art. 3 Nr. 19 Abfallrahmenrichtlinie 2008/98/EG[93] wie folgt definiert:

„jedes Verfahren, dass keine Verwertung ist, auch wenn das Verfahren zur Nebenfolge hat, dass Stoffe oder Energie zurückgewonnen werden".

Für die Praxis relevante Beseitigungsverfahren werden in Anlage 2 des KrWG genannt, wie insbesondere in D1 die Lagerung in Deponien. 55

Die Verwertung wiederum wird in § 3 Abs. 23 KrWG entsprechend Art. 3 Nr. 15 Abfallrahmenrichtlinie 2008/98/EG[94] definiert. Das *BVerwG* fasste diese Definition wie folgt zusammen: 56

„Für die stoffliche Verwertung von Abfällen ist hiernach kennzeichnend, dass ihre Eigenschaften zu einem bestimmten Zweck genutzt werden und dass sich diese Nutzung wirtschaftlich als Hauptzweck der Maßnahme darstellt."[95]

Verwertungsverfahren werden ebenfalls in Anlage 2 des KrWG aufgelistet, u.a. die Hauptverwendung als Brennstoff (R1) oder die Rückgewinnung/Regenerierung von Lösungsmitteln (R2). 57

In der Gesetzesbegründung zum KrWG stellt der Gesetzgeber klar, dass die Schädlichkeit des Abfalls und die Vermischung für die Abgrenzung keine Rolle spielen.[96] Ein Gemisch ist als Abfall zur Verwertung einzustufen, wenn über 50 % einer sinnvollen Nutzung zugeführt wird.[97] 58

Beispiel: Eine Abgrenzung von Abfall zur Beseitigung und Abfall zur Verwertung bei der Nutzung von Bauschutt aus Recyclingbaustoff für den Bau von Waldwegen musste indes das *OLG Stuttgart*[98] vornehmen. Eine Gesellschaft führte im Jahr 2009 den Abbruch eines Gebäudes durch und brachte den dadurch entstanden Bauschutt zur Errichtung von Waldwegen in ein Waldgebiet. Die Ablieferung erfolgte kostenlos, ebenso die Erneuerung der Waldwege. Das Gericht sah in dem Bauschutt, der durchsetzt war mit Gussasphalt, Kabeln, Steckdosen, Holz, Metallstücken, Gummi, Resten von Bodenbelag, Drahtgeflecht, Styropor und Glaswolle jedoch Abfall zur Beseitigung. Maßgeblich für diese Einordnung war die Durchmischung des Bauschutts mit Fremdkörpern. Der zum Wegebau verwendete Bauschutt enthielt teilweise so hohe Konzentrationen an polyzyklischen aromatischen Kohlenwasserstoffen (PAK), Mineralölkohlenwasserstoffen (C10-C40) und Sulfat, dass er als Recyclingbaustoff für den offenen Einbau nicht verwendet werden durfte. 59

93 Richtlinie 2008/98/EG des Europäischen Parlaments und des Rates v. 19.11.2008 über Abfälle und zur Aufhebung bestimmter Richtlinien, ABl. L 312 v. 22.11.2008, S. 3.

94 Richtlinie 2008/98/EG des Europäischen Parlaments und des Rates v. 19.11.2008 über Abfälle und zur Aufhebung bestimmter Richtlinien, ABl. L 312 v. 22.11.2008, S. 3; zul. geänd. durch Richtlinie (EU) 2018/851 des Europäischen Parlaments und des Rates v. 30.5.2018 zur Änderung der Richtlinie 2008/98/EG über Abfälle, ABl. L 150/109 v. 14.6.2018, S.109; letztere umgesetzt durch das Gesetz zur Umsetzung der Abfallrahmenrichtlinie der Europäischen Union v. 23.10.2020, BGBl. I, S. 2232, in Kraft seit 29.10.2020.

95 *BVerwGE* 123, 247, 250.

96 BT-Drucks. 17/6052, S. 74.

97 *VGH München* Urt. v. 23.4.2001 – 20 B 99.1020, BeckRS 2001, 21415.

98 *OLG Stuttgart* Beschl. v. 19.12.2014 – 4 Ss 232/14, BeckRS 2015, 1002.

5. Ende der Abfalleigenschaft

60 Die Abfalleigenschaft eines Stoffes oder Gegenstandes endet gem. § 5 KrWG, wenn die Sache ein Verwertungsverfahren durchlaufen hat, sie für bestimmte Zwecke Verwendung hat, ein Markt oder eine Nachfrage besteht, sie bestimmte technische und rechtliche Anforderungen erfüllt und die Verwendung unschädlich ist.

§ 5 KrWG Ende der Abfalleigenschaft

(1) Die Abfalleigenschaft eines Stoffes oder Gegenstandes endet, wenn dieser ein Recycling oder ein anderes Verwertungsverfahren durchlaufen hat und so beschaffen ist, dass

1. *er üblicherweise für bestimmte Zwecke verwendet wird,*
2. *ein Markt für ihn oder eine Nachfrage nach ihm besteht,*
3. *er alle für seine jeweilige Zweckbestimmung geltenden technischen Anforderungen sowie alle Rechtsvorschriften und anwendbaren Normen für Erzeugnisse erfüllt sowie*
4. *seine Verwendung insgesamt nicht zu schädlichen Auswirkungen auf Mensch oder Umwelt führt.*

[...]

II. Der gefährliche Abfall im Strafrecht

1. Allgemein

61 Verwaltungsrechtlich gilt in Bezug auf die Gefährlichkeit von Abfall die Abfallverzeichnisverordnung (AVV). Die dort geregelte Abfallschlüsselnummer führt dazu, dass die Abfälle nach § 3 Abs. 5 KrWG als gefährliche Abfälle i.S.d. Abfallrechts bestimmt sind und als Konsequenz den besonderen Überwachungsanforderungen des § 48 KrWG unterliegen.[99] Aus strafrechtlicher Sicht ist diese Bewertung allerdings nicht bindend. § 326 Abs. 1 StGB knüpft nicht an die abfallrechtliche Klassifizierung als gefährlicher Abfall nach der AVV an. Vielmehr bestimmt § 326 Abs. 1 StGB die an tauglichen Tatobjekte zu stellenden tatbestandlichen Anforderungen selbst. Die verwaltungsrechtliche Klassifizierung als gefährlicher Abfall ist mit dem Tatbestand des § 326 Abs. 1 StGB daher nicht deckungsgleich.[100] § 3 KrWG definiert den Abfallbegriff nur für das KrWG („*Abfälle im Sinne dieses Gesetzes*"), was auch die abfallrechtliche Einordnung der gefährlichen Abfälle nach § 3 Abs. 5 KrWG i.V.m. der AVV umfasst. Diese verwaltungsrechtliche Bewertung, wann Abfall als gefährlich anzusehen ist, stellt aus strafrechtlicher Sicht des § 326 Abs. 1 Nr. 4 lit. a StGB allenfalls ein Indiz für die Beurteilung von Abfall als umweltgefährlich dar.[101] Umgekehrt gilt, dass aus der verwaltungsrechtlichen Einordnung eines Stoffes als Nebenprodukt nach § 4 KrWG und der Verwendung einer für nicht gefährliche Abfälle vorgesehenen Schlüsselnummer i.S.d. AVV nicht zwangsläufig folgt, dass dem betreffenden Abfall nach Art, Beschaffenheit oder Menge die Eignung fehlt, eines der in § 326 Abs. 1 Nr. 4 lit. a StGB genannten Umweltmedien nachhaltig zu gefährden.[102] Die strafrechtlich-autonome Klassifizierung von Stoffen als Abfall bedarf also stets, ebenso wie die Feststellung der Gefährlichkeit, einer gesonderten Prüfung.[103]

99 *BGH* Urt. v. 30.7.2020 – 4 StR 419/19, BeckRS 2020, 20424; *Hecker/Lorenz* NStZ-RR 2021, 65, 66.
100 *BGH* Urt. v. 30.7.2020 – 4 StR 419/19; *BGH* BeckRS 2020, 20424; *BGH* NJW 2014, 91, 92; *Pfohl* NStZ-RR 2021, 13 f.
101 *BGH* Urt. v. 30.7.2020 – 4 StR 419/19, BeckRS 2020, 20424.
102 *BGH* Urt. v. 30.7.2020 – 4 StR 419/19, BeckRS 2020, 20424.
103 Schönke/Schröder/*Heine/Schittenhelm* § 326 Rn. 2a, 6; *Hecker/Lorenz* NStZ-RR 2020, 33.

Für die Gefährlichkeit des Abfalls ist in strafrechtlicher Hinsicht neben § 326 Abs. 1 Nr. 1 bis 4 StGB aber auch § 18a AbfVerbrG relevant. Der ursprünglich in § 326 Abs. 2 StGB enthaltene Verbringungstatbestand von gefährlichen Abfällen wurde durch das Gesetz zur Änderung abfallverbringungsrechtlicher Vorschriften vom 1.11.2016[104] in das Abfallverbringungsgesetz verlagert. Die Gefährlichkeit nach § 326 StGB ist jedoch nicht deckungsgleich mit der Gefährlichkeit nach § 18a AbfVerbrG. Das Abfallverbringungsgesetz verweist insoweit direkt auf die Begriffsbestimmungen der Abfallrahmenrichtlinie 2008/98/EG[105]. Einen solchen direkten Verweis sieht § 326 StGB nicht vor. Vielmehr wird die Gefährlichkeit dort in Abs. 1 Nr.1 bis 4 StGB abschließend geregelt. 62

Vor dem Hintergrund der auch im Strafrecht geltenden unionsrechtskonformen Auslegung ist die Abfallrahmenrichtlinie 2008/98/EG auch bei der Auslegung des § 326 Abs. 1 Nr. 1 bis 4 StGB zu berücksichtigen. Im Rahmen der unionsrechtskonformen Auslegung sind die Maßgaben des europäischen Gesetzgebers zu berücksichtigen. Mit Blick auf das in Art. 103 Abs. 2 GG verankerte Analogieverbot findet die Auslegung – und damit auch die unionsrechtskonforme Auslegung – im Strafrecht ihre äußerste Grenze im Wortlaut des Tatbestands.[106] Konkret bedeutet dies, dass die Wortlautgrenze zum Nachteil des Einzelnen nicht durch die unionsrechtskonforme Auslegung überschritten werden darf, was auch europarechtlich anerkannt ist.[107] 63

2. Gefährlichkeit nach § 326 Abs. 1 Nr. 1 bis 4 StGB

Die Gefährlichkeit nach § 326 Abs. 1 StGB erfasst Gifte oder Erreger von übertragbaren gemeingefährlichen Krankheiten (Nr. 1 StGB), krebserzeugende, fortpflanzungsgefährdende oder erbgutverändernde Abfälle (Nr. 2), explosionsgefährliche, selbstentzündliche oder radioaktive Abfälle (Nr. 3) sowie besonders umweltgefährdende Abfälle (Nr. 4). 64

a) Gifte oder Erreger von übertragbaren gemeingefährlichen Krankheiten, § 326 Nr. 1 StGB

Unter den Begriff „*Gift*" fällt jeder organische oder anorganische Stoff, der unter bestimmten Bedingungen nach seiner Beschaffenheit geeignet ist, die Gesundheit von Menschen durch chemisch oder chemisch-physikalische Wirkung zu zerstören.[108] Diese Definition entspricht der des § 314 StGB, der die gemeingefährliche Vergiftung erfasst. Unter den Begriff des Giftes fallen konkret alle Stoffe oder Zubereitungen, die nach ihrer chemischen Beschaffenheit den Stoffklassen „*sehr giftig*" und „*giftig*" zugeordnet werden können. Die Stoffklassen sind dem § 3a Nr. 6, 7 ChemG zu entnehmen. 65

---

104 BGBl. I 2016, S. 2452.

105 Richtlinie 2008/98/EG des Europäischen Parlaments und des Rates v. 19.11.2008 über Abfälle und zur Aufhebung bestimmter Richtlinien, ABl. L 312 v. 22.11.2008, S. 3.

106 *BVerfGE* 126, 170, 197; *BVerfG* NJW 2019, 2837, 2838; NK-*Ransiek* § 326 Rn. 11; *Hecker* Europäisches Strafrecht Kap. 10 Rn. 31 f.

107 *EuGH* Urt. v. 12.12.1996 – C-74/95, BeckRS 2004, 77753; *EuGH* Urt. v. 8.10.1987 – 80/86, BeckRS 2004, 73753.

108 BT-Drucks. 8/2382, S. 17; *Fischer* § 326 Rn. 15 i.V.m. § 314 Rn. 3; MK-*Alt* § 326 Rn. 37; Schönke/Schröder/*Heine/Schittenhelm* § 326 Rn. 3; Matt/Renzikowski/*Rettenmaier/Gehrmann* § 326 Rn. 14.

66 Der Stoff muss generell geeignet sein, also ohne Rücksicht auf die individuelle körperliche Beschaffenheit einzelner Personen, Leben und Gesundheit eines Menschen zu zerstören oder zumindest wesentliche körperliche Fähigkeiten und Funktionen in nicht unerheblichem Umfang (auch nur vorübergehend) aufzuheben.[109]

67 Nicht ausreichend für die Einstufung als Gift i.S.d. Nr. 1 ist solches Gift, das nur auf Tiere und Pflanzen wirkt. Jedoch soll ausreichend sein, sofern es über diese den Weg in den menschlichen Körper findet.[110]

68 Zu beachten ist an dieser Stelle, dass insbesondere nationales Recht, dass der Umsetzung einer Richtlinie dient, insgesamt unionsrechtskonform auszulegen ist.[111] Der *Europäische Gerichtshof* begründet dies zum einen mit dem Loyalitätsgebot des Art. 4 Abs. 3 UA 2, 3 EUV und zum anderen mit der Umsetzungsverpflichtung des Art. 288 Abs. 3 AEUV.[112] Mit dem 45. StrÄndG[113] setzte der deutsche Gesetzgeber die Vorgaben der Richtlinie zum strafrechtlichen Schutz der Umwelt[114] in den 29. Abschnitt des StGB inklusive § 326 StGB um. Bei der unionsrechtskonformen Auslegung sind insoweit insbesondere die Vorgaben dieser Richtlinie zum strafrechtlichen Schutz der Umwelt zu beachten und im Rahmen der Wortlautgrenze umzusetzen.[115]

69 Die für die europarechtskonforme Auslegung einschlägige Definition für Gift findet sich in Anhang III der Abfallrahmenrichtlinie 2008/98/EG[116], in seiner durch die Änderungsverordnungen (EU) Nr. 1357/2014[117] und (EU) Nr. 2017/997[118] aktualisierten Form. Dort heißt es in HP 5, 6 und 12:

„HP 5 Spezifische Zielorgan-Toxizität (STOT)/Aspirationsgefahr‘: Abfall, der nach einmaliger oder nach wiederholter Exposition Toxizität für ein spezifisches Zielorgan verursachen kann oder akute toxische Wirkungen nach Aspiration verursacht.“

„HP 6 ‚akute Toxizität‘: Abfall, der nach oraler, dermaler oder Inhalationsexposition akute toxische Wirkungen verursachen kann.“

---

109 MK-*Alt* § 326 Rn. 37; Schönke/Schröder/*Heine/Schittenhelm* § 326 Rn. 3; Matt/Renzikowski/*Rettenmaier/Gehrmann* § 326 Rn. 14.

110 MK-*Alt* § 326 Rn. 37; Schönke/Schröder/*Heine/Schittenhelm* § 326 Rn. 3.

111 Wegweisend *EuGH* Urt. v. 10.4.1984 – 14/83, C-14/83 *„von Colson und Kamann“* und *EuGH* Urt. v. 10.4.1984 – 79/83, 14/83 *„Harz“*; *Hecker* Europäisches Strafrecht Kap. 10 Rn. 3.

112 *EuGH* NJW 2006, 2465, 2467; *EuGH* NJW 2010, 427, 429; *EuGH* NJW 2020, 1873, 1876; *EuGH* EuZW 2021, 164, 165; *Hecker* Europäisches Strafrecht Kap. 10 Rn. 6.

113 Fünfundvierzigstes Strafrechtsänderungsgesetz zur Umsetzung der Richtlinie des Europäischen Parlaments und des Rates über den strafrechtlichen Schutz der Umwelt v. 6.12.2011, BGBl. I, S. 2557, in Kraft seit 1.4.1998.

114 Richtlinie 2008/98/EG des Europäischen Parlaments und des Rates v. 19.11.2008 über Abfälle und zur Aufhebung bestimmter Richtlinien, ABl. 2008 L 328, S. 28.

115 NK-*Ransiek* § 326 Rn. 11; *Hecker* Europäisches Strafrecht Kap. 10 Rn. 6 f.

116 Richtlinie 2008/98/EG des Europäischen Parlaments und des Rates v. 19.11.2008 über Abfälle und zur Aufhebung bestimmter Richtlinien, ABl. L 312 v. 22.11.2008, S. 3.

117 Verordnung (EU) Nr. 1357/2014 der Kommission v. 18.12.2014 zur Ersetzung von Anhang III der Richtlinie 2008/98/EG des Europäischen Parlaments und des Rates v. 19.11.2008 über Abfälle und zur Aufhebung bestimmter Richtlinien, ABl. L 365, S. 89.

118 Verordnung (EU) 2017/997 des Rates v. 8.6.2017 zur Änderung von Anhang III der Richtlinie 2008/98/EG des Europäischen Parlaments und des Rates in Bezug auf die gefahrenrelevante Eigenschaft HP 14 „ökotoxisch“, ABl. L 150, S. 1.

„HP 12 ‚Freisetzung eines akut toxischen Gases': Abfall, der bei Berührung mit Wasser oder einer Säure akut toxische Gase freisetzt (Akute Toxizität 1, 2 oder 3)."

In Bezug auf die toxische Wirkung gibt die Richtlinie bestimmte Grenzwerte vor, bei deren Erreichung der Abfall aufgrund seiner spezifischen Zielorgan-Toxizität bzw. akuten Toxizität gefährlich ist. 70

Beispiele: In dem sog. *„Lederspray-Fall"*, den der *BGH*[119] zu entscheiden hatte, ging es um den Verkauf eines Ledersprays, das bei Personen nach dem Gebrauch erhebliche gesundheitliche Beeinträchtigungen hervorgerufen hatte. Betroffene klagten über Atembeschwerden, Husten, Übelkeit, Schüttelfrost und Fieber. Vielfach musste ärztliche Hilfe in Anspruch genommen werden, einige Betroffene mussten stationär im Krankenhaus behandelt werden und kamen in nicht seltenen Fällen wegen ihres lebensbedrohlichen Zustands auf die Intensivstation. Befunde ergaben Lungenödeme. Obgleich Untersuchungen nicht ergaben, dass eine bestimmte Substanz schadensauslösend gewesen ist, stufte der *BGH* das Lederspray als Gift ein und nahm eine Strafbarkeit nach § 224 Abs. 1 Nr. 1 StGB an. In einem solchen Fall komme es auf die Ermittlung des verantwortlichen Inhaltsstoffes, die Kenntnis seiner chemischen Zusammensetzung und die Beschreibbarkeit seiner toxischen Wirkungsweise nicht an, wenn festgestellt werden kann, dass das Produkt insgesamt schadensursächlich war, was hier zweifelsfrei angenommen werden durfte. 71

Das *OLG Düsseldorf*[120] bestimmte in einem Fall aus dem Jahr 1991, dass bei einer Verunreinigung öffentlicher Anlagen durch den Kot einzelner Hunde erst dann eine Strafbarkeit nach § 326 Abs. 1 Nr. 1 StGB vorliege, wenn die Gefährlichkeit des Kotes konkret festgestellt werden könne. Erforderlich sei, dass der Hundekot Gifte oder Erreger gemeingefährlicher und übertragbarer Krankheiten enthalte oder hervorbringen könne. 72

Krankheitserreger hingegen sind solche Erreger, die gemeingefährliche Krankheiten unmittelbar oder mittelbar auf den Menschen oder Tiere übertragen können. Ausgeschlossen sind Erreger nur unter Pflanzen übertragbarer Krankheiten. Diese Krankheiten müssen gemeingefährlich sein, es muss sich folglich um meldepflichtige Erkrankungen (§ 5 IfSG) oder anzeigepflichtige Tierseuchen (§ 3 TierGesG) handeln. Von der Krankheit muss eine Erheblichkeit ausgehen und sie muss einer größeren Anzahl von Menschen oder Tieren drohen.[121] 73

Anhang III der Abfallrahmenrichtlinie 2008/98/EG[122], in seiner durch die Änderungsverordnungen (EU) Nr. 1357/2014[123] und (EU) Nr. 2017/997[124] aktualisierten Form, sieht in HP 9 eine ähnliche Definition vor, die innerhalb der unionsrechtskonformen Auslegung zu berücksichtigen ist: 74

---

119 *BGHSt* 37, 106.

120 *OLG Düsseldorf* NStZ 1991, 335.

121 MK-*Alt* § 326 Rn. 38; NK-*Ransiek* § 326 Rn. 25; Schönke/Schröder/*Heine/Schittenhelm* § 326 Rn. 3.

122 Richtlinie 2008/98/EG des Europäischen Parlaments und des Rates v. 19.11.2008 über Abfälle und zur Aufhebung bestimmter Richtlinien, ABl. L 312 v. 22.11.2008, S. 3.

123 Verordnung (EU) Nr. 1357/2014 der Kommission v. 18.12.2014 zur Ersetzung von Anhang III der Richtlinie 2008/98/EG des Europäischen Parlaments und des Rates über Abfälle und zur Aufhebung bestimmter Richtlinien, ABl. L 365, S. 89.

124 Verordnung (EU) 2017/997 des Rates v. 8.6.2017 zur Änderung von Anhang III der Richtlinie 2008/98/EG des Europäischen Parlaments und des Rates in Bezug auf die gefahrenrelevante Eigenschaft HP 14 *„ökotoxisch"*, ABl. L 150, S. 1.

„HP 9 ‚infektiös': Abfall, der lebensfähige Mikroorganismen oder ihre Toxine enthält, die im Menschen oder anderen Lebewesen erwiesenermaßen oder vermutlich eine Krankheit hervorrufen."

75 Insoweit stellte der deutsche Gesetzgeber deutlich strengere Anforderungen an das Merkmal *„krankheitserregend"*. Nach der deutschen Definition muss der Krankheitserreger gemeingefährlich sein, nach europarechtlicher Definition reicht es hingegen aus, dass der Erreger erwiesenermaßen oder sogar nur vermutlich eine Krankheit hervorrufen kann.

76 Gift und Erreger müssen entweder schon zur Zeit der Tathandlung im Abfall enthalten gewesen sein oder er müsste geeignet gewesen sein, sie erst später durch biologische, chemische oder physikalische Reaktion entstehen zu lassen.[125]

b) Krebserzeugende, fortpflanzungsgefährdende oder erbgutverändernde Abfälle, § 326 Nr. 2 StGB

77 Ebenso unter den Begriff der gefährlichen Abfälle fallen für den Menschen krebserzeugende, fortpflanzungsgefährdende oder erbgutverändernde Abfälle, folglich solche, die unter § 3a Abs. 1 Nr. 12 bis 14 ChemG a.F. fallen. § 326 Abs. 1 Nr. 2 StGB schließt eine Lücke, die im Rahmen der Nr. 1 entsteht, sofern der Nachweis einer chemisch-physikalische Einwirkung des Abfalls fehlt.[126] Die Stoffe müssen für den Menschen schädlich sein und ihre Wirkung über das Einatmen, Verschlucken oder bei Aufnahme über die Haut entfalten. [127]

78 Für die Einstufung eines Stoffes als krebserzeugend ist erforderlich, dass es beim Menschen Krebs hervorruft oder die Krebshäufigkeit erhöht.[128]

79 **Beispiel:** Mit der Entscheidung 2001/573/EG des Rates v. 23.7.2001 wurden Abfälle asbesthaltiger Baustoffe als gefährlich eingestuft. Für die Einstufung sei allein das Gefahrenpotenzial maßgeblich, nicht die Höhe des tatsächlichen Risikos einer Faserfreisetzung. Asbest wurde mit der Eigenschaft HP 7 als *„krebserzeugend"* eingestuft (Anhang III der Abfallrahmenrichtlinie 2008/98/EG).

80 Stoffe, die die Fortpflanzung gefährden, führen entweder zu auch nicht vererbbaren Schäden der direkten Nachkommen, erhöhen die Häufigkeit solcher Schäden oder beeinträchtigen die Fähigkeit zur Fortpflanzung.[129]

81 Erbgutverändernde Stoffe führen zu vererbbaren genetischen Schäden oder erhöhen deren Häufigkeit. Davon erfasst sind vor allem Stoffe, die ionisierend ausstrahlen.[130]

---

125 BeckOK-StGB/*Witteck* § 326 Rn. 16; Schönke/Schröder/*Heine/Schittenhelm* § 326 Rn. 3; Matt/Renzikowski/*Rettenmaier/Gehrmann* § 326 Rn. 14.

126 BeckOK-StGB/*Witteck* § 326 Rn. 17; MK-*Alt* § 326 Rn. 40; Schönke/Schröder/*Heine/Schittenhelm* § 326 Rn. 4; Matt/Renzikowski/*Rettenmaier/Gehrmann* § 326 Rn. 15.

127 BeckOK-StGB/*Witteck* § 326 Rn. 17; MK-*Alt* § 326 Rn. 40; NK-*Ransiek* § 326 Rn. 26; Schönke/Schröder/*Heine/Schittenhelm* § 326 Rn. 4.

128 Abschn. 5 und 20 des Anh. zu § 1 ChemikalienverbotsVO i.d.F. der Bek. v. 13.6.2003, BGBl. I, S. 867.

129 BeckOK-StGB/*Witteck* § 326 Rn. 17; MK-*Alt* § 326 Rn. 40; Schönke/Schröder/*Heine/Schittenhelm* § 326 Rn. 4.

130 BeckOK-StGB/*Witteck* § 326 Rn. 17; MK-*Alt* § 326 Rn. 40.

Ähnliche Definitionen sieht Anhang III der Abfallrahmenrichtlinie 2008/98/EG[131], in seiner durch die Änderungsverordnungen (EU) Nr. 1357/2014[132] und (EU) Nr. 2017/997[133] aktualisierten Form in HP 7, HP 10 und HP 11 vor, die wiederum im Rahmen der unionsrechtskonformen Auslegung zu beachten sind. 82

„HP 7 ‚karzinogen‘: Abfall, der Krebs erzeugen oder die Krebshäufigkeit erhöhen kann.“

„HP 10 ‚reproduktionstoxisch‘: Abfall, der Sexualfunktion und Fruchtbarkeit bei Mann und Frau beeinträchtigen und Entwicklungstoxizität bei den Nachkommen verursachen kann.“

„HP 11 ‚mutagen‘: Abfall, der eine Mutation, d.h. eine dauerhafte Veränderung von Menge oder Struktur des genetischen Materials in einer Zelle verursachen kann.“

Die europarechtlichen Definitionen der Abfallrahmenrichtlinie 2008/98/EG stimmen weitestgehend mit denen des § 326 Abs. 1 Nr. 2 StGB überein. In Bezug auf Abfall, der mehr als einen als karzinogen, reproduktionstoxisch oder als mutagen eingestuften Stoff enthält, stellt der europäische Gesetzgeber jedoch die zusätzliche Anforderung, dass der Abfall nur dann als gefährlich eingestuft werden soll, wenn ein einzelner Stoff die Konzentrationsgrenze überschreitet. Es genügt insofern nicht, wenn die einzelnen Stoffe die Konzentrationsgrenze kumulativ erreichen.[134] 83

c) Explosionsgefährliche, selbstentzündliche oder radioaktive Abfälle, § 326 Nr. 3 StGB

Explosionsgefährliche Stoffe sind in den § 2 Abs. 6 S. 2 SprengG, § 3a Abs. 1 Nr. 1 ChemG, §§ 2 Abs. 1 Nr. 2, Abs. 3 S. 2 Nr. 1 GefStoffVO abschließend aufgeführt. Nach § 3 Abs. 1 Nr. 1 SprengG sind explosionsgefährliche Stoffe, feste oder flüssige Stoffe und Gemische, die durch eine gewöhnliche thermische, mechanische oder andere Beanspruchung zur Explosion gebracht werden können oder die sich bei Durchführung der Prüfverfahren nach Anhang Teil A.14 der VO (EG) 440/2008[135] als explosionsgefährlich erwiesen haben. 84

Der Begriff der Selbstentzündlichkeit deckt sich mit dem der Hochentzündlichkeit bzw. der Leichtentzündlichkeit von Stoffen i.S.d. § 3 S. 2 Nr. 3, 4 GefStoffVO. 85

Radioaktive Stoffe sind radioaktive Reststoffe oder ausgebaute oder abgebaute radioaktive Anlageteile, deren Aktivität im Zusammenhang mit Kernenergie oder Strahlenschutz nach dem AtG oder der StrlSchV stehen und die schadlos verwertet werden (§ 9a AtG) oder als radioaktive Abfälle geordnet beseitigt werden müssen.[136] Ausgenommen ist solcher Abfall, der anderweitig radioaktiv kontaminiert wurde. In diesem Zusammenhang ist bspw. verseuchter 86

131 Richtlinie 2008/98/EG des Europäischen Parlaments und des Rates v. 19.11.2008 über Abfälle und zur Aufhebung bestimmter Richtlinien, ABl. L 312 v. 22.11.2008, S. 3.

132 Verordnung (EU) Nr. 1357/2014 der Kommission v. zur Ersetzung von Anhang III der Richtlinie 2008/98/EG des Europäischen Parlaments und des Rates über Abfälle und zur Aufhebung bestimmter Richtlinien, ABl. L 365, S. 89.

133 Verordnung (EU) 2017/997 des Rates v. 8.6.2017 zur Änderung von Anhang III der Richtlinie 2008/98/EG des Europäischen Parlaments und des Rates in Bezug auf die gefahrenrelevante Eigenschaft HP 14 *„ökotoxisch“*, ABl. L 150, S. 1.

134 Verordnung (EU) Nr. 1357/2014 der Kommission v. 18.12.2014 zur Ersetzung von Anhang III der Richtlinie 2008/98/EG des Europäischen Parlaments und des Rates über Abfälle und zur Aufhebung bestimmter Richtlinien, ABl. L 365, S. 94, 95.

135 Verordnung (EG) Nr.440/2008 der Kommission v. 30.5.2008 zur Festlegung von Prüfmethoden gem. der Verordnung (EG) Nr. 1907/2206 des Europäischen Parlaments und des Rates zur Registrierung, Bewertung, Zulassung und Beschränkung chemischer Stoffe, ABl. 2008 L 142, S. 1.

136 MK-*Alt* § 326 Rn. 42; Schönke/Schröder/*Heine/Schittenhelm* § 326 Rn. 5.

Klärschlamm zu nennen, der aufgrund eines Kraftwerkunfalls kontaminiert wurde.[137] Ausgenommen sind auch lediglich geringfügig radioaktive Stoffe, die die Freigrenze nach § 3 Abs. 2 Nr. 16 StrlSchV nicht überschreiten.[138]

87 Anhang III der Abfallrahmenrichtlinie 2008/98/EG[139], in seiner durch die Änderungsverordnungen (EU) Nr. 1357/2014[140] und (EU) Nr. 2017/997[141] aktualisierten Form sieht ähnliche Definitionen in HP 1 und HP 3 vor:

„HP 1 ‚explosiv‘: Abfall, der durch chemische Reaktion Gase solcher Temperatur, solchen Drucks und solcher Geschwindigkeit erzeugen kann, dass hierdurch Zerstörungen in der Umgebung eintreten. Hierzu gehören pyrotechnische Abfälle, explosive Abfälle in Form von organischen Peroxiden und explosive selbstzersetzliche Abfälle“

„HP 3 ‚entzündbar‘:

- *entzündbarer flüssiger Abfall: flüssiger Abfall mit einem Flammpunkt von unter 60 °C oder Abfälle von Gasöl, Diesel und leichten Heizölen mit einem Flammpunkt von > 55 °C und ≤ 75 °C;*
- *entzündbare pyrophore Flüssigkeiten und fester Abfall: fester oder flüssiger Abfall, der selbst in kleinen Mengen dazu neigt, sich in Berührung mit Luft innerhalb von fünf Minuten zu entzünden;*
- *entzündbarer fester Abfall: fester Abfall, der leicht brennbar ist oder durch Reibung Brand verursachen oder fördern kann;*
- *entzündbarer gasförmiger Abfall: gasförmiger Abfall, der an der Luft bei 20 °C und einem Standarddruck von 101,3 kPa entzündbar ist;*
- *mit Wasser reagierender Abfall: Abfall, der bei Berührung mit Wasser gefährliche Mengen entzündbarer Gase abgibt;*
- *sonstiger entzündbarer Abfall: entzündbare Aerosole, entzündbarer selbsterhitzungsfähiger Abfall, entzündbare organische Peroxide und entzündbarer selbstzersetzlicher Abfall“*

88 Für die Gefährlichkeit nach HP 1 und 3 genügt es, wenn das Vorhandensein eines solchen Stoffes daraufhin deutet, dass der Abfall explosiv, brandfördernd bzw. entzündbar ist.[142]

d) Besonders umweltgefährdende Abfälle, § 326 Nr. 4 StGB

89 Die Vorschrift des § 326 Abs. 1 Nr. 4 StGB differenziert zwischen den sog. Sonderabfällen (Nr. 4a) und den Abfällen, die die Eignung zur Gefährdung eines Tier- oder Pflanzenbestandes (Nr. 4b) haben.

---

137 *Heine/Martin* NuR 1988, 325.

138 Matt/Renzikowski/*Rettenmaier/Gehrmann* § 326 Rn. 16; MK-*Alt* § 326 Rn. 42.

139 Richtlinie 2008/98/EG des Europäischen Parlaments und des Rates v. 19.11.2008 über Abfälle und zur Aufhebung bestimmter Richtlinien, ABl. L 312 v. 22.11.2008, S. 3.

140 Verordnung (EU) Nr. 1357/2014 der Kommission v. 18.12.2014 zur Ersetzung von Anhang III der Richtlinie 2008/98/EG des Europäischen Parlaments und des Rates über Abfälle und zur Aufhebung bestimmter Richtlinien, ABl. L 365, S. 89.

141 Verordnung (EU) 2017/997 des Rates v. 8.6.2017 zur Änderung von Anhang III der Richtlinie 2008/98/EG des Europäischen Parlaments und des Rates in Bezug auf die gefahrenrelevante Eigenschaft HP 14 *„ökotoxisch“*, ABl. L 150, S. 1.

142 Verordnung (EU) Nr. 1357/2014 der Kommission v. 18.12.2014 zur Ersetzung von Anhang III der Richtlinie 2008/98/EG des Europäischen Parlaments und des Rates über Abfälle und zur Aufhebung bestimmter Richtlinien, ABl. L 365 S. 91, 92.

Sonderabfall (Nr. 4a) erfasst Abfälle, die nach ihrer Art, Beschaffenheit oder Menge geeignet sind, die dort aufgeführten Umweltmedien – Gewässer, Luft oder Boden – zu verunreinigen oder in sonstiger Weise nachhaltig zu verändern, oder zu gefährden. Vom Anwendungsbereich der Nr. 4 sind nur Abfälle umfasst, *„die für die Umwelt besonders gefährlich sind, nicht jedoch alle Abfälle, die generell geeignet sind, eines der genannten Schutzgüter zu gefährden“*[143]. 90

Ein kumulatives Vorliegen der drei Kriterien, Art, Beschaffenheit und Menge, wird nicht verlangt, vielmehr genügt es, wenn sich die Geeignetheit aus einem der drei Kriterien ergibt.[144] Mit der Beschaffenheit ist die Zusammensetzung und Verfassung des Stoffes, insbesondere der Gehalt an besonders umweltgefährdenden Stoffen, unabhängig von konkreten Umständen des Einzelfalls gemeint.[145] Für die zur Schädigung geeignete Menge hingegen ist sinngemäß auf den Einzelfall abzustellen und herauszuarbeiten, ob der Abfall in der konkreten Menge umweltgefährdend ist.[146] Hierbei ist insbesondere die Minima-Klausel des § 326 Abs. 6 StGB zu beachten. Bei dieser handelt es sich um einen Strafausschließungsgrund, nach der die Tat dann nicht strafbar ist, wenn eine Umweltgefährdung wegen der geringen Menge der Abfälle *„offensichtlich ausgeschlossen“* ist. Die kritische Menge kann auch durch mehrere Entsorgungshandlungen, die eine Einheit bilden, erreicht werden. Erfasst werden somit auch Abfälle, die in kleinen Mengen unschädlich sind.[147] 91

Die Eignung zur nachhaltigen, d.h. langfristigen und nicht nur vorübergehenden, Verunreinigung von Gewässer, Luft oder Boden ist abstrakt festzustellen.[148] Es kommt daher weder auf eine konkrete Gefahr noch auf den Eintritt eines Schadens an. Es genügt die generelle Möglichkeit, dass die Abfälle nach Art, Beschaffenheit und Menge die aufgeführten Umweltgüter selbsttätig, wenn auch erst unter bestimmten Umweltbedingungen, gefährden bzw. verunreinigen können.[149] Ausschlaggebend für die Gefährlichkeit sind allein Art, Menge und Beschaffenheit des Abfalles, nicht hingegen andere Umstände wie Klimaverhältnisse oder zur Tatzeit herrschendes Wetter. Es genügt, wenn die gefährliche Eignung des Stoffes erst bei der Beseitigungshandlung, wie z.B. beim Verbrennen zunächst unschädlicher Stoffe, die beim Verbrennungsvorgang schädliche Stoffe freisetzen, auftritt.[150] Eine Gefährlichkeit ist auch dann zu bejahen, wenn der Abfall seine Gefährlichkeit grundsätzlich nur in einem bestimmten Bereich entfaltet, sich in diesem Bereich jedoch nicht befindet.[151] Eine strikte Trennung von Umweltmedien ist in der Praxis ohnehin nicht umsetzbar. So bleibt beispielsweise ein abstrakt wassergefährdender Stoff auch dann gefährlicher Abfall, wenn er sich in einem wasserdichten Behälter befindet.[152] Nicht umfasst sind jedoch Abfälle, die zwar nur im Wasser gefährlich sind, im Boden jedoch problemlos abgelagert werden können.[153] 92

143 BT-Drucks. 8/3633, S. 29.

144 MK-*Alt* § 326 Rn. 43; Schönke/Schröder/*Heine/Schittenhelm* § 326 Rn. 8.

145 MK-*Alt* § 326 Rn. 43; *Pfohl* NStZ-RR 2021, 13, 14.

146 MK-*Alt* § 326 Rn. 43.

147 Schönke/Schröder/*Heine/Schittenhelm* § 326 Rn. 8; Matt/Renzikowski/*Rettenmaier/Gehrmann* § 326 Rn. 17.

148 Matt/Renzikowski/*Rettenmaier/Gehrmann* § 326 Rn. 17; MK-*Alt* § 326 Rn. 44; Schönke/Schröder/*Heine/Schittenhelm* § 326 Rn. 8.

149 *AG Hamburg* NStZ 1988, 365, 366; *AG Lübeck* NJW 1991, 1125, 1126; MK-*Alt* § 326 Rn. 44; Schönke/Schröder/*Heine/Schittenhelm* § 326 Rn. 8; *Heger/Kloepfer* Umweltstrafrecht Rn. 295.

150 *OLG Zweibrücken* NStZ 1986, 411, 412; Schönke/Schröder/*Heine/Schittenhelm* Rn. 8a.

151 BT-Drucks. 8/2382, S. 18; *BayObLGSt* 1989, 3.

152 *Schall* NStZ-RR 1998, 353, 356.

153 BT-Drucks. 8/2382, S. 18.

93 Eine nur indizielle Orientierung geben die in § 48 KrWG i.V.m. der AVV aufgeführten gefährlichen Abfälle.[154] Die verwaltungsrechtliche Klassifizierung als gefährlicher Abfall ist nicht deckungsgleich mit dem Tatbestand des § 326 Abs. 1 StGB, sodass es wie bei der nach dem strafrechtlichen Abfallbegriff eigenständigen zu bestimmenden Abfalleigenschaft eines Stoffes auch die Gefährlichkeitsfeststellung einer gesonderten Prüfung bedarf.[155]

94 Bei § 326 Abs. 1 Nr. 4 StGB handelt es sich um ein potenzielles Gefährdungsdelikt (auch Eignungsdelikt oder abstrakt-konkretes Gefährdungsdelikt), also um ein abstraktes Gefährdungsdelikt, bei dem die generelle Gefährlichkeit einer Handlung in jedem Einzelfall konkret festgestellt werden muss.[156] Bei einem abstrakt-konkreten Gefährdungsdelikt ist der Eintritt einer konkreten Gefahr nicht erforderlich, es genügt, wenn die Tat ihre abstrakte Gefährlichkeit im Hinblick auf das geschützte Rechtsgut im konkreten Fall entfaltet.[157]

95 Anhang III der Abfallrahmenrichtlinie 2008/98/EG[158], in seiner durch die Änderungsverordnungen (EU) Nr. 1357/2014[159] und (EU) Nr. 2017/997[160] aktualisierten Form, sieht ähnliche Definitionen in Bezug auf § 326 Abs. 1 Nr. 4a StGB den vergleichbaren HP 14 vor:

„HP 14 „ökotoxisch“: Abfall, der unmittelbare oder mittelbare Gefahren für einen oder mehrere Umweltbereiche darstellt oder darstellen kann.“[161]

96 Die Abfallrahmenrichtlinie 2008/98/EG listet in der durch die Änderungsverordnung (EU) Nr. 2017/997[162] aktualisierten Version weitere Bedingungen auf, von denen Abfälle mindestens eine erfüllen müssen, um nach HP 14 als gefährlich eingestuft werden zu können. Zu diesen Bedingungen zählen *„die Ozonschicht schädigend“*, *„akut gewässergefährdend“*, sowie *„chronisch gewässergefährdend“*. An diese Bedingungen sind wiederum gewisse Anforderungen in Form von Konzentrationsgrenzen, sowie die Zuordnung zu bestimmten Gefahrenhinweisen der Verordnung (EG) Nr. 1272/2008[163] geknüpft.

154 *Saliger* Umweltstrafrecht Rn. 306; MK-*Alt* § 326 Rn. 43; Matt/Renzikowski/*Rettenmaier/Gehrmann* § 326 Rn. 17.

155 *BGH* Urt. v. 30.7.2020 – 4 StR 419/19 m. zust. Anm. *Pfohl* NStZ-RR 2021, 13 ff.; *Hecker/Lorenz* NStZ-RR 2021, 65, 66.

156 *OLG Celle* NZV 1997, 405; *OLG Braunschweig* NStZ-RR 2001, 42, 43; BeckOK-StGB/*Witteck* § 324 Rn. 3; Schönke/Schröder/*Heine/Schittenhelm* § 326 Rn. 1a.

157 *BGHSt* 39, 381, 385; *BGH* MMR 2001, 228, 229; *BGH* NJW 1994, 670, 671; *BGH* NStZ 1994, 436; 1997, 189.

158 Richtlinie 2008/98/EG des Europäischen Parlaments und des Rates v. 19.11.2008 über Abfälle und zur Aufhebung bestimmter Richtlinien, ABl. L 312 v. 22.11.2008, S. 3.

159 Verordnung (EU) Nr. 1357/2014 der Kommission v. 18.12.2014 zur Ersetzung von Anhang III der Richtlinie 2008/98/EG des Europäischen Parlaments und des Rates über Abfälle und zur Aufhebung bestimmter Richtlinien, ABl. L 365, S. 89.

160 Verordnung (EU) 2017/997 des Rates v. 8.6.2017 zur Änderung von Anhang III der Richtlinie 2008/98/EG des Europäischen Parlaments und des Rates in Bezug auf die gefahrenrelevante Eigenschaft HP 14 *„ökotoxisch“*, ABl. L 150, S. 1.

161 Anhang III der Richtlinie 2008/98/EG des Europäischen Parlaments und des Rates v. 19.11.2008 über Abfälle und zur Aufhebung bestimmter Richtlinien, in seiner durch die Verordnung (EU) Nr. 1357/2014 der Kommission v. 18.12.2014 zur Ersetzung von Anhang III der Richtlinie 2008/98/EG des Europäischen Parlaments und des Rates über Abfälle und zur Aufhebung bestimmter Richtlinien, ABl. L 365, S.18 und Verordnung (EU) 2017/997 des Rates v. 8.6.2017 zur Änderung von Anhang III der Richtlinie 2008/98/EG des Europäischen Parlaments und des Rates in Bezug auf die gefahrenrelevante Eigenschaft HP 14 *„ökotoxisch“*, ABl. L 150, S.1, aktualisierten Form.

162 Verordnung (EU) 2017/997 des Rates v. 8.6.2017 zur Änderung von Anhang III der Richtlinie 2008/98/EG des Europäischen Parlaments und des Rates in Bezug auf die gefahrenrelevante Eigenschaft HP 14 *„ökotoxisch“*, ABl. L 150, S. 1.

163 Verordnung (EG) Nr. 1272/2008 des Europäischen Parlaments und des Rates v. 16.12.2008 über die Einstufung, Kennzeichnung und Verpackung von Stoffen und Gemischen, zur Änderung und Aufhebung der Richtlinien 67/548/EWG und 1999/45/EG und zur Änderung der Verordnung (EG) Nr. 1907/2006, ABl. L 353, S. 1.

Beispiele: In einem Fall, mit dem sich der *4. Strafsenat des BGH*[164] zu befassen hatte, ging es unter anderem um den Vorwurf einer Beihilfe zum unerlaubten Umgang mit Abfällen. Dem Angeklagten wurde vorgeworfen, die (faktischen) Geschäftsführer einer Ziegelei bei der Verfüllung von rund 900.000 Tonnen giftiger und umweltschädlicher Abfälle in einem von der Ziegelei betriebenen Tontagebau unterstützt zu haben. Durch die Abfalleinlagerung im Erdreich sei es zur Bildung gefährlicher Gase und zu einer Kontamination des Sickerwassers gekommen. Das Gericht sah in der Verfüllung dieser Tongrube einen unerlaubten Umgang mit Abfällen. 97

Für eine nachhaltige Gewässerverunreinigung i.S.d. § 326 Abs. 1 Nr. 4a StGB sei nach Auffassung des *BGH* für die Frage maßgeblich, ob ein Gewässer (gleich welcher Art und Güte) angesichts der konkret festgestellten unzulässigen Einwirkungen verunreinigt wurde, dass sein biologischer Wert nachhaltig gemindert werden konnte. Ausreichend sei, wenn das Grundwasser in dem betroffenen Gebiet durch die außerhalb einer dafür zugelassenen Anlage abgelagerten Abfälle nachhaltig verunreinigt oder sonst nachteilig verändert wird. Auf eine Gewässerverunreinigung i.S.v. § 324 StGB ist der *BGH* in dieser Entscheidung nicht eingegangen.[165] 98

Der *BGH*[166] entschied an anderer Stelle, dass es der Anwendung des § 326 Abs. 1 Nr. 3 StGB nicht entgegen stünde, dass es sich bei den unbefugt abgelagerten organischen Stoffen größtenteils um Hausmüll handelte. Dies begründete der *BGH* damit, dass auch Hausmüll in großer Menge abgelagert werde und entsprechende Gefahren bergen könne. Gleiches gelte für Klärschlamm, der zwar regelmäßig, jedoch nicht notwendig Abfall sei, ebenso für Stallmist, bei dem es nach Ansicht des *OLG Zweibrücken*[167] jedoch häufiger an der Abfalleigenschaft fehle. 99

Der *BGH* legte in seiner Entscheidung vom 23.10.2013[168], in der es um das abfallrechtlich nicht genehmigte Verfüllen von etwa 200.000 Tonnen zuvor aufbereiteter Klärschlammkomposte auf einer Teilfläche eines Kiessandtagebbaus ging, dar, welche Voraussetzungen für eine nachhaltige Verunreinigung des Grundwassers als eigenständiges Schutzgut des § 326 Abs. 1 Nr. 4 lit. a StGB vorliegen müssen. Zur Erfüllung des Tatbestandes reiche aus, wenn das Grundwasser in dem betroffenen Gebiet durch die außerhalb einer dafür zugelassenen Anlage abgelagerten Abfälle nachhaltig verunreinigt oder sonst nachteilig verändert werde. Nicht erforderlich seien feststellbare Auswirkungen auf andere Umweltmedien, Mensch oder Tier, denn die generelle Möglichkeit einer Gefährdung oder einer ganz erheblichen Belästigung reiche bereits aus. Ausführungen zur Gewässerverunreinigung i.S.v. § 324 StGB finden sich in dieser Entscheidung nicht. 100

164 *BGH* Urt. v. 23.5.2019 – 4 StR 601/18, BeckRS 2019, 12615.
165 *Hecker/Lorenz* NStZ-RR 2020, 33, 34.
166 *BGHSt* 34, 211.
167 *OLG Zweibrücken* NStZ 1991, 336.
168 *BGH* NJW 2014, 91.

101 Für die Feststellung, dass eine nachhaltige Gewässerverunreinigung vorliegt, entschied der *BGH*[169] in einer vorigen Entscheidung, es müsse das Gewässer angesichts der konkret festgestellten unzulässigen Einwirkungen so verunreinigt worden sein, dass sein biologischer Wert nachhaltig gemindert werden könne. Damit von einer nachhaltigen Minderung gesprochen werden kann, sei eine gewisse Intensität und Dauer erforderlich. Auch in dieser Entscheidung finden sich keine Ausführungen zur Gewässerverunreinigung i.S.v. § 324 StGB.

102 Das *AG Lübeck*[170] hatte im Jahre 1990 über einen Fall zu entscheiden, bei dem der Angeklagte Reste von Altöl in einer Plastikschüssel auf unregelmäßig aneinandergelegten Gehwegplatten an der rückwärtigen Front seines Geräteschuppens in seinem Garten abstellte und dort ohne weitere Vorkehrungen zwei Wochen im Freien stehenließ. Durch Regenwasser füllte sich diese, sodass es zu einem Altöl-Wassergemisch kam, das durch die Gehwegplatten ins Erdreich gelangte und dieses mit einem Ausmaß von 136 x 90 x 10 cm kontaminierte. Das Gericht begründete das davon ausgehende Gefährdungspotential des Umweltmediums Boden mit den im Altöl enthaltenen Schwermetallen wie Blei, Kupfer, Zinn, Nickel, Chrom und Cadmium. Aus der festgestellten konkreten Kontaminierung des Erdreichs könne auf eine abstrakte Eignung des Abfallstoffes zur nachhaltigen Gefährdung des Umweltmediums geschlossen werden.

103 In einem Fall, über den das *VG Gießen*[171] zu entscheiden hatte, ging es um ein Recycling-Unternehmen, das Kühlgeräte recycelte. Bei dem Recyclingvorgang fiel aus dem Isoliermaterial leicht halogenhaltiges Polyurethan-Mehl (PUR-Mehl) an, welches eine Konzentration von mehr als 0,1 % Trichlorfluormethan enthielt. Das Gericht stufte dieses als gefährlichen Abfall ein und berief sich in seiner Entscheidung auf die Verordnung (EG) Nr. 2037/2000 und die Richtlinie 67/548/EWG. Es handele sich demnach um einen Stoff, der ozongefährdende Wirkung entfalte und folglich um einen gefährlichen Stoff i.S.d. § 3 Abs. 1 S. 1 AVV.

104 Das *OLG Oldenburg*[172] beschäftigte sich mit der Einstufung der aus einem Misthaufen austretenden Sickersäfte als gefährlicher Abfall i.S.d. § 326 Abs. 1 Nr. 4 lit. a StGB. Der Angeklagte lagerte im Rahmen seiner unternehmerischen Tätigkeit tierische Exkremente zum anschließenden Weiterverkauf nach Durchmischung mit Sägespänen als Dünger auf einer gepflasterten Fläche, die er als Mistlagerplatte nutzte. Aufgrund von Witterungseinflüssen traten ammoniumhaltige Sickersäfte aus dem Misthaufen aus und konnten ungehindert in den Boden und in die der Mistlagerplatte angrenzenden Bereiche austreten. Entnommene Proben dieser Sickersäfte ergaben eine Belastung mit Ammoniumstickstoff von solcher Menge und Konzentration, die geeignet war, den Boden und das Grundwasser nachhaltig zu verunreinigen. Insofern stufte das Gericht diese Sickersäfte als gefährlichen Abfall ein.

105 § 326 Abs. 1 Nr. 4b StGB schützt die sonstige belebte Natur. Ausreichend ist bereits die bloße Eignung zur Bestandsgefährdung von Tieren und Pflanzen.[173]

---

169 *BGH* NStZ 1997, 189.
170 *AG Lübeck* NJW 1991, 1126.
171 *VG Gießen* Urt. v. 12.9.2007 – 6 E 2025/06, BeckRS 2008, 31303.
172 *OLG Oldenburg* Beschl. v. 1.9.2020 – 1 Ss 71/20, BeckRS 2020, 24334; *Hecker/Lorenz* NStZ-RR 2021, 65.
173 MK-*Alt* § 326 Rn. 48; NK-*Ransiek* § 324 Rn. 30; Schönke/Schröder/*Heine/Schittenhelm* § 326 Rn. 7a.

3. Gefährlichkeit nach § 18a AbfVerbrG

Die Strafvorschrift des § 18a AbfVerbrG wurde gemeinsam mit den Regelungen der § 18b AbfVerbrG und § 18c AbfVerbrG durch das Gesetz zur Änderung abfallverbringungsrechtlicher Vorschriften vom 1.11.2016[174] in das Abfallverbringungsgesetz aufgenommen, wodurch die Sanktionsregelungen des § 326 Abs. 2 StGB a.F. für Verstöße gegen die Abfallverbringungsverordnung 1013/2006/EG in das AbfVerbrG verlagert wurden. § 18a AbfVerbrG regelt Strafvorschriften im Fall illegaler Verbringungen gefährlicher Abfälle. 106

Tatobjekte sind somit gefährliche Abfälle. § 18a AbfVerbrG verweist für die Definition von gefährlichen Abfällen auf Art. 3 Nr. 2 der Abfallrahmenrichtlinie 2008/98/EG[175], wobei zur Definition des Begriffs des Abfalls ebenfalls Art. 3 Nr. 1 hineingelesen werden muss: 107

„Mit Freiheitsstrafe bis zu fünf Jahren oder mit Geldstrafe wird bestraft, wer eine illegale Verbringung (...) von gefährlichen Abfällen im Sinne des Artikels 3 Nummer 2 der Richtlinie 2008/98/EG durchführt“.

Die Abfallrahmenrichtlinie 2008/98/EG hob mit Wirkung v. 12.12.2010 die Richtlinie 2006/12/EG[176] auf. Nach Art. 3 Nr. 1 der Abfallrahmenrichtlinie 2008/98/EG bezeichnet 108

„Abfall, jeden Stoff oder Gegenstand, dessen sich sein Besitzer entledigt, entledigen will oder entledigen muss“.

Als *„gefährlicher Abfall“* definiert Art. 3 Nr. 2 der Abfallrahmenrichtlinie 2008/98/EG 109

„Abfall, der eine oder mehrere der in Anhang III aufgeführten gefährlichen Eigenschaften aufweist.“

Anhang III der Abfallrahmenrichtlinie 2008/98/EG listet insgesamt 15 gefahrenrelevante Eigenschaften von Abfällen auf. Zu diesen Eigenschaften gehören u.a. die Kategorien explosiv, brandfördernd, leicht entzündbar, entzündbar, reizend, gesundheitsschädlich, giftig, krebserzeugend, ätzend, infektiös, fortpflanzungsgefährdend, mutagen, sensibilisierend und ökotoxisch. 110

Anhang III der Abfallrahmenrichtlinie 2008/98/EG wurde durch Verordnung (EU) Nr. 1357/2014 vom 18.12.2014[177] ersetzt. Durch Änderung des Anhang III wurden Definitionen angepasst, Bezugnahmen auf Richtlinien und Verordnungen ersetzt und die gefahrenrelevanten Eigenschaften H 1 bis H 15 in HP 1 bis HP 15 umbenannt. Dies diente ausweislich des siebten Erwägungsgrundes der Verordnung dem Zweck mögliche Verwechslungen mit den Codierungen der Gefahrenhinweise gem. der Verordnung (EG) Nr. 1272/2008 zu vermeiden. Die Verordnung (EU) Nr. 2017/997 v. 8.6.2017 änderte überdies Anhang III der Abfallrahmenrichtlinie 2008/98/EG erneut und zwar in Bezug auf die gefahrenrelevante Eigenschaft HP 14 *„ökotoxisch“*. Die gefahrenrelevanten Eigenschaften der Abfälle i.S.d. Anhang III der Abfallrahmenrichtlinie 2008/98/EG lauten wie folgt: 111

---

174 BGBl. I 2016, S. 2452.

175 Richtlinie 2008/98/EG des Europäischen Parlaments und des Rates v. 19.11.2008 über Abfälle und zur Aufhebung bestimmter Richtlinien, ABl. L 312 v. 22.11.2008, S. 3.

176 Richtlinie 2006/12/EG des Europäischen Parlaments und des Rates v. 5.4.2006 über Abfälle, ABl. L 114 v. 27.4.2006, S. 9.

177 Verordnung (EU) Nr. 1357/2014 der Kommission v. 18.12.2014 zur Ersetzung von Anhang III der Richtlinie 2008/98/EG des Europäischen Parlaments und des Rates über Abfälle und zur Aufhebung bestimmter Richtlinien, ABl. L 365, S. 89.

*„HP 1 ‚**explosiv**‘: Abfall, der durch chemische Reaktion Gase solcher Temperatur, solchen Drucks und solcher Geschwindigkeit erzeugen kann, dass hierdurch Zerstörungen in der Umgebung eintreten. Hierzu gehören pyrotechnische Abfälle, explosive Abfälle in Form von organischen Peroxiden und explosive selbstzersetzliche Abfälle.*

*HP 2 ‚**brandfördernd**‘: Abfall, der in der Regel durch Zufuhr von Sauerstoff die Verbrennung anderer Materialien verursachen oder begünstigen kann.*

*HP 3 ‚**entzündbar**‘:*

- *entzündbarer flüssiger Abfall: flüssiger Abfall mit einem Flammpunkt von unter 60 °C oder Abfälle von Gasöl, Diesel und leichten Heizölen mit einem Flammpunkt von > 55 °C und ≤ 75 °C;*
- *entzündbare pyrophore Flüssigkeiten und fester Abfall: fester oder flüssiger Abfall, der selbst in kleinen Mengen dazu neigt, sich in Berührung mit Luft innerhalb von fünf Minuten zu entzünden;*
- *entzündbarer fester Abfall: fester Abfall, der leicht brennbar ist oder durch Reibung Brand verursachen oder fördern kann;*
- *entzündbarer gasförmiger Abfall: gasförmiger Abfall, der an der Luft bei 20 °C und einem Standarddruck von 101,3 kPa entzündbar ist;*
- *mit Wasser reagierender Abfall: Abfall, der bei Berührung mit Wasser gefährliche Mengen entzündbarer Gase abgibt;*
- *sonstiger entzündbarer Abfall: entzündbare Aerosole, entzündbarer selbsterhitzungsfähiger Abfall, entzündbare organische Peroxide und entzündbarer selbstzersetzlicher Abfall.*

*HP 4 ‚**reizend – Hautreizung und Augenschädigung**‘: Abfall, der bei Applikation Hautreizungen oder Augenschädigungen verursachen kann.*

*HP 5 ‚**Spezifische Zielorgan-Toxizität (STOT)/Aspirationsgefahr**‘: Abfall, der nach einmaliger oder nach wiederholter Exposition Toxizität für ein spezifisches Zielorgan verursachen kann oder akute toxische Wirkungen nach Aspiration verursacht.*

*HP 6 ‚**akute Toxizität**‘: Abfall, der nach oraler, dermaler oder Inhalationsexposition akute toxische Wirkungen verursachen kann.*

*HP 7 ‚**karzinogen**‘: Abfall, der Krebs erzeugen oder die Krebshäufigkeit erhöhen kann.*

*HP 8 ‚**ätzend**‘: Abfall, der bei Applikation Hautverätzungen verursachen kann*

*HP 9 ‚**infektiös**‘: Abfall, der lebensfähige Mikroorganismen oder ihre Toxine enthält, die im Menschen oder anderen Lebewesen erwiesenermaßen oder vermutlich eine Krankheit hervorrufen.*

*HP 10 ‚**reproduktionstoxisch**‘: Abfall, der Sexualfunktion und Fruchtbarkeit bei Mann und Frau beeinträchtigen und Entwicklungstoxizität bei den Nachkommen verursachen kann.*

*HP 11 ‚**mutagen**‘: Abfall, der eine Mutation, d.h. eine dauerhafte Veränderung von Menge oder Struktur des genetischen Materials in einer Zelle verursachen kann.*

*HP 12 ‚**Freisetzung eines akut toxischen Gases**‘: Abfall, der bei Berührung mit Wasser oder einer Säure akut toxische Gase freisetzt (Akute Toxizität 1, 2 oder 3).*

*HP 13 ‚**sensibilisierend**‘: Abfall, der einen oder mehrere Stoffe enthält, die bekanntermaßen sensibilisierend für die Haut oder die Atemwege sind.*

*HP 14 ‚**ökotoxisch**‘: Abfall, der unmittelbare oder mittelbare Gefahren für einen oder mehrere Umweltbereiche darstellt oder darstellen kann.*

HP 15 ‚Abfall, der eine der oben genannten gefahrenrelevanten Eigenschaften entwickeln kann, die der ursprüngliche Abfall nicht unmittelbar aufweist.'"

Die Parallelen zu den gefährlichen Eigenschaften nach § 326 StGB wurden bereits dargestellt.[178] 112

Der Entwurf der Bundesregierung zur Anpassung des Abfallverbringungsgesetzes an die Verordnung (EU) Nr. 660/2014 vom 15.5.2014 zur Änderung der Abfallverbringungsverordnung 1013/2006/EG[179] bezieht sich zur Definition von gefährlichen und nicht gefährlichen Abfällen auf Art. 2 Nr. 1 bzw. Nr. 2 der Abfallverbringungsverordnung 1013/2006/EG: 113

„Die Begriffe ‚Abfälle' bzw. ‚gefährliche Abfälle' sind so zu verstehen wie in Artikel 2 Nummer 1 bzw. Nummer 2 der Verordnung (EG) Nr. 1013/2006 definiert."

Die Abfallverbringungsverordnung 1013/2006/EG[180] trat am 15.7.2006 in Kraft und wird seit dem 12.7.2007 angewandt. Berichtigungen der Abfallverbringungsverordnung 1013/2006/EG wurden am 28.11.2008, am 13.12.2013 und am 22.10.2015 veröffentlicht. 114

Art. 2 Nr. 1 bzw. Nr. 2 der Abfallverbringungsverordnung 1013/2006/EG verweist für den Begriff der Abfälle wiederum auf Art. 1 Abs. 1 lit. a der Richtlinie 2006/12/EG[181] bzw. für gefährliche Abfälle auf Art. 1 Abs. 4 der Richtlinie 91/689/EWG.[182] Geändert durch die Richtlinie 94/31/EG[183]: 115

„Im Sinne dieser Verordnung bezeichnet der Ausdruck:

1. *„Abfälle" Abfälle im Sinne des Artikels 1 Absatz 1 Buchstabe a der Richtlinie 2006/12/EG;*
2. *„gefährliche Abfälle" Abfälle im Sinne des Artikels 1 Absatz 4 der Richtlinie 91/689/EWG des Rates vom 12. Dezember 1991 über gefährliche Abfälle;"*

Art. 1 Abs. 1 lit. a der Richtlinie 2006/12/EG und damit die Vorgängervorschrift des Art. 3 Nr. 1 der Abfallrahmenrichtlinie 2008/98/EG lautete: 116

„‚Abfall': alle Stoffe oder Gegenstände, die unter die in Anhang I aufgeführten Gruppen fallen und deren sich ihr Besitzer entledigt, entledigen will oder entledigen muss."

Art. 1 Abs. 4 der Richtlinie 91/689/EWG[184] lautete: 117

„Im Sinne dieser Richtlinie sind ‚gefährliche Abfälle':

– Abfälle, die in einem auf den Anhängen I und II der vorliegenden Richtlinie beruhenden Verzeichnis aufgeführt sind, das spätestens sechs Monate vor dem Beginn der Anwendung dieser Richtlinie nach dem Verfahren des Artikels 18 der Richtlinie 75/442/EWG zu erstellen ist. Diese Abfälle müssen eine oder mehrere der in Anhang III aufgeführten Eigenschaften aufweisen. In diesem Verzeichnis wird dem Ursprung und der Zusammensetzung der Abfälle und gegebenenfalls den Konzentrationsgrenzwerten Rechnung getragen. Das Verzeichnis wird in regelmäßigen Abständen überprüft und gegebenenfalls nach dem genannten Verfahren überarbeitet;

---

178 Siehe Rn. 7.

179 BT-Drucks. 18/8961, S. 19.

180 Verordnung (EG) Nr. 1013/2006 des Europäischen Parlaments und des Rates v. 14.6.2006 über die Verbringung von Abfällen, ABl. L 190, S. 1.

181 Richtlinie 2006/12/EG des Europäischen Parlaments und Rates v. 5.4.2006 über Abfälle, ABl. L 114 v. 27.4.2006, S. 9.

182 Richtlinie 91/689/EWG des Rates v. 12.12.1991 über gefährliche Abfälle, ABl. L 377 v. 31.12.1991, S. 20.

183 Richtlinie 94/31/EG des Rates v. 27.6.1994 zur Änderung der Richtlinie 91/689/EWG über gefährliche Abfälle, ABl. L 168 v. 2.7.1994, S. 28.

184 Richtlinie 91/689/EWG des Rates v. 12.12.1991 über gefährliche Abfälle, ABl. L 377 v. 31.12.1991, S. 20.

– sämtliche sonstigen Abfälle, die nach Auffassung eines Mitgliedstaates eine der in Anhang III aufgezählten Eigenschaften aufweisen. Diese Fälle werden der Kommission mitgeteilt und nach dem Verfahren des Artikels 18 der Richtlinie 75/442/EWG im Hinblick auf eine Anpassung des Verzeichnisses überprüft.“

118 Auch die Richtlinie 91/689/EWG wurde durch die Abfallrahmenrichtlinie 2008/98/EG[185] mit Wirkung vom 12.12.2010 aufgehoben.

B. Verwaltungsrechtsakzessorietät des Abfallstrafrechts

119 Das Abfallstrafrecht wird maßgeblich durch die Verwaltungsakzessorietät geprägt. Dahinter steckt der Grundsatz der Einheitlichkeit der Rechtsordnung: Das Strafrecht kann nicht verbieten, was das Verwaltungsrecht gestattet.

120 Dennoch darf der Einfluss verwaltungsrechtlicher Vorgaben auf abfallstrafrechtliche Fragestellungen nicht unterschätzt werden. Die Regelungstechnik der Straftatbestände zum Schutze der Umwelt besteht überwiegend aus Blanketten und bezieht sich auf verwaltungsrechtsakzessorische Pflichten des Umwelt- bzw. Abfallrechts. Textlich wird dies erkennbar durch die Formulierungen wie *„unbefugt“* (z.B. §§ 324, 326 StGB) oder *„unter Verletzung verwaltungsrechtlicher Pflichten“* (§§ 324a, 325 ff. StGB). Daraus ergibt sich, dass die Strafbarkeit von Verwaltungsakten in Form von Genehmigungen oder Untersagungen abhängt und somit behördliche Entscheidungen in den Blick zu nehmen sind.

121 Was der Gesetzgeber unter verwaltungsrechtlichen Pflichten versteht, beschreibt § 330d Abs. 1 Nr. 4 StGB:

*„**§ 330d Begriffsbestimmungen***

(1) Im Sinne dieses Abschnitts ist

[...]

4. eine verwaltungsrechtliche Pflicht:
eine Pflicht, die sich aus
a) einer Rechtsvorschrift,
b) einer gerichtlichen Entscheidung,
c) einem vollziehbaren Verwaltungsakt,
d) einer vollziehbaren Auflage oder
e) einem öffentlich-rechtlichen Vertrag, soweit die Pflicht auch durch Verwaltungsakt hätte auferlegt werden können,

ergibt und dem Schutz vor Gefahren oder schädlichen Einwirkungen auf die Umwelt, insbesondere auf Menschen, Tiere oder Pflanzen, Gewässer, die Luft oder den Boden, dient;

[...]“

185 Richtlinie 2008/98/EG des Europäischen Parlaments und des Rates v. 19.11.2008 über Abfälle und zur Aufhebung bestimmter Richtlinien, ABl. L 312 v. 22.11.2008, S. 3.

In den einzelnen Normen des Umweltstrafrechts ist die Verwaltungsrechtsakzessorietät durch das Tatbestandsmerkmal *„unter Verletzung verwaltungsrechtlicher Pflichten"* (z.B. §§ 324a Abs. 1, 325 Abs. 1, 2 StGB) oder *„unbefugt"* (z.B. §§ 324 Abs. 1, 326 Abs. 1 StGB) gekennzeichnet. 122

Ergibt sich eine verwaltungsrechtliche Pflicht aus einem vollziehbaren Verwaltungsakt (§ 330d Abs. 1 Nr. 4 lit. c StGB) oder einer vollziehbaren Auflage (§ 330d Abs. 1 Nr. 4 lit. d StGB), hängt die Strafbarkeit von einer Einzelfallentscheidung der Verwaltung ab (§§ 43 Abs. 2, Abs. 3, 44 VwVfG). Voraussetzung ist in dem Zusammenhang stets, dass die Pflicht dem Schutz vor abstrakten, potenziellen oder konkreten Gefahren oder schädlichen Einwirkungen auf die Umwelt dient, also – in Anlehnung an die Umschreibung im Strafausschließungsgrund des § 326 Abs. 6 StGB – insbesondere Einwirkungen auf Menschen, Tiere oder Pflanzen, Gewässer, die Luft oder den Boden.[186] 123

Die Einordnung der verwaltungsrechtlichen Pflichtwidrigkeit als Tatbestandsmerkmal hat zur Folge, dass bei Irrtümern im Hinblick auf das Vorliegen eines Verwaltungsaktes ein Tatbestandsirrtum (§ 16 StGB) mit der Folge vorliegen kann, dass der Straftatbestand mangels Vorsatzes nicht erfüllt ist.[187] In diesen Fällen kommt allerdings eine Fahrlässigkeitsstrafbarkeit in Betracht. Für den Sorgfaltsmaßstab im Rahmen der Fahrlässigkeitsstrafbarkeit reicht es dann aus, wenn die Pflicht *„deutlich erkennbar zumindest mittelbar"* dem Umweltgut dient.[188] 124

I. Limitierte Verwaltungsrechtsakzessorietät des Abfallstrafrechts

Die Verwaltungsrechtsakzessorietät gilt jedoch nicht unbegrenzt. Das Abfallstrafrecht ist nicht vollständig an verwaltungsrechtliche Vorgaben gekoppelt. So können nur bestandskräftige und sofort vollziehbare Verwaltungsakte (sofern sie belastend sind) eine Strafbarkeit auslösen, als Ausdruck eines strafrechtsautonomen engen Verständnisses.[189] Darüber hinaus gibt es abfallrechtliche Lebenssachverhalte, deren strafrechtliche Beurteilung sich im Einzelfall nach dem einschlägigen Verwaltungsrecht und dessen einzuhaltenden Pflichtenkanon richtet. Insofern wird von limitierter Verwaltungsrechtsakzessorietät gesprochen.[190] So ist auch der strafrechtliche Abfallbegriff grundsätzlich selbstständig, d.h. strafrechtsautonom zu definieren.[191] Die Vorgaben des KrWG entfalten insoweit jedoch indizielle Wirkung. 125

II. Verwaltungsaktakzessorietät und dogmatische Einordnung

Die Verwaltungsaktakzessorietät hat zur Folge, dass im Ergebnis der verwaltungsrechtliche Bewilligungsakt über die Strafbarkeit entscheidet. Ob ein solcher jedoch rechtsdogmatisch zu einem Tatbestandsausschluss oder zur Rechtfertigung führt, wird unterschiedlich beurteilt. 126

Die Gesetzesbegründung zu § 326 StGB lässt keinen eindeutigen Schluss auf eine entsprechende Einordnung zu. Es lässt sich daraus nur der Wille des Gesetzgebers zur einheitlichen Zuordnung und Auslegung des Merkmals in den §§ 324, 326 StGB ableiten. Aus der Formulie- 127

186 *Fischer* § 330d Rn. 11.
187 Schönke/Schröder/*Heine/Schittenhelm* Vor §§ 324 ff. Rn. 23.
188 BT-Drucks. 12/192, S. 17.
189 *BGHSt* 23, 86, 91; *Krell* Umweltstrafrecht Rn. 31.
190 *Krell* Umweltstrafrecht Rn. 23.
191 Schönke/Schröder/*Heine/Schittenhelm* § 326 Rn. 2a.

rung des Gesetzgebers zu § 324 Abs. 1 StGB ergibt sich, dass das Merkmal *„unbefugt"* darauf hinweist, dass nach einschlägigen gesetzlichen Regelungen und allgemeinen Rechtsgrundsätzen zu prüfen ist, ob das im Übrigen tatbestandsmäßige Verhalten straflos ist.[192]

128 Dies könnte so zu deuten sein, dass das Merkmal als Tatbestandsmerkmal aufzufassen ist. Eine eindeutige Einordnung überließ der Gesetzgeber jedoch der Rechtsprechung: Diese soll *„nach den besonderen Umständen des Falles (...) entscheiden, ob das Handeln als nicht tatbestandsmäßig oder zumindest als gerechtfertigt oder als entschuldigt anzusehen ist"*.[193]

129 Nach Rechtsprechung und herrschender Lehre stellt das Merkmal *„unbefugt"* im Rahmen des § 324 Abs. 1 StGB ein Synonym für *„rechtswidrig"* dar.[194] Nach diesem Verständnis wirkt eine behördliche Genehmigung zur Gewässereinleitung lediglich rechtfertigend.[195] Das folgt bereits daraus, dass die Gewässerverunreinigung generell verboten ist und nur in Einzelfällen aufgrund einer Interessenabwägung von der Behörde zugelassen bzw. nach allgemeinen Grundsätzen gerechtfertigt sein kann.[196] Es handelt sich bei dem Verbot um ein repressives Verbot mit einem Befreiungsvorbehalt. Das Verhalten wird also grundsätzlich als sozialgefährlich eingestuft, sodass ein umweltbelastendes jedoch genehmigtes Verhalten lediglich gerechtfertigt ist.[197]

130 Begründet wird dies u.a. damit, dass eine tatbestandliche Zuordnung des Merkmals *„unbefugt"* die kriminalpolitische Konsequenz hätte, dass der Tatbestand der Gewässerverunreinigung durch Amtsträger der Genehmigungsbehörde niemals verwirklicht werden könnte.[198] So geht von einer behördlichen Erlaubnis eine Legalisierungswirkung aus, auch wenn diese rechtswidrig ist. Erteilt sich also ein Amtsträger der Genehmigungsbehörde die Genehmigung im Rahmen des § 324 Abs. 1 StGB, könnte dieser sich nie strafbar machen, da bei Vorliegen einer solchen Genehmigung mangels Unbefugtheit der Tatbestand ausscheide. Diese Folge ist im Hinblick auf den Schutzzweck der Norm jedoch nicht sachgerecht. Ebenso wird angeführt, dass sowohl Gesetzessystematik als auch der erkennbare Wille des Gesetzgebers gegen eine tatbestandliche Auslegung sprechen.[199]

131 Diese Ansicht lässt dem Merkmal *„unbefugt"* i.R.d. § 326 Abs. 1 StGB die gleiche Bedeutung zukommen wie dem in § 324 Abs. 1 StGB, legt dieses folglich einheitlich als Rechtswidrigkeitsmerkmal aus.[200]

132 Diese Einordnung hat für sich, dass der gesetzliche Tatbestand, ohne das Merkmal *„unbefugt"*, bereits mit der Umschreibung des deliktischen Erfolgs (Gewässerverunreinigung/sonstige nachteilige Gewässerveränderung in § 324 Abs. 1 StGB; unerlaubter Umgang mit Abfällen in § 326 Abs. 1 StGB) das tatbestandliche Unrecht hinreichend verdeutlicht. Außerdem macht diese Auffassung eine klare begriffliche sowie systematische Trennung der unterschiedlichen

---

192 BT-Drucks. 8/2382, S. 14.

193 RegE eines EGStGB, BT-Drucks. 7/550, S. 236; BT-Drucks. 8/3633, S. 25; vgl. dazu *Kunze* Das Merkmal *„unbefugt"* in den Strafnormen des Besonderen Teils des Strafgesetzbuchs, S. 199.

194 *Fischer* § 324 Rn. 7; Lackner/Kühl/Heger/*Heger* § 324 Rn. 8; LK-*Heghmanns* § 324 Rn. 31; *Schall* NStZ 1992, 209, 213; *OLG Stuttgart* NJW 1977, 1406, 1407; *OLG Frankfurt* JR 1988, 168, 170; *Börner* Umweltstrafrecht § 14 Rn. 3.

195 *Horn* UPR 1983, 362, 366.

196 Lackner/Kühl/Heger/*Heger* § 324 Rn. 8.

197 MK-*Schmitz* Vor. §§ 324 ff. Rn. 54.

198 *Horn* UPR 1983, 362, 366.

199 MK-*Schmitz* Vor. §§ 324 ff. Rn. 54.

200 *BGHSt* 37, 21, 29; MK-*Alt* § 326 Rn. 103.

Ebenen im strafrechtlichen Deliktsaufbau möglich. Bei Tatbestand und Rechtswidrigkeit handelt es sich um zwei eigenständige Wertungsstufen mit unterschiedlichen Funktionen.

Abweichend davon vertritt *Erdt* zum Merkmal *„unbefugt"* i.R.d. § 324 Abs. 1 StGB, dass eine Einordnung weder in die Tatbestands-, noch in die Rechtfertigungsebene erfolgen solle, sondern sieht das Merkmal als Strafeinschränkungsgrund an. Dem Merkmal *„unbefugt"* komme die Funktion einer objektiven Strafbarkeitsbedingung zu, die außerhalb von Unrecht und Schuld stehe. Strafbar sollen demnach nur solche Handlungen sein, die auch *„unbefugt"* seien.[201] **133**

Eine solche Deklarierung des Merkmals *„unbefugt"* als objektive Strafbarkeitsbedingung begegnet jedoch erheblichen Zweifeln. Es handelt sich dabei um ein Merkmal, das zwar objektiv, also rein tatsächlich, erfüllt sein muss, auf das sich jedoch der Vorsatz oder die Fahrlässigkeit nicht beziehen muss. Im Ergebnis würde das jedoch zu einer nicht sachgerechten Ausweitung der Strafbarkeit führen. **134**

Andere Stimmen möchten das Merkmal *„unbefugt"* sowohl grundsätzlich als auch im Rahmen des § 324 Abs. 1 StGB als negatives Tatbestandsmerkmal erfasst wissen und begründen dies mit dem Schutzzweck.[202] Das Merkmal *„unbefugt"* in § 324 Abs. 1 StGB werde immer dann bejaht, sofern die Gewässerverunreinigung nach dem Umweltverwaltungsrecht oder durch Einzelentscheidung der Verwaltungsbehörde unzulässig und somit unbefugt sei.[203] In den übrigen Fällen wird auf die Rechtswidrigkeit verwiesen, sodass von einer sog. *Doppelfunktion* auszugehen ist. **135**

Auch im Hinblick auf § 326 Abs. 1 StGB wird diese Theorie vertreten und insofern auf eine Doppelfunktion abgestellt.[204] **136**

Das letztgenannte Verständnis des Merkmals *„unbefugt"* als negatives Tatbestandsmerkmal mit Doppelfunktion überzeugt. Die akademischen Sorgen hinsichtlich des Verlustes einer systematischen Trennung der unterschiedlichen Ebenen im strafrechtlichen Deliktsaufbau und theoretisch mögliche Strafbarkeitslücken bei Amtsträgern einmal beiseitegeschoben, bedeutet das Merkmal *„unbefugt"* bei Lichte betrachtet zweierlei: **137**

Einerseits drückt das Merkmal unbefugt aus, dass tatbestandsmäßig z.B. i.S.d. Gewässerverunreinigung gem. § 324 StGB jeder Verstoß gegen eine gewässerschützende verwaltungsrechtliche Pflicht ist. Eine verwaltungsrechtliche Pflicht kann sich gem. § 330d Abs. 1 Nr. 4 lit. a StGB auch aus einer Norm ergeben.[205] Von strafrechtlicher Relevanz ist eine Missachtung einer Pflicht jedoch nur, wenn diese unmittelbar oder deutlich erkennbar mittelbar einem Umweltgut und damit zum Beispiel dem Gewässerschutz dient.[206] Erfasst sind somit alle Pflichten, die sich aus solchen Vorschriften des Umweltverwaltungsrechts ergeben, die ausdrücklich Wasser oder Gewässer schützen wollen.[207] **138**

---

201 *Erdt* Das verwaltungsakzessorische Merkmal der Unbefugtheit in § 324 StGB und seine Stellung im Deliktsaufbau, S. 129.

202 NK-*Ransiek* § 324 Rn. 21 ff.; *LG Bonn* NStZ 1988, 224.

203 NK-*Ransiek* § 324 Rn. 22; *LG Bonn* NStZ 1988, 224.

204 Schönke/Schröder/*Heine/Schittenhelm* § 326 Rn. 16; NK-*Ransiek* § 326 Rn. 45; *Winkelbauer* Zur Verwaltungsakzessorietät des Umweltstrafrechts, S. 25.

205 MK-*Alt* § 324 Rn. 59.

206 MK-*Alt* § 324 Rn. 60.

207 MK-*Alt* § 324 Rn. 60.

139 Beispielsweise konstituiert daher die Verordnung über Anlagen zum Umgang mit wassergefährdenden Stoffen (AwSV) im Zusammenspiel mit § 62 Abs. 4 WHG unmittelbar verbindliche gesetzliche Pflichten.[208] Dass die AwSV ausdrücklich den Gewässerschutz zum Ziel hat, ergibt sich bereits aus § 1 Abs. 1 AwSV. Daneben sind auch sonstige Verhaltensvorgaben, die sich aus dem Abfallverwaltungsrecht ergeben und o.g. Anforderungen erfüllen, einzuhalten. Ein Verstoß gegen die dort genannten Pflichten führt zu einem unbefugten Handeln und erfüllt den objektiven Tatbestand der Gewässerverunreinigung. Dieses Verständnis zugrunde gelegt, macht es wenig Sinn, erst im Rahmen der Rechtswidrigkeit zu prüfen, ob die Pflichten der AwSV eingehalten wurden und die Gewässerverunreinigung damit *„unbefugt"* war. Mit dem Merkmal *„unbefugt"* wurde insoweit ein weiteres Tatbestandsmerkmal geschaffen, das stellvertretend für sämtliche verwaltungsrechtlichen Pflichten steht, die dem Schutze der von dem jeweiligen Tatbestand erfassten Rechtsgüter dienen.

140 Andererseits kann das Merkmal *„unbefugt"* aber auch ein Merkmal der Rechtswidrigkeit sein, wenn damit z.B. das Nichtvorliegen einer Genehmigung als Rechtfertigungsgrund gemeint ist. Rechtswidrig ist eine Tat schlicht dann, wenn keine Rechtfertigungsgründe greifen. Eine Genehmigung kann hingegen das die Umweltgüter verletzende Verhalten rechtfertigen.

III. Genehmigungen, Erlaubnisse und behördliches Dulden

1. Allgemeiner Teil

141 Aufgrund der bereits dargestellten Verwaltungsakzessorietät entscheidet vielerorts der behördliche Bewilligungsakt über Strafbarkeit und Straflosigkeit von umweltrelevanten Verhalten. In den meisten Fällen ergeht ein solcher als Bescheid in schriftlicher Form als Genehmigung oder Erlaubnis. Die Genehmigung oder Erlaubnis ist ein begünstigender Verwaltungsakt, der umweltrelevantes Handeln legitimiert. Wird eine Genehmigung oder Erlaubnis erteilt und handelt der Betroffene in deren rechtlichem Rahmen, scheidet eine Strafbarkeit grundsätzlich aus. Lediglich in Ausnahmefällen ist eine Strafbarkeit trotz vorliegender Genehmigung denkbar.

142 In einigen Fällen kann die Behörde jedoch auch informell tätig werden. Dies bspw. dann, wenn sie einen rechtswidrigen Zustand oder ein rechtswidriges Handeln lediglich duldet. Da es sich, anders als bei einer Genehmigung oder Erlaubnis, nicht um einen begünstigenden, schriftlich mitgeteilten Verwaltungsakt in Gestalt eines Bescheides handelt, ist grundsätzlich nicht von einer strafrechtlichen Legitimationswirkung auszugehen. Jedoch kann sie in bestimmten Fällen dennoch zum Ausschluss einer Strafbarkeit führen.

143 Im Folgenden werden die verschiedenen formellen und informellen Handlungsmöglichkeiten der Verwaltung dargestellt.

2. Genehmigungen und Erlaubnisse

144 Erteilt die Behörde eine Genehmigung oder Erlaubnis, stellt dies einen begünstigenden Verwaltungsakt dar. Nach der Legaldefinition des § 48 Abs. 1 S. 2 VwVfG ist ein Verwaltungsakt begünstigend, der ein Recht oder einen rechtlich erheblichen Vorteil begründet oder bestätigt.[209] Liegt ein solcher vor, scheidet eine Strafbarkeit aus bei Delikten im Rahmen derer der

208 Vgl. LK-*Heghmanns* § 324 Rn. 7, 52.

209 Schoch/Schneider/*Schoch* Verwaltungsrecht § 48 VwVfG Rn. 99.

Täter unbefugt handeln muss (vgl. §§ 324, 326 StGB) oder die eine fehlende Genehmigung voraussetzen (vgl. § 327 Abs. 1 StGB).[210]

Die bloß materiell-rechtliche Genehmigungsfähigkeit etwa eines Anlagenbetriebs, führt nicht zur Straflosigkeit (weder auf Tatbestands- noch auf Rechtswidrigkeitsebene), wenn die Genehmigung zum Tatzeitpunkt nicht vorliegt. Dementsprechend unerheblich ist auch eine nachträglich erteilte Genehmigung. Entscheidend ist die formelle verwaltungsrechtliche Wirksamkeit.[211] 145

Verwaltungsrechtliche Genehmigungen und Erlaubnisse wirken darüber hinaus nur gegenüber demjenigen, dem sie bekannt gegeben werden (§ 43 VwVfG) und legalisieren den Betrieb als solchen. Der Inhalt einer erteilten Genehmigung ist vom Tatgericht festzustellen; die revisionsgerichtliche Kontrolle beschränkt sich auf allgemeine Erfahrungssätze oder Denkgesetze sowie Fehler bei der Anwendung verbindlicher Auslegungsregeln.[212] 146

In Fällen, in denen eine erteilte Genehmigung oder Erlaubnis überschritten wird, ist eine Strafbarkeit möglich. So bleibt verboten, was im Bescheid nicht ausdrücklich oder konkludent als erlaubt bezeichnet wird. 147

Im Folgenden werden die rechtswidrigen, nichtigen und durch rechtsmissbräuchliches Verhalten erlangte Genehmigungen und Erlaubnisse dargestellt. 148

a) Die rechtswidrigen begünstigenden Erlaubnisse und Genehmigungen

Rechtswidrige Genehmigungen und Erlaubnisse sind grundsätzlich trotz Rechtsverstoßes legitimiert. Sie verlieren ihre Wirksamkeit erst, wenn sie durch die Behörde oder ein Gericht aufgehoben werden. Bis dahin sind sie rechtlich bindend. Eine Genehmigung oder Erlaubnis ist rechtswidrig, wenn sie gegen bestehende Rechtsnormen verstößt. Unwirksam ist nur die nichtige Erlaubnis oder Genehmigung.[213] Daher wird teilweise vertreten, dass es für die Strafbarkeit ausreichend sei, wenn ein wirksamer, wenn auch rechtswidriger Verwaltungsakt in Gestalt einer Genehmigung oder Erlaubnis vorliegt.[214] 149

b) Die nichtigen begünstigenden Erlaubnisse und Genehmigungen

Ein nichtiger Verwaltungsakt ist unwirksam (vgl. §§ 43 Abs. 3, 44 Abs. 1 VwVfG) und entfaltet von Anfang an (ex tunc) kraft Gesetzes keine Rechtswirkungen. Er ist als ein rechtliches nullum zu behandeln. Ein nichtiger Verwaltungsakt darf nicht vollzogen werden. Daraus ergibt sich, dass eine durch den Verwaltungsakt eingeräumte Begünstigung nicht eingefordert werden kann. Der Begünstigte kann sich nicht rechtfertigend auf den nichtigen, ihn begünstigenden Verwaltungsakt berufen.[215] 150

An einem nichtigen, also an einem offensichtlich und schwerwiegend fehlerhaften begünstigenden Verwaltungsakt, kann kein öffentliches Interesse an dessen Wirksamkeit bestehen.[216] 151

210 MK-*Schmitz* Vor §§ 324 ff. Rn. 52; Matt/Renzikowski/*Rettenmaier/Gehrmann* Vor § 324 Rn. 9.

211 Matt/Renzikowski/*Rettenmaier/Gehrmann* Vor § 324 ff. Rn. 9; Schönke/Schröder/*Heine/Schittenhelm* Vor §§ 324 ff. Rn. 16a.

212 *BVerfGE* 75, 329, 346; LR-StPO/*Stuckenberg* § 262 Rn. 29 m.w.N.

213 *Ipsen* Allgemeines Verwaltungsrecht Rn. 662 f.

214 *BGHSt* 31, 314, 315; *BGHSt* 23, 86, 87; *Fischer* Vor § 324 Rn. 8 ff.; Schönke/Schröder/*Heine/Schittenhelm* Vor §§ 324 ff. Rn. 16a.

215 *Börner* Umweltstrafrecht § 4 Rn. 42; MK-*Schmitz* Vor § 324 Rn. 80 m.w.N.

216 MK-*Schmitz* Vor § 324 Rn. 80.

c) Die durch rechtsmissbräuchliches Verhalten erlangten begünstigenden Erlaubnisse und Genehmigungen

152 Ebenso führt die durch rechtsmissbräuchliches Verhalten des Genehmigungsempfängers erlangte Genehmigung oder Erlaubnis nicht zur Rechtfertigung von Umweltstraftaten. Wie eine durch rechtsmissbräuchliches Verhalten erlangte Genehmigung oder Erlaubnis rechtlich zu behandeln ist, stellt die Rechtsmissbrauchsklausel in § 330d Abs. 1 Nr. 5 StGB klar:

„ein Handeln ohne Genehmigung, Planfeststellung oder sonstige Zulassung:

auch ein Handeln auf Grund einer durch Drohung, Bestechung oder Kollusion erwirkten oder durch unrichtige oder unvollständige Angaben erschlichenen Genehmigung, Planfeststellung oder sonstigen Zulassung."

153 Rechtsmissbräuchliche Verhaltensweisen werden folglich genehmigungslosen Handlungen gleichgestellt. In solchen Fällen, in denen eine behördliche Erlaubnis durch Drohung, Bestechung oder Kollusion erwirkt wurde oder durch unrichtige oder unvollständige Angaben erschlichen ist, findet die verwaltungsrechtliche Akzessorietät ihre Grenze. Derartige Genehmigungen können weder Tatbestandsmäßigkeit noch Rechtswidrigkeit einer Umweltstraftat beseitigen.[217]

154 Obwohl die Genehmigung zwar wirksam ist, kommt ihr keine Legalisierungswirkung zu, sodass eine Strafbarkeit möglich ist.

155 **Beispiel:** Das *OLG Jena*[218] hatte sich mit der Frage zu beschäftigen, welche Voraussetzungen an ein kollusives Zusammenwirken im Rahmen des § 330d Abs. 1 Nr. 5 StGB zu stellen sind. Es ging um den Tatvorwurf der Gewässerverunreinigung. Das *OLG Jena* folgte der herrschenden Meinung in der Literatur[219], nach der alleine eine beiderseitige Kenntnis von der Rechtswidrigkeit des begünstigenden Verwaltungsaktes für die Annahme von Kollusion nicht ausreiche. Auch ein im Umweltverwaltungsrecht häufiges und notwendiges informelles Kooperationsverhalten von Antragsteller und Amtsträger erfülle für sich genommen noch nicht den Kollusionstatbestand, wenngleich informelle Kooperationsverfahren *„besonders anfällig für das seien, was sich der Gesetzgeber unter Kollusion vorgestellt haben dürfte"*. Vielmehr fordert das *OLG Jena*, dass der Amtsträger bewusst seine Position missbraucht, um dem Antragsteller eine ihn über das erlaubte Maß hinaus begünstigende Stellung zu verschaffen, und der Antragsteller dies nicht nur erkennt, sondern entweder selbst initiiert hat oder die Bereitschaft des Amtsträgers bewusst ausnutzt. Hierfür sei zwar keine Mittäterschaft, aber jedenfalls eine Absprache zwischen beiden erforderlich.[220] Die Kollusion setze wie bei allen Varianten rechtsmissbräuchlichen Verhaltens nach der Vorschrift des § 330d Abs. 1 Nr. 5 StGB zielgerichtetes Verhalten voraus, weshalb der Täter mit dolus directus 1. Grades gehandelt haben müsse. Dies folge bereits aus dem Begriff des *„Erwirkens"*.

---

217 *Wegener* NStZ 1998, 608, 609.
218 *OLG Jena* NZWiSt 2017, 480.
219 MK-*Schmitz* § 330d Rn. 40; Schönke/Schröder/*Heine/Schittenhelm* § 330d Rn. 38.
220 MK-*Schmitz* § 330d Rn. 40; Schönke/Schröder/*Heine/Schittenhelm* § 330d Rn. 38.

3. Behördliche Duldung

a) Allgemeines

Die behördliche Duldung als informelles Verwaltungshandeln ist in der Praxis von großer Bedeutung. Da formelle Entscheidungen über eine Genehmigung der zuständigen Behörden zumeist komplex sind und einer genauen Vorprüfung bedürfen, ist es nur in wenigen Fällen möglich, innerhalb kurzer Zeit auf Anträge von Betreibern zu reagieren und diese positiv zu bescheiden.[221] Häufig wird daher der Vorwurf fehlender Effektivität und Flexibilität verwaltungsrechtlicher Genehmigungsverfahren erhoben.[222] Die Duldung als informelles Verwaltungsinstrument soll daher Abhilfe schaffen, indem sie es der Behörde ermöglicht, schnell auf neue Gefahren und veränderte Situationen auch ohne aufwändiges Bescheidungsverfahren reagieren zu können.[223] 156

Es ist der Fall denkbar, in dem die Behörde beispielsweise bei dem Betrieb einer Anlage auf den Erlass einer vorherigen Genehmigung verzichtet oder bei bereits stattfindenden, die Umwelt belastenden Verhalten nicht einschreitet. Grund für eine Fortsetzung des Betriebes kann beispielsweise die Sicherung von Arbeitsplätzen sein. Eine Interessenabwägung kann somit zugunsten des Anlagebetreibers ausfallen.[224] 157

Die Duldung ist deshalb informell, da es sich bei ihr nicht um die Zusage eines bestimmten Rechts handelt, die in Gestalt eines formellen Bescheides ergeht und sie nicht in der formellen Ordnung des Entscheidungsprozesses vorgesehen ist.[225] 158

Sie gilt als Sonderproblem innerhalb der Verwaltungsakzessorietät des Umweltstrafrechts. Das Strafrecht kann nur sanktionieren, was das Verwaltungsrecht nicht erlaubt und umgekehrt. Diskutiert wird, ob in Ausnahmefällen, in denen ein (verwaltungs-)rechtswidriger Zustand besteht, unter gewissen Voraussetzungen von einer Strafbarkeit abgesehen werden kann. Nimmt die Behörde ein ihr bekanntes bestimmtes rechtswidriges Verhalten oder einen rechtswidrigen Zustand hin, stellt sich die Frage, wie sich dies auf die Strafbarkeit eines Handlungs- und Zustandsstörers, beispielsweise eines Anlagenbetreibers, auswirkt.[226] 159

Begrifflich setzt die Duldung voraus, dass die Behörde Kenntnis von einem rechtswidrigen Zustand oder einem rechtswidrigen Verhalten hat. Hingegen kann nicht von einer behördlichen Duldung ausgegangen werden, sofern es der Behörde an der Kenntnis fehlt. Die Behörde muss sich ferner nach Kenntniserlangung bewusst gegen ein Einschreiten entschieden haben. Nicht erforderlich ist eine Verlautbarung der Behörde nach außen.[227] 160

Da die behördliche Duldung als Handlungsform der Verwaltung gesetzlich nicht geregelt ist, handelt es sich um eine ungeschriebene Rechtsfigur. Jedoch muss aufgrund des Rechtsstaatsprinzips jedes staatliche Handeln auf einer gesetzlichen Grundlage beruhen. Aus welchen gesetzlichen Grundprinzipien die behördliche Duldung abgeleitet werden kann, wird unterschiedlich beurteilt. Teilweise wird sie als Genehmigung oder Zusicherung der Behörde gewertet,[228] andere 161

221 *Wasmuth* NJW 1990, 2434, 2435.
222 *Malitz* Zur behördlichen Duldung im Strafrecht S. 15.
223 *Malitz* Zur behördlichen Duldung im Strafrecht S. 18.
224 *Wasmuth* NJW 1990, 2434, 2441.
225 *Malitz* Zur behördlichen Duldung im Strafrecht S. 16.
226 *Rogall* NJW 1995, 922.
227 *Rogall* NJW 1995, 922, 923.
228 *Malitz* Zur behördlichen Duldung im Strafrecht S. 36 ff.

sehen die Rechtsgrundlage in dem Vertrauensschutzgebot[229] oder dem Opportunitätsprinzip[230]. Unabhängig von der konkreten dogmatischen Einordnung ist jedoch inzwischen allgemein anerkannt, dass es sich bei der behördlichen Duldung um eine zulässige und anerkannte Rechtsfigur handelt.[231]

162 Umstritten ist jedoch die Frage, ob von der behördlichen Duldung Legalisierungswirkung ausgehen kann, die Duldung also auch ein Verhalten legalisieren kann, obwohl eine erforderliche Genehmigung oder eine Erlaubnis nicht vorliegen.

163 Insoweit kann zwischen zwei Formen der behördlichen Duldung differenziert werden: der aktiven und der passiven Duldung.

b) Passive Duldung

164 Eine passive Duldung liegt vor, wenn die Behörde trotz Kenntnis von einem rechtswidrigen Zustand oder einem rechtswidrigen Verhalten untätig bleibt.[232] Dies kann zum einen der Fall sein, weil sich ein Amtsträger über ein behördliches Tätigwerden keine Gedanken macht oder auch, wenn eine bewusste Entscheidung zum Untätigbleiben vorliegt, die jedoch nicht nach außen kommuniziert wird.[233] Diesem bloß stillschweigenden Untätigbleiben bzw. Nichteinschreiten kann nach herrschender Auffassung jedoch keine unrechtsausschließende Wirkung zukommen.[234] Da sich kein Erklärungswert ergibt, wird für den Bürger keine Vertrauenslage geschaffen, die ein Handeln zu rechtfertigen vermag.[235] Eine Strafbarkeit beispielsweise des Betreibers einer ungenehmigten Anlage kann dadurch nicht entfallen.

c) Aktive Duldung

165 Demgegenüber steht die aktive Duldung, bei der der Wille zur Untätigkeit nicht lediglich innerhalb der Behörde kommuniziert, sondern auch nach außen dem Betroffenen erkennbar wurde. Es handelt sich dabei um behördliche Äußerungen, die außerhalb förmlicher Verhaltensweisen stehen.[236] Entweder gibt die Behörde dem Betroffenen zu verstehen, gegen ein bestimmtes rechtswidriges Verhalten oder einen Zustand nicht einschreiten zu wollen oder aber ein Verhalten als rechtmäßig anzuerkennen, ohne jedoch eine vorherige Genehmigung erteilt zu haben.[237]

166 Nach herrschender Auffassung kann ein Unrechtsausschluss dann in Frage kommen, wenn die aktive Duldung sachlich einer Erlaubniserteilung gleichkommt oder sogar die Merkmale eines gestattenden Verwaltungsakts oder einer Zusicherung (§ 38 VwVfG) enthält. Bis zu dem Zeitpunkt, in dem die Behörde die Duldung dem Betroffenen zu erkennen gibt, liegt keine Legitimierung vor. Das birgt das Risiko, Zusagen der Behörde misszuverstehen oder fehlzuinterpre-

229 *Wasmuth* NJW 1990, 2434, 2438 f.; *Fluck* NuR 1990, 197, 201.

230 *Bickel* ZfW 1979, 139, 146 f.; *Malitz* Zur behördlichen Duldung im Strafrecht S. 52.

231 *Samson* JZ 1988, 800, 801 ff.; *Perschke* wistra 1996, 161, 168; *Rengier* ZStW 1989, 874, 905 ff.; *Schünemann* wistra 1986, 235, 241 f.; MK-*Schmitz* Vor § 324 Rn. 105.

232 Vgl. *BGHSt* 37, 21, 28; *Wasmuth* NJW 1990, 2434, 2436.

233 *Wasmuth* NJW 1990, 2434, 2436.

234 *BGHSt* 37, 21, 28; Erbs/Kohlhaas/*Metzger* Strafrechtliche Nebengesetze § 17 TierSchG Rn. 8; *Franzheim/Pfohl* Umweltstrafrecht Rn. 105; MK-*Pfohl* § 17 TierSchG Rn. 128.

235 *Wasmuth* NJW 1990, 2434, 2439.

236 BeckOK-StGB/*Witteck* § 324 Rn. 43.

237 BeckOK-StGB/*Witteck* § 324 Rn. 43; weitergehend zur aktiven Duldung *OLG Celle* ZfW 1987, 126 ff.; *Deiters/Reuker/Wagner* NStZ 2021, 321, 323 ff. m.w.N.

tieren. Da hier das Strafbarkeitsrisiko beachtlich ist, müssen von dem Betroffenen im Zweifelsfall weitere Nachfragen angestellt werden, die jegliche Restzweifel ausräumen.

Innerhalb der aktiven Duldung ist zu differenzieren zwischen rechtmäßigen und rechtswidrigen Duldungen. Wichtig ist diese Differenzierung deshalb, weil lediglich rechtmäßige Duldungen als Rechtfertigungsgrund herangezogen werden können, während bei rechtswidrigen Duldungen der Behörde keine Rechtfertigung, sondern allenfalls eine Straflosigkeit wegen eines Erlaubnistatbestandsirrtums in Betracht kommt.[238] 167

Kommt es wegen einer Umweltstraftat zu einem Ermittlungsverfahren gegen den Betroffenen, wird im Ergebnis das Gericht davon zu überzeugen sein, dass eine solche Duldung seitens der Behörde vorlag. Von enormer Wichtigkeit für den Betroffenen und eine erfolgreiche Verteidigung ist es daher, dass der Duldungsprozess hinreichend dokumentiert wird. Der Wille der Behörde muss sich nachprüfbar perpetuiert haben. Erforderlich ist also, dass der Betroffene eine Beweislage schafft, die keinen Zweifel an der fehlenden Rechtfertigung lässt. Dies kann z.B. dadurch gelingen, dass vorhandene Kommunikation mit der Behörde, aus der sich die Duldung ergibt, gesichert wird. Dies kann digitale und schriftlichen Kommunikation umfassen. Wurde die Duldung lediglich mündlich kommuniziert, sollte eine schriftliche Bestätigung der wesentlichen Zusagen bzw. eine Zusammenfassung der wichtigsten Aussagen des Gesprächs angefordert bzw. ausgetauscht werden. Es empfiehlt sich auch die Wahrung des vier Augen-Prinzips auf Seiten des Unternehmens sowie eine hinreichende innerbetriebliche Dokumentation wie E-Mails, Gesprächsvermerke und sonstige Memos. 168

aa) Rechtmäßige Duldungen

Die dogmatische Einordnung einer rechtmäßigen Duldung ist umstritten. Die herrschende Auffassung sieht in der rechtmäßigen Duldung einen eigenständigen Rechtfertigungsgrund.[239] Voraussetzung dafür ist, dass die Behörde in Kenntnis sämtlicher entscheidungserheblicher Umstände agierte und ihren Willen zum Untätigbleiben nach außen hin erkennbar machte, ihren Entscheidungsprozess also nachvollziehbar dokumentierte. Darüber hinaus muss die Duldung sowohl formell als auch materiell im Einklang mit dem Verwaltungsrecht stehen und dem Ziel dienen, einen auf Dauer legalen Zustand herzustellen.[240] Sind diese Voraussetzungen nicht erfüllt, kann keine Rechtfertigung greifen. 169

Begründet wird dieses Ergebnis mit der Verwaltungsakzessorietät. Dieser liege der Grundsatz zugrunde, dass der Opportunität der Behörde der Vorrang vor der strafrechtlichen Legalität einzuräumen sei.[241] Ebenso spricht das Prinzip der überwiegenden Interessen sowie die Einheit der Rechtsordnung für die Einordnung der aktiven rechtmäßigen Duldung als Rechtfertigungsgrund.[242] 170

Rechtmäßige Duldungen kommen im Zusammenhang mit § 324 StGB beispielsweise immer dann in Betracht, wenn es um Sanierungsmaßnahmen geht, deren Zulassung bereits nach § 9a WHG beantragt wurde, jedoch noch nicht über den Antrag entschieden wurde. In dieser Schwebezeit, in der die Behörde die Voraussetzungen für die Zulassung prüft, kann die 171

238 MK-*Schmitz* Vor § 324 Rn. 105 ff., 108.
239 Zu den vertretenen Auffassungen *Malitz* Zur behördlichen Duldung im Strafrecht S. 108 Fn. 2, 3.
240 Vgl. *Börner* Umweltstrafrecht § 4 Rn. 72 ff.
241 Schönke/Schröder/*Heine/Schittenhelm* Vor § 324 Rn. 20; *Börner* Umweltstrafrecht § 4 Rn. 70.
242 *Börner* Umweltstrafrecht § 4 Rn. 72; MK-*Schmitz* Vor § 324 Rn. 105 f.

behördliche Duldung rechtmäßig sein.[243] Eine rechtmäßige Duldung kann auch in solchen Fällen vorliegen, in denen eine Gewässerverunreinigung aufgrund einer Betriebsstörung oder in Notfällen erfolgt. Festgemacht am konkreten Tatbestand bedeutet dies, dass bspw. das Merkmal der *„Unbefugtheit“* entfällt.[244]

bb) Rechtswidrige Duldungen

172 Rechtswidrige Duldungen führen nach einhelliger Auffassung nicht zu einer strafrechtlichen Rechtfertigung und wirken entsprechend nicht strafbarkeitsausschließend.[245] Da die Duldung dem Ziel der Herstellung von Legalität dienen muss und diese bei einer rechtswidrigen Duldung nicht hergestellt werden kann, wirkt sie nicht rechtfertigend. Eine behördliche Duldung, die ein gesetzlich vorgesehenes förmliches Genehmigungsverfahren umgeht, ist rechtswidrig und entfaltet ebenfalls keine rechtfertigende Wirkung.[246]

d) Irrtümer

173 Im Zusammenhang mit der Rechtmäßig- oder Rechtswidrigkeit einer Duldung kann es auch zu Irrtümern kommen.

174 Liegt eine Duldung vor, die jedoch rechtswidrig ist und geht der Betroffene irrig von dessen Rechtmäßigkeit aus, kann zu seinen Gunsten ein Erlaubnistatbestandsirrtum greifen, der zu einem Ausschluss seiner Schuld und somit zur Straflosigkeit führt.[247] Er irrt über die tatsächlichen Voraussetzungen eines Rechtfertigungsgrundes, also über die Rechtmäßigkeit der Duldung.[248]

175 Dem liegt der Gedanke zugrunde, dass der Betroffene grundsätzlich davon ausgehen darf, dass staatliches Handeln, also die Entscheidungen und Verlautbarungen der Behörde rechtmäßig sind.[249] Zugunsten des Betroffenen wird vermutet, dass er einem Irrtum unterlag. In der Regel hat er keine genauen Kenntnisse über die Tatsachen, die zu einer Rechtswidrigkeit der Duldung führen. So kann er in der Regel nicht wissen, ob Beteiligungsrechte Dritter durch die Behörde missachtet wurden oder andere formelle Erlaubnisformen hätten vorrangig berücksichtigt oder beantragt werden müssen. Die Regelvermutung des Vorliegens des Irrtums über die Rechtmäßigkeit behördlichen Handelns kann jedoch entkräftet sein, sofern der Betreiber besondere Kenntnisse über das behördliche Genehmigungsverfahren hatte und erkannt hat oder hätte erkennen müssen, dass die Duldung rechtswidrig war.[250] In diesem Fall entfällt die Strafbarkeit des Betreibers nicht.

---

243 *Malitz* Zur behördlichen Duldung im Strafrecht S. 148.

244 *Malitz* Zur behördlichen Duldung im Strafrecht S. 148.

245 Anders *Rogall* NJW 1995, 922, 924, der davon ausgeht, dass die rechtswidrige Duldung in den alleinigen strafrechtlichen *„Zuständigkeitsbereich“* der Behörde falle.

246 Schönke/Schröder/*Heine/Schittenhelm* Vor §§ 324 Rn. 20.

247 *AG Lübeck* StV 1989, 348 f. (unvermeidbarer Verbotsirrtum); *Schall* NStZ 1992, 265; Schönke/Schröder/*Heine/Schittenhelm* Vor §§ 324 ff. Rn. 20.

248 *Fischer* Vor § 324 Rn. 11; Lackner/Kühl/Heger/*Heger* § 324 Rn. 12; Matt/Renzikowski/*Rettenmaier/Gehrmann* Vor § 324 Rn. 13.

249 *Börner* Umweltstrafrecht § 7 Rn. 45.

250 *Malitz* Zur behördlichen Duldung im Strafrecht S. 146.

IV. Die Untersagungsverfügung als belastender Verwaltungsakt

Erlässt die Behörde eine Untersagungsverfügung, handelt es sich dabei um einen belastenden Verwaltungsakt, der sich für den Betroffenen als nachteilig erweist, weil er in dessen Rechte eingreift. 176

Beispiele: Das *VG München*[251] bestätigte eine vom Landratsamt angeordnete Untersagungsverfügung einer gewerblichen Altkleidersammlung. Begründet wurde die sofortige Unterbindung der Ausübung der gewerblichen Nutzung mit dem Entgegenstehen überwiegender öffentlicher Interessen. Neben der Unzuverlässigkeit des Gewerbetreibenden stützte das Gericht seine Argumentation auch auf die nicht ordnungsgemäße und schadlose Verwertung der gesammelten Abfälle, § 17 Abs. 2 S. 1 Nr. 4 KrWG, und auf eine Gefährdung der Funktionsfähigkeit des öffentlich-rechtlichen Entsorgungsträgers. 177

Anders entschied im Jahr 2018 der *VGH Baden-Württemberg*[252] zugunsten eines gewerblichen Abfallsammlers. Auch dieser setzte sich gegen eine behördliche Untersagung seiner Altkleidersammlung zur Wehr. Das Gericht stellte klar, dass eine solche Untersagung bei der Unzuverlässigkeit des Gewerbetreibenden nur als *ultima ratio* in Betracht kommen darf. Die Behörde müsse vorher mildere Alternativen in Betracht ziehen. Nicht erforderlich seien auch lückenlose Nachweise zur Verwertungskette, da dies die Darlegungspflicht des Verantwortlichen überspanne. In dem Fall standen der Abfallsammlung keine überwiegenden öffentlichen Interessen entgegen. In beiden Fällen wurde die Einordnung von Alttextilien als Abfall bejaht.[253] 178

1. Der nichtige belastende Verwaltungsakt

Leidet die Untersagungsverfügung an einem besonders schwerwiegenden Fehler und ist dies auch bei verständiger Würdigung aller Umstände offensichtlich, ist der belastende Verwaltungsakt in der Folge nichtig, § 44 Abs. 1 VwVfG. Die Nichtigkeit hat – genau wie bei begünstigenden Verwaltungsakten – die Unwirksamkeit zur Folge.[254] Das bedeutet, dass der Adressat die ihn belastende Untersagungsverfügung nicht beachten muss. Sie entfaltet von Anfang an kraft Gesetzes keine rechtliche Wirkung, was bedeutet, dass der Adressat der Untersagungsverfügung nicht Folge leisten muss. 179

2. Der rechtswidrige belastende Verwaltungsakt

Im Gegensatz zum nichtigen belastenden Verwaltungsakt entfaltet der rechtswidrige belastende Verwaltungsakt rechtliche Wirkungen.[255] Der rechtswidrige belastende Verwaltungsakt – hier im speziellen die Untersagungsverfügung – gilt bis zu dem Zeitpunkt als wirksam, bis die Behörde von ihrem Ermessen Gebrauch macht und diesen mit Wirkung für die Vergangenheit oder Zukunft zurücknimmt. Bis zu diesem Moment bleibt er jedoch wirksam und muss vom jeweiligen Adressaten befolgt werden. 180

251 *VG München* Beschl. v. 9.8.2013 – M 17 13.2139, BeckRS 2015, 44147.
252 *VGH Baden-Württemberg* NVwZ-RR 2018, 800.
253 *Hecker/Lorenz* NStZ-RR 2019, 65, 66.
254 *Börner* Umweltstrafrecht § 4 Rn. 30, 42.
255 *Börner* Umweltstrafrecht § 4 Rn. 30.

C. Der Betriebsbeauftragte für Abfall

I. Allgemeines

1. Pflicht zur Bestellung

181 Betreiber von Anlagen, die nach dem BImSchG genehmigungspflichtig sind oder in denen regelmäßig gefährliche Abfälle anfallen, sowie weitere, im Gesetz genannte Anlagenbetreiber, sind je nach Art und Größe ihrer Anlage oder aufgrund der Bedeutung ihrer abfallwirtschaftlichen Tätigkeit verpflichtet, einen Betriebsbeauftragten für Abfall zu bestellen.[256] Die Pflicht zur Bestellung eines Abfallbeauftragten ergibt sich aus § 59 Abs. 1 S. 1 KrWG und § 2 AbfBeauftrV. Statistischen Erhebungen aus dem Jahr 2010 zufolge gibt es in Deutschland etwa 2.700 Abfallbeauftragte mit einem Erfüllungsaufwand von insgesamt 60,7 Mio. Euro.[257]

182 Verpflichtet zur Bestellung sind nach § 2 AbfBeauftrV unter anderem Betreiber von genehmigungsbedürftigen Anlagen, bei denen im jeweiligen Kalenderjahr entweder mehr als 100 Tonnen gefährliche Abfälle oder 2.000 Tonnen nicht gefährliche Abfälle anfallen (Nr. 1 lit. a sublit. aa). Ebenso verpflichtet sind die weiteren dort aufgeführten Anlagenbetreiber, wie etwa Deponien (Nr. 1 lit. b), Krankenhäuser (Nr. 1 lit. c) oder Abwasserbehandlungsanlagen (Nr. 1 lit. d). Ist bereits nach § 53 BImSchG ein Immissionsschutzbeauftragter oder nach § 64 WHG ein Gewässerschutzbeauftragter zu bestellen, so können diese gem. § 59 Abs. 3 KrWG auch die Aufgaben und Pflichten eines Abfallbeauftragten (§ 60 KrWG) wahrnehmen.

183 Auf das Verhältnis zwischen dem zur Bestellung Verpflichteten und dem Abfallbeauftragten finden gem. § 60 Abs. 3 KrWG die §§ 55-58 BImSchG entsprechende Anwendung. Demnach hat der Verpflichtete den Betriebsbeauftragten schriftlich zu bestellen und die ihm obliegenden Aufgaben genau zu bezeichnen, § 60 Abs. 3 KrWG i.V.m. § 55 Abs. 1 S. 1 BImSchG. Darüber hinaus hat der Verpflichtete die Bestellung des Abfallbeauftragten und die Bezeichnung seiner Aufgaben sowie Veränderungen in seinem Aufgabenbereich und dessen Abberufung der zuständigen Behörde unverzüglich anzuzeigen, § 60 Abs. 3 KrWG i.V.m. § 55 Abs. 1 S. 2 BImSchG. Dem Abfallbeauftragten ist eine Abschrift der Anzeige auszuhändigen, § 60 Abs. 3 KrWG i.V.m. § 55 Abs. 1 S. 3 BImSchG. Ist der Abfallbeauftragte Arbeitnehmer des zur Bestellung Verpflichteten, ist die Kündigung des Arbeitsverhältnisses unzulässig, es sei denn, dass Tatsachen vorliegen, die den Betreiber zur Kündigung aus wichtigem Grund ohne Einhaltung einer Kündigungsfrist berechtigen, § 60 Abs. 3 KrWG i.V.m. § 58 Abs. 2 S. 1 BImSchG. Entsprechendes gilt in Gestalt eines nachwirkenden Kündigungsschutzes nach Abberufung des Abfallbeauftragten für die Dauer eines Jahres, § 60 Abs. 3 KrWG i.V.m. § 58 Abs. 2 S. 2 BImSchG.[258]

184 Bestellung i.S.v. § 59 Abs. 1 KrWG ist die konkrete Zuweisung der Aufgaben eines Abfallbeauftragten nach § 60 KrWG im Rahmen eines bestehenden Vertragsverhältnisses und erzeugt für den Abfallbeauftragten Pflichten nur im Verhältnis zum Betreiber und nicht gegenüber der Überwachungsbehörde.[259] Die Bestellung bedarf der Zustimmung des Beauftragten und kann

256 *Bergwitz* NZA 2021, 542.

257 Nach einer Ermittlung des Statistischen Bundesamtes im Auftrag der Bundesregierung zum Erfüllungsaufwand im Bereich Betriebliche Beauftragte, Projektreihe Bestimmung des bürokratischen Aufwands und Ansätze zur Entlastung, 5/2011 (abrufbar unter: https://www.destatis.de).

258 *BAG* NZA 2011, 166, 168.

259 *BAG* NZA 2011, 166, 168.

entsprechend nicht gegen den Willen des Beauftragten erfolgen.[260] Ist das zwischen dem Abfallbeauftragten und Betreiber bestehende Grundverhältnis ein Arbeitsverhältnis, bedarf die Bestellung zur wirksamen Aufgabenwahrnehmung auch einer entsprechenden arbeitsvertraglichen Verpflichtung des Abfallbeauftragten in Gestalt einer einverständlichen Regelung im Arbeitsvertrag.[261] Die Bestellung kann im schriftlichen Arbeitsvertrag enthalten sein und erfordert keine gesonderte Bestellungsurkunde.[262] Der Anlagenbetreiber muss die von ihm abzugebende, auf die Zuweisung der Tätigkeit zielende Willenserklärung in einer Urkunde niederlegen und diese entweder eigenhändig unterzeichnen oder durch einen Bevollmächtigten unterzeichnen lassen, anderenfalls ist die Bestellung gem. § 125 S. 1 BGB nichtig.[263]

Die von § 60 Abs. 3 KrWG i.V.m. § 55 Abs. 1 S. 1 BImSchG geforderte genaue Bezeichnung der Aufgaben des Abfallbeauftragten ist dagegen keine Wirksamkeitsvoraussetzung der Bestellung, weil § 125 BGB nur Anwendung findet, wenn die Rechtsnorm nach ihrem Sinn und Zweck die Gültigkeit des Rechtsgeschäfts von der Einhaltung der Form abhängig machen will, was bei § 60 Abs. 3 KrWG i.V.m. § 55 Abs. 1 S. 1 BImSchG jedoch nicht der Fall ist.[264] Darüber hinaus lässt auch die Nichteinhaltung der Anzeigepflicht nach § 60 Abs. 3 KrWG i.V.m. § 55 Abs. 1 S. 2 BImSchG und die Verpflichtung zur Aushändigung einer Abschrift der Anzeige nach § 60 Abs. 3 KrWG i.V.m. § 55 Abs. 1 S. 3 BImSchG die Wirksamkeit der Bestellung unberührt.[265] **185**

Beispiel: Das *BAG* hat in einem Kündigungsschutzverfahren eines Abfallbeauftragten gegen dessen Arbeitgeber mit Urteil vom 26.3.2009[266] entschieden, dass die Verpflichtete den Abfallbeauftragten wirksam bestellt hatte, obwohl die Bestellung im Arbeitsvertrag nicht ausdrücklich erfolgte. Die wirksame Bestellung resultiere in dem entschiedenen Fall aus dem Wortlaut der unter § 2 des Arbeitsvertrages getroffenen Regelungen, wonach sich ausreichend klar ergebe, dass die Verpflichtete dem Abfallbeauftragten die Aufgaben eines Betriebsbeauftragten für Abfall unmittelbar mit Wirkung zum Vertragsbeginn verbindlich zugewiesen und sich nicht nur im Rahmen eines allgemein umschriebenen Weisungsrechts das Recht vorbehalten habe, dem Abfallbeauftragten einzelne der dort beschriebenen Funktionen gegebenenfalls erst später zu übertragen. Dies folge bereits aus der Formulierung, wonach dem Abfallbeauftragten die aufgeführten Tätigkeiten, hierunter die des Betriebsbeauftragten für Abfall, als *„eigenverantwortliche Tätigkeiten“ „obliegen“*, was – so das *BAG* – dem Wortsinn nach bedeute: er *„hat die Aufgabe“* bzw. *„es gehört zu seinen Pflichten“*,[267] unter anderem die Tätigkeit des Abfallbeauftragten zu verrichten. **186**

---

260 *BAG* NZA 2011, 166, 168; BeckOK-UmwR/*Schwertner* § 55 BImSchG Rn. 1; *Jarass* § 55 BImSchG Rn. 1; Landmann/Rohmer/*Hansmann/Maciejewski* Umweltrecht BImSchG § 55 Rn. 26.

261 *BAG* NZA 2011, 166, 168.

262 *BAG* NZA 2011, 166, 168; das Schriftformerfordernis ergibt sich aus § 55 Abs. 1 S. 1 Hs. 1 BImSchG; *Jarass* § 55 BImSchG Rn. 4.

263 *BAG* NZA 2011, 166, 168; *Jarass* § 55 BImSchG Rn. 4.

264 *BGH* NJW 2001, 600, 601 f.; *BAG* NZA 2011, 166, 169; BeckOK-BGB/*Wendtland* § 125 Rn. 3; vgl. Landmann/Rohmer/*Hansmann/Maciejewski* Umweltrecht BImSchG § 55 Rn. 29.

265 *BAG* NZA 2011, 166, 169.

266 *BAG* NZA 2011, 166.

267 Vgl. *Wahrig* Dt. Wörterb., Stichwort *„obliegen“*.

187 Darüber hinaus sprach in dem entschiedenen Fall für eine mit Einverständnis des Beauftragten endgültig erfolgte Zuweisung der Aufgaben im Sinne einer Bestellung, dass sich die Regelungen im Arbeitsvertrag auch im Übrigen nicht auf eine nur rahmenmäßige Umschreibung der Tätigkeit des Betriebsleiters beschränkt habe, sondern konkrete Arbeitsinhalte und Vertretungsbefugnisse benannt seien. Eine derartige Stellenbeschreibung, auch wenn sie in den Arbeitsvertrag integriert ist, diene im Allgemeinen dazu, den Inhalt der konkret zu verrichtenden Arbeitsaufgaben festzulegen und beinhalte von Seiten des Arbeitgebers auch eine entsprechende Zuweisung. Die Formulierung des Arbeitsvertrages *„Das Arbeitsverhältnis umfasst auch nachstehende Tätigkeiten"*, lasse kein anderes Verständnis zu. Dieser Formulierung könne nicht entnommen werden, dass die Verpflichtungen des Abfallbeauftragten nur allgemein umschrieben und noch keine endgültigen Festlegungen bezüglich der Wahrnehmung bestimmter Arbeitsaufgaben hätten getroffen werden sollen. Da es sich bei der Bezeichnung der Aufgaben des Abfallbeauftragten i.S.v. § 60 KrWG nicht um eine Wirksamkeitsvoraussetzung handele, könne aus ihrem Fehlen auch nicht auf einen mangelnden Willen der Verpflichtete zur Bestellung des Abfallbeauftragten geschlossen werden.

2. Person des Betriebsbeauftragten

188 Bei dem Betriebsbeauftragten für Abfall handelt es sich um eine Person mit herausgehobener Umweltverantwortung, der in einem und für ein Unternehmen tätig wird. Er wird somit direkt dem Unternehmen zugeordnet.[268] Er berät Betreiber oder Betriebsangehörige in Angelegenheiten, die für die Abfallvermeidung und Abfallbewirtschaftung bedeutend sein können, § 60 Abs. 2 KrWG.

189 Es kann sich bei einem Betriebsbeauftragten für Abfall sowohl um einen externen als auch um einen internen Betriebsbeauftragten handeln. Die Bestellung eines externen Abfallbeauftragten kann von der Behörde auf Antrag gestattet werden, § 4 AbfBeauftrV. Ein externer Abfallbeauftragter kann z.B. notwendig werden, wenn sich kein Betriebsangehöriger imstande sieht, die Aufgabe zu übernehmen. Durch die Bestellung eines externen Abfallbeauftragten ist eine effiziente Aufgabenwahrnehmung möglich. Der interne Beauftragte ist hingegen ein Angehöriger des Betriebes, der neben seinen eigentlichen Aufgaben im Betrieb zusätzliche Aufgaben übernimmt. Die Überantwortung der Stellung als Betriebsbeauftragter kann durch Begründung eines neuen oder Änderung eines bereits bestehenden Arbeitsverhältnisses erfolgen.[269] Ebenfalls denkbar ist ein von dem eigentlichen Arbeitsverhältnis losgelöstes freies Dienstverhältnis.

3. Gesetzlich verfolgter Zweck der Institutionalisierung

190 Der Gesetzgeber verfolgt mit Etablierung und Institutionalisierung des Betriebsbeauftragten die Ergänzung einer bloßen Fremdüberwachung durch eine institutionalisierte Eigenüberwachung im Unternehmen.[270] Der Abfallbeauftragte dient somit der Überwachung durch den Überwachungspflichtigen selbst.[271] Der Abfallbeauftragte soll dafür sorgen, dass das Ziel einer

268 Landmann/Rohmer/*Kersting* Umweltrecht KrWG § 60 Rn. 2.

269 *Weber* Der Betriebsbeauftragte, S. 191 ff.

270 Erbs/Kohlhaas/*Häberle* Strafrechtliche Nebengesetze KrWG § 59 Rn. 2; *Wendler* Die Haftung der Betriebsbeauftragten im Strafrecht S. 147.

271 *Böse* NStZ 2003, 636, 638.

möglichst abfallarmen Produktion und umweltgerechten Entsorgung erreicht wird.[272] Ferner sollen aufgrund seiner Expertise und Intervention auch Gefahren für Mensch und Umwelt durch Stoffe und Verfahren, die im Arbeitsprozess Anwendung finden, vermindert werden.[273] Somit dient die Institutionalisierung sowohl der Wahrung des Kooperationsprinzips, das eine Verankerung des Umweltschutzes als gemeinsame Aufgabe von Staat, Bürgern und Unternehmen zum Ziel hat, als auch dem Vorsorgeprinzip, das den präventiven Schutz vor Umweltschäden bezweckt.[274]

4. Der Betreiber/Betriebsleiter/vertretungsberechtigte Gesellschafter als Abfallbeauftragter?

Es wird die Frage diskutiert, ob Betreiber, allein verantwortliche Betriebsleiter, Organmitglie- 191
der juristischer Personen oder vertretungsberechtigte Gesellschafter zum Abfallbeauftragten bestellt werden können.[275] Dies wird in der Rechtsprechung verneint.[276] Dass beispielsweise der Betreiber nicht gleichzeitig Abfallbeauftragter sein kann, ergibt sich bereits aus dem Pflichtenkatalog des § 60 Abs. 1 S. 1 KrWG, wonach der Abfallbeauftragte den zur Bestellung Verpflichteten und die Betriebsangehörigen zu beraten hat. Aus dem Wortlaut dieser Norm ergibt sich demnach das Erfordernis einer Personenverschiedenheit, weil sich der Betriebsinhaber nicht selbst als Betriebsbeauftragter beraten kann. Dies gilt entsprechend für weitere Mitglieder der Geschäftsführung und für den allein verantwortlichen Betriebsleiter, da diesem die letzte unternehmerische Entscheidungsbefugnis zukommt. Überwacht ein Betriebsleiter, der jedoch weder rechtlich noch faktisch eine Gesamtverantwortung hat, nur einzelne abgrenzbare Betriebsabläufe und trifft er nur in diesem Zusammenhang Entscheidungen, steht dies einer Beauftragung als Abfallbeauftragter nicht entgegen.[277]

Bei dem Betriebsbeauftragten für Abfall handelt es sich grundsätzlich um ein reines Innenor- 192
gan des Unternehmens.[278] Als Angehöriger einer Stabsstelle kommen ihm grundsätzlich keine Weisungsrechte gegenüber Unternehmensmitarbeitern zu.[279] Seine eigene Tätigkeit ist grundsätzlich weisungsfrei und nicht abhängig i.S.d. Arbeitsrechts.[280]

Beispiel: In dem bereits erwähnten Kündigungsschutzverfahren hat das *BAG*[281] ebenfalls 193
entschieden, dass als „*zuständiger Betriebsleiter*" nicht schon derjenige als Abfallbeauftragter ausscheide, der im Rahmen des ihm von der Geschäftsführung zugewiesenen Zuständigkeitsbereichs nicht nur bestimmte Betriebsabläufe der Anlage zu überwachen und in diesem Zusammenhang die erforderlichen Entscheidungen zu treffen habe. Von der Wahrnehmung der Aufgabe des Abfallbeauftragten ausgeschlossen sei vielmehr nur ein Betriebsleiter, dem die „*letzte unternehmerische Entscheidungsbefugnis*" zukomme. Die nach § 60 KrWG beratende und kontrollierende Rolle des Abfallbeauftragten innerhalb der Betriebs-

272 Vgl. zur Optimierung des Umweltschutzes Erbs/Kohlhaas/*Häberle* Strafrechtliche Nebengesetze KrWG § 59 Rn. 1.
273 Vgl. *Weber* Der Betriebsbeauftragte S. 120.
274 Vgl. *Wendler* Die Haftung der Betriebsbeauftragten im Strafrecht S. 30.
275 *OVG Münster* NVwZ-RR 2001, 725, 727.
276 *BAGE* 130, 166.
277 Zum Ganzen s. *Nagel* Der Abfallbeauftragte Rn. 33 f.
278 *Wendler* Die Haftung der Betriebsbeauftragten im Strafrecht S. 147.
279 *Wendler* Die Haftung der Betriebsbeauftragten im Strafrecht S. 147.
280 *Weber* Der Betriebsbeauftragte, S. 202.
281 *BAG* NZA 2011, 166.

organisation spreche dafür, dass der Bestellpflichtige weder sich selbst noch den alleinverantwortlichen Betriebsleiter zum Abfallbeauftragten bestellen könne. Dass dem klagenden Abfallbeauftragten in dem entschiedenen Fall derart weitreichende Befugnisse eingeräumt waren, habe die beklagte Bestellpflichtige nicht behauptet. Auch aus dem Inhalt des Arbeitsvertrags habe sich eine solche Stellung des Abfallbeauftragten nicht ergeben, weil der Abfallbeauftragte dort nur als Stellvertreter des Geschäftsführers benannt gewesen sei.

II. Varianten des Betriebsbeauftragten für Abfall

194 Die AbfBeauftrV kennt verschiedene Arten von Abfallbeauftragten. § 3 AbfBeauftrV sieht die Möglichkeit vor, dass die zur Bestellung Verpflichteten zur ordnungsgemäßen Erfüllung der Aufgaben mehrere betriebsangehörige Abfallbeauftragte bestellen können. Für mehrere Anlagen oder Betriebe, die von einem zur Bestellung Verpflichteten betrieben werden, kann ein gemeinsamer betriebsangehöriger Abfallbeauftragter bestellt werden, § 4 AbfBeauftrV. Darüber hinaus kann dem zur Bestellung Verpflichteten auf Antrag gestattet werden, einen oder mehrere nicht betriebsangehörige Abfallbeauftragte zu bestellen, § 5 AbfBeauftrV. Handelt es sich bei dem Betrieb um einen Konzern, richtet sich die Bestellung eines Abfallbeauftragten nach § 6 AbfBeauftrV.

195 Über diese in der AbfBeauftrV geregelten Varianten des Abfallbeauftragten hinaus kann mit Blick auf die betriebsorganisatorische Eingliederung in das Unternehmen der Bestellverpflichteten sowie zur Bestimmung der Handlungspflichten des Beauftragten zwischen dem *„Nur-Betriebsbeauftragten"* und dem *„Auch-Betriebsbeauftragten"* unterschieden werden.

1. „Nur-Betriebsbeauftragte"

196 Der *„Nur-Betriebsbeauftragte"* kann entweder ein extern bestellter Abfallbeauftragte oder im Regelfall ein betriebsangehöriger Abfallbeauftragter sein, der neben seinen aus der Beauftragung resultierenden Pflichten keine weiteren arbeitsvertraglichen Pflichten zu erfüllen hat.[282] Die Form des betriebsangehörigen Abfallbeauftragten, der neben den gesetzlichen Aufgaben des Abfallbeauftragten keine weiteren arbeitsvertraglichen Pflichten zu erfüllen hat, entspricht dem Grundsatz und dem gesetzlichen Leitbild des Abfallbeauftragten nach §§ 59, 60 KrWG.[283] Dem Abfallbeauftragten kommt damit grundsätzlich weder eine Entscheidungs- noch eine Anordnungsbefugnis zu. Die gesetzlichen Aufgaben und Pflichten des Abfallbeauftragten ergeben sich ausschließlich aus § 60 KrWG. Er ist somit nicht in einer Linienverantwortung, also nicht in die von der Geschäftsleitung bis zu den untersten Stellen verlaufenden Linie der Entscheidungs- und Weisungsbefugnisse eingebunden, sondern ausschließlich in einer sog. Stabsfunktion.[284] Ihm obliegt keine Repräsentationsfunktion und er vertritt daher das Unternehmen nicht nach außen, insbesondere steht er nicht in Kontakt mit der Behörde. Ihm obliegt lediglich der innerbetriebliche Umweltschutz.[285]

282 *Kloepfer/Heger* Umweltstrafrecht Rn. 136 f.
283 Landmann/Rohmer/*Kersting* Umweltrecht KrWG § 60 Rn. 52.
284 Dazu eingehend *Böse* NStZ 2003, 636, 637 f. m.w.N.
285 *Böse* NStZ 2003, 636, 638.

2. „Auch-Betriebsbeauftragte"

Das Gegenstück zum *„Nur-Betriebsbeauftragten"* bildet der *„Auch-Betriebsbeauftragte"*. 197
Bei dem *„Auch-Betriebsbeauftragten"* handelt es sich um einen Abfallbeauftragten, der in das Unternehmen der Bestellverpflichteten in Linienverantwortung eingegliedert ist und der zusätzlich zu seiner Stellung als Abfallbeauftragter weitere betriebliche Funktionen oder Verantwortungsbereiche wahrnimmt. Der *„Auch-Betriebsbeauftragte"* nimmt insofern eine Doppelstellung[286] ein und wird auch janusköpfiger[287] Betriebsbeauftragter genannt. Es liegt sowohl eine Linienverantwortung als auch eine Stabsfunktion vor. Die §§ 59, 60 KrWG stehen einer Übertragung anderer betrieblicher Aufgaben bzw. Pflichten und Verantwortungsbereiche nicht entgegen.[288]

Die Übertragung anderer betrieblicher Aufgaben und Verantwortungsbereiche findet dort ihre 198
Grenze, wo der Abfallbeauftragte durch die Wahrnehmung anderer Aufgaben und Verantwortungsbereiche an der Erfüllung seiner gesetzlichen Aufgaben nach § 60 KrWG gehindert wird.[289] Eine solche Verhinderung ist in Fällen denkbar, in denen sich der Abfallbeauftragte z.B. in einem unauflösbaren Interessenkonflikt befindet. Dieser könnte z.B. daraus resultieren, dass der Abfallbeauftragte als Betriebsleitung ökonomische Interessen vertritt, die im Widerspruch zu ökologischen Interessen stehen, die er als Abfallbeauftragter zu vertreten hat. Damit seine Einsetzung als Abfallbeauftragter wirksam ist, muss ihm jederzeit möglich sein, seine aus § 60 KrWG resultierenden Aufgaben und Pflichten unabhängig und unbefangen auszuführen.[290] Eine Bewertung, ob eine Interessenkollision vorliegt, ist anhand des jeweiligen Einzelfalls zu bestimmen. Vor diesem Hintergrund ist die Konstellation des *„Auch-Betriebsbeauftragten"* bzw. des janusköpfigen Betriebsbeauftragten zulässig, soweit eine Interessenkollision entweder ausgeschlossen ist oder der Fall einer Interessenkollision durch entsprechende und feststehende Regeln aufgelöst werden kann, ohne dass Pflichten aus der betrieblichen Linienverantwortung oder den gesetzlichen Aufgaben nach § 60 KrWG verletzt werden.

Von einer unauflösbaren Interessenkollision und damit einer unzulässigen Beauftragung ist 199
unter anderem dann auszugehen, wenn der Abfallbeauftragte gleichzeitig Kontrolleur und Kontrollierter wäre.[291] Dies wäre z.B. dann der Fall, wenn ein Mitglied der Geschäftsleitung zum Abfallbeauftragten ernannt würde. Als Geschäftsleitung sind dabei die Personen bzw. die Mitglieder derjenigen Organe anzusehen, denen die letztverbindliche Entscheidungsbefugnis in Fragen der Geschäftsführung zusteht.[292] Bei einer Aktiengesellschaft sind das die Vorstandsmitglieder, bei einer GmbH der oder die Geschäftsführer, bei einer Personengesellschaft (OHG, KG etc.) der oder die vertretungsberechtigten Gesellschafter.[293] Ebenfalls aufgrund unauflöslicher Interessenkollision als unzulässig gilt eine Bestellung, wenn der Abfallbeauftragte neben dieser Funktion auch aufgrund anderer Funktionen im Unternehmen in abfall-

286 Vgl. *Bergwitz* NZA 2021, 542, 543; *Böse* NStZ 2003, 636, 637; *Kloepfer/Heger* Umweltstrafrecht Rn. 138; *Wendler* Die Haftung der Betriebsbeauftragten im Strafrecht S. 148.

287 A.A *Wendler* Die Haftung der Betriebsbeauftragten im Strafrecht S. 150 f., der einen Betriebsbeauftragten als janusköpfig nur dann bezeichnet, wenn er den Betrieb nach außen zu vertreten hat, was z.B. dann der Fall wäre, wenn Personen aus der Betriebsleitung bzw. aus dem Vorstand zum Beauftragten bestellt werden könnten und deshalb von der grundsätzlichen Unzulässigkeit des janusköpfigen Beauftragten ausgeht.

288 *Kloepfer* Umweltstrafrecht § 7 Rn. 59; Landmann/Rohmer/*Kersting* Umweltrecht KrWG § 60 Rn. 52.

289 *Wendler* Die Haftung der Betriebsbeauftragten im Strafrecht S. 149.

290 *Wendler* Die Haftung der Betriebsbeauftragten im Strafrecht S. 149.

291 *Wendler* Die Haftung des Betriebsbeauftragten im Strafrecht S. 151.

292 *OVG Münster* NVwZ-RR 2001, 725, 727.

293 *OVG Münster* NVwZ-RR 2001, 725, 727.

rechtlichen Sachverhalten eigenverantwortlich nach außen wirksam handeln darf und auch die tatsächliche Möglichkeit eines den Umweltschutz gefährdenden Handelns besteht.[294]

III. Gesetzlich vorgesehene Aufgaben

200 Die gesetzlichen Aufgaben des Abfallbeauftragten ergeben sich aus § 60 KrWG.

„§ 60 KrWG – Aufgaben des Betriebsbeauftragten für Abfall

(1) Der Abfallbeauftragte berät den zur Bestellung Verpflichteten und die Betriebsangehörigen in Angelegenheiten, die für die Abfallvermeidung und Abfallbewirtschaftung bedeutsam sein können. Er ist berechtigt und verpflichtet,

1. den Weg der Abfälle von ihrer Entstehung oder Anlieferung bis zu ihrer Verwertung oder Beseitigung zu überwachen,
2. die Einhaltung der Vorschriften dieses Gesetzes und der auf Grund dieses Gesetzes erlassenen Rechtsverordnungen sowie die Erfüllung erteilter Bedingungen und Auflagen zu überwachen, insbesondere durch Kontrolle der Betriebsstätte und der Art und Beschaffenheit der bewirtschafteten Abfälle in regelmäßigen Abständen, Mitteilung festgestellter Mängel und Vorschläge zur Mängelbeseitigung,
3. die Betriebsangehörigen aufzuklären
   a) über Beeinträchtigungen des Wohls der Allgemeinheit, welche von den Abfällen oder der abfallwirtschaftlichen Tätigkeit ausgehen können,
   b) über Einrichtungen und Maßnahmen zur Verhinderung von Beeinträchtigungen des Wohls der Allgemeinheit unter Berücksichtigung der für die Vermeidung, Verwertung und Beseitigung von Abfällen geltenden Gesetze und Rechtsverordnungen,
4. hinzuwirken auf die Entwicklung und Einführung
   a) umweltfreundlicher und abfallarmer Verfahren, einschließlich Verfahren zur Vermeidung, ordnungsgemäßen und schadlosen Verwertung oder umweltverträglichen Beseitigung von Abfällen,
   b) umweltfreundlicher und abfallarmer Erzeugnisse, einschließlich Verfahren zur Wiederverwendung, Verwertung oder umweltverträglichen Beseitigung nach Wegfall der Nutzung, sowie
5. bei der Entwicklung und Einführung der in Nummer 4 Buchstabe a und b genannten Verfahren mitzuwirken, insbesondere durch Begutachtung der Verfahren und Erzeugnisse unter den Gesichtspunkten der Abfallbewirtschaftung,
6. bei Anlagen, in denen Abfälle anfallen, verwertet oder beseitigt werden, zudem auf Verbesserungen des Verfahrens hinzuwirken. […]

(2) Der Abfallbeauftragte erstattet dem zur Bestellung Verpflichteten jährlich einen schriftlichen Bericht über die nach Absatz 1 Satz 2 Nummer 1 bis 5 getroffenen und beabsichtigten Maßnahmen.

(3) Auf das Verhältnis zwischen dem zur Bestellung Verpflichteten und dem Abfallbeauftragten finden § 55 Absatz 1, 1a, 2 Satz 1 und 2, Absatz 3 und 4 und die §§ 56 bis 58 des Bundes-Immissionsschutzgesetzes entsprechende Anwendung. Das Bundesministerium für Umwelt, Naturschutz und nukleare Sicherheit wird ermächtigt, nach Anhörung der beteiligten Kreise (§ 68) durch Rechtsverordnung mit Zustimmung des Bundesrates vorzuschreiben, welche Anforderungen an die Fachkunde und Zuverlässigkeit des Abfallbeauftragten zu stellen sind.“

294 *Wendler* Die Haftung des Betriebsbeauftragten im Strafrecht S. 151.

§ 60 Abs. 1 S. 2 KrWG bestimmt, dass der Abfallbeauftragte den zur Bestellung Verpflichteten und die Betriebsangehörigen in Angelegenheiten berät, die für die Abfallvermeidung und Abfallbewirtschaftung bedeutsam sein können. Daraus ergibt sich die Pflicht des Abfallbeauftragten, in allen Angelegenheiten zu beraten, die von abfallrechtlicher Relevanz sein können. Diese Beratungspflicht reduziert sich insbesondere nicht auf einzelne Abfallströme, sondern umfasst die gesamten Abfälle in dem jeweiligen Unternehmen.[295] Der gesetzliche Pflichtenkatalog des Abfallbeauftragten ergibt sich stets aus § 60 KrWG und zwar unabhängig davon, nach welcher Variante des § 2 AbfBeauftrV die Bestellung als zwingend erachtet wird.[296] 201

Beispiel: Wird ein Lebensmitteleinzelhändler zur Bestellung eines Abfallbeauftragten aufgrund seiner Funktion als Rücknahmestelle von Elektro- und Elektronikaltgeräten verpflichtet (§ 2 Nr. 2 lit. f AbfBeauftrV), richten sich die Pflichten des Abfallbeauftragten nach § 60 Abs. 1 S. 1 KrWG. Eine Begrenzung seiner Pflichten auf die Beratung und Überwachung im Zusammenhang mit der Rücknahme der Elektro- und Elektronikaltgeräte findet nicht statt. Stattdessen erstrecken sich seine gesetzlichen Pflichten auf sämtliche in dem Lebensmitteleinzelhandel anfallenden Abfälle.[297] 202

Dem Abfallbeauftragten kommt neben einer Kontroll- und Überwachungsfunktion auch eine Informations- und Initiativfunktion zu. Außerdem trifft ihn die Pflicht zur jährlichen Berichterstattung. 203

1. Kontroll- und Überwachungsfunktion, § 60 Abs. 1 S. 2 Nr. 1 und 2 KrWG

Den Abfallbeauftragten trifft gem. § 60 Abs. 1 S. 2 Nr. 1 KrWG die Pflicht, den Produktionsvorgang in dem jeweiligen Betrieb zu kontrollieren und zu überwachen. Dies betrifft den Weg der Abfälle von der Entstehung bzw. Anlieferung bis zur Verwertung oder Beseitigung (Nr. 1). 204

Der Abfallbeauftragte hat darüber hinaus gem. § 60 Abs. 1 S. 2 Nr. 3 KrWG die Einhaltung der Vorschriften des KrWG oder der auf Grund dieses Gesetzes erlassenen Verordnungen sowie die Erfüllung erteilter Bedingungen und Auflagen zu überwachen. Hierzu hat der Abfallbeauftragte die Betriebsstätte sowie die Art und Beschaffenheit der bewirtschafteten Abfälle in regelmäßigen Abständen zu kontrollieren. Überwacht werden muss beispielsweise die Verbrennung oder die auflagenmäßige Einlagerung und Probenentnahme oder die Überwachung des Wiegevorgangs bei Deponien.[298] 205

Stellt der Abfallbeauftragte Mängel fest, obliegt ihm insoweit eine Mitteilungspflicht. Hierbei hat er Vorschläge zur Mängelbeseitigung zu unterbreiten. 206

2. Informationspflicht, § 60 Abs. 1 S. 2 Nr. 3 KrWG

Aus § 60 Abs. 1 S. 2 Nr. 3 KrWG ergibt sich außerdem eine Informationspflicht. Betriebsangehörige – also sowohl Betriebsleiter, Vorstand als auch Beschäftigte – müssen aufgeklärt werden über die Beeinträchtigungen des Wohls der Allgemeinheit, die von den Abfällen oder der abfallwirtschaftlichen Tätigkeit ausgehen können (Nr. 3 lit. a). Ferner hat er über Einrichtungen und Maßnahmen zur Verhinderung o.g. Beeinträchtigungen (Nr. 3 lit. b) aufzuklären. 207

295 A.A. *Beckmann* AbfallR 2023, 2, 14.
296 A.A. *Beckmann* AbfallR 2023, 2, 14.
297 A.A. *Beckmann* AbfallR 2023, 2, 14.
298 BeckOK-UmweltR/*Queitsch* § 60 KrWG Rn. 3.

Dabei bleibt die Form der Information der betrieblichen Ausgestaltung überlassen. Denkbar wäre sowohl eine Informationserteilung auf einer Betriebsversammlung oder durch Informationsblätter.[299] Der Abfallbeauftragte hat ausschließlich betriebsintern zu informieren.

3. Initiativfunktion, § 60 Abs. 1 S. 2 Nr. 4 bis 6 KrWG

208 § 60 Abs. 1 S. 2 Nr. 4 bis 6 KrWG begründen die Initiativfunktion des Abfallbeauftragten, welche in inhaltlichem Zusammenhang zur Kontroll- und Überwachungsfunktion stehen und das Vortragsrecht des Betriebsbeauftragten umfasst. Der Abfallbeauftragte hat die Initiative zur Entwicklung und Einführung umweltfreundlicher Verfahren und Erzeugnisse zu ergreifen und die Aufgabe, Investitionsentscheidungen zu treffen (Nr. 4, 5). Außerdem hat er auf Verfahrensverbesserungen bei Abfallverwertungs- oder -beseitigungsanlagen hinzuwirken (Nr. 6).

4. Berichtspflicht, § 60 Abs. 2 KrWG

209 Der Abfallbeauftragte hat gem. § 60 Abs. 2 KrWG dem zur Bestellung Verpflichteten jährlich einen Bericht über die getroffenen und beabsichtigten Maßnahmen vorzulegen. Weitere Dokumentations- oder Aufzeichnungspflichten des Abfallbeauftragten bestehen nicht.[300]

IV. Individualvertraglich überantwortete Aufgaben

210 Neben den gesetzlich vorgesehenen Aufgaben steht es dem Unternehmer frei, den gesetzlich festgeschriebenen Aufgabenbereich des Abfallbeauftragten individualvertraglich zu erweitern und ihm weitere Rechte und Pflichten zu übertragen (Grundsatz der Vertragsfreiheit).[301] In der Praxis anzutreffen ist der Fall der Übertragung von Repräsentativfunktionen, die beispielsweise die Unterlagenerstellung für die Genehmigungsbehörde, die Abwicklung des Schriftverkehrs mit der Behörde und das Führung von Verhandlungen mit der Behörde umfassen kann.[302] Darüber hinaus kann die Erlaubnis hinzukommen, in Notfällen die einzelnen Anlagen oder den gesamten Standort stillzulegen, Pressekonferenzen abzuhalten, Genehmigungsanträge zu stellen, zu ändern oder zurückzunehmen sowie Beschwerden von Nachbarn oder anderen Personen zu bearbeiten.[303]

D. Die Grundlagen strafrechtlicher Haftung

I. Strafe und Bußgeld

211 Gesetzesverstöße können mit Strafen und Bußgeldern sanktioniert bzw. geahndet werden. Ein Bußgeld wird verhängt, wenn es sich bei der Zuwiderhandlung um eine Ordnungswidrigkeit handelt. Wird hingegen ein Straftatbestand verletzt, kann eine Strafe verhängt werden. Mit

299 Erbs/Kohlhaas/*Häberle* Strafrechtliche Nebengesetze KrWG § 60 Rn. 5.

300 BeckOK-UmweltR/*Queitsch* § 60 KrWG Rn. 8.

301 *Wendler* Die Haftung der Betriebsbeauftragten im Strafrecht S. 146.

302 *Ullmann* Industrie- und Umweltschutz S. 105; *Wendler* Die Haftung der Betriebsbeauftragten im Strafrecht S. 146, 153.

303 *Nagel* Der Abfallbeauftragte Rn. 123.

Bußgeldern können sowohl natürliche als auch juristische Personen belegt werden. Demgegenüber können Strafen – zumindest aktuell noch – nur gegen natürliche Personen verhängt werden, weil juristische Personen nicht schuldhaft handeln können.[304]

II. Handeln und Unterlassen

Das strafbare Verhalten kann sowohl in einem aktiven Tun oder einem Unterlassen bestehen. 212
Insoweit wird zwischen Begehungs- und (echten oder unechten) Unterlassungsdelikten differenziert.[305] In der Regel sind Tatbestände als Begehungsdelikte formuliert, knüpfen also an ein aktives Tun an (z.B. § 324 Abs. 1: *„Wer...verunreinigt"*). Ein Straftatbestand kann jedoch auch dann verwirklicht werden, wenn der Täter untätig bleibt, obwohl er zur Erfolgsverhinderung eine Handlung hätte vornehmen müssen. Es handelt sich dann um unechte Unterlassungsdelikte, bei denen die Bestrafung aus einer Vorschrift erfolgt, die grundsätzlich als Tathandlung ein aktives Tun voraussetzt. Wenn die Strafbarkeit durch Unterlassen nicht ausdrücklich in der Strafnorm geregelt ist, muss sich nur derjenige wegen einer Unterlassung verantworten, den eine Garantenpflicht i.S.d. § 13 StGB trifft (sog. unechtes Unterlassungsdelikt).[306] Garantenpflicht bedeutet, dass die Pflicht besteht, rechtlich dafür einzustehen, dass ein bestimmter (Tat-)Erfolg nicht eintritt.[307] Normiert das Gesetz hingegen ausdrücklich, dass die Nichtvornahme einer bestimmten Handlung unter Strafe gestellt wird (z.B. bei der unterlassenen Hilfeleistung, § 323c StGB, *„wer ...nicht Hilfe leistet"*), handelt es sich um ein echtes Unterlassungsdelikt. Diese Straftatbestände sind jedoch im Kernstrafrecht selten.[308]

1. Handeln (aktives Tun)

Anknüpfungspunkt für eine Strafbarkeit ist grundsätzlich ein strafrechtlich relevantes Verhal- 213
ten. Verhaltensweisen ohne Handlungsqualität begründen hingegen keine Strafbarkeit. Es kommt somit – abgesehen von den Fällen der Strafbarkeit eines bloßen Unterlassens – auf ein aktives Tun des Täters an. Ein solches liegt immer dann vor, wenn tatsächlich gehandelt wurde. Das ist der gesetzliche Regelfall. Vorausgesetzt wird bei einer Handlung ein willentliches, also ein steuerbares oder beherrschbares Verhalten.[309] Ein solches scheidet in Fällen aus, in denen Verhaltensweisen durch unmittelbaren äußeren Zwang (vis absoluta) hervorgerufen werden. Deutlich wird dies an dem Beispiel, in dem eine Person eine andere gegen eine dritte Person stößt, die infolgedessen stürzt und verletzt wird.[310] Ebenso fehlt es an einem tatsächlichen Handeln im Zustand der Bewusstlosigkeit.[311] Wird hingegen ein Verhalten erzwungen, das zwar nicht freiwillig, jedoch willentlich steuerbar erfolgt, liegt eine tatsächliche Handlung vor (vis compulsiva).[312] Kippt eine Person nur deshalb Altöl in den Rhein, weil ein Dritter sie mit hervorgehaltener Waffe dazu auffordert, liegt darin ein tatsächliches Handeln. Aktives Tun ist – im Gegensatz zum Unterlassen – im StGB immer unter Strafe gestellt.

---

304 MK-*Schmitz* Vor §§ 324 ff. Rn. 140 i.V.m. MK-*Freund* Vor § 13 Rn. 146 f., *Scholz* ZRP 2000, 435.
305 Schönke/Schröder/*Eisele* Vor §§ 13 ff. Rn. 128; Matt/Renzikowski/*Renzikowski* Vor § 13 Rn. 26; MK-*Freund* § 13 Rn. 2.
306 *Rengier* AT § 10 Rn. 18.
307 Schönke/Schröder/*Bosch* Vor §§ 13 ff. Rn. 134 f.; Matt/Renzikowski/*Renzikowski* Vor § 13 Rn. 26.
308 *Rengier* AT § 10 Rn. 19.
309 *Rengier* AT § 7 Rn. 8.
310 Schönke/Schröder/*Eisele* Vor §§ 13 ff. Rn. 38; MK-*Freund* Vor § 13 Rn. 139; *Rengier* AT § 7 Rn. 11.
311 *Rengier* AT § 7 Rn. 13.
312 *Rengier* AT § 7 Rn. 12.

2. Unterlassen

214 Darüber hinaus kann auch das Unterlassen einer Handlung zu einer Strafbarkeit führen. Das Begehen einer Tat durch Unterlassen ist in § 13 StGB geregelt.

§ 13 StGB Begehen durch Unterlassen

(1) Wer es unterlässt, einen Erfolg abzuwenden, der zum Tatbestand eines Strafgesetzes gehört, ist nach diesem Gesetz nur dann strafbar, wenn er rechtlich dafür einzustehen hat, dass der Erfolg nicht eintritt, und wenn das Unterlassen der Verwirklichung des gesetzlichen Tatbestandes durch ein Tun entspricht.

(2) Die Strafe kann nach § 49 Abs. 1 gemildert werden.

215 Eine Unterlassensstrafbarkeit setzt voraus, dass die Handlung geboten und dem Täter möglich gewesen wäre und ihn eine Pflicht zur Abwendung des Taterfolges trifft.[313] Diese Pflicht wird als Garantenpflicht bezeichnet, die sich aus einer bestimmten Garantenstellung ergibt.[314] Eine Verantwortung für ein Unterlassen setzt wie auch beim aktiven Tun immer eine Kausalität für den Erfolg voraus. Eine solche liegt vor, sofern die mögliche und gebotene Handlung den Taterfolg verhindert hätte.[315]

a) Garantenpflicht

216 Damit das Unterlassen einem aktiven Tun in seinem Unrechtsgehalt entspricht, wird das Vorliegen einer Garantenpflicht vorausgesetzt. Diese Garantenpflicht kann z.B. aus Gesetz, Vertrag oder aus pflichtwidrigem Vorverhalten (sog. Ingerenz) entstehen.[316] Die Garantenstellung aus Ingerenz ergibt sich insbesondere dann, wenn durch vorangegangenes rechtswidriges Verhalten eine Gefahrenlage geschaffen wurde.[317]

217 Die Garantenpflicht begründet ein besonderes Rechtsverhältnis zu einer Person, welches mit Schutz oder Gefahrabwendung verbunden ist. Je nach Schutzrichtung der Garantenpflicht wird zwischen Beschützer- und Überwachungsgaranten unterschieden.[318] Während Beschützergaranten dafür Sorge zu tragen haben, dass von außen kommende Gefahren ein bestimmtes Rechtsgut nicht verletzen, stehen Überwachungsgaranten in der Pflicht, eine Gefahrenquelle so zu überwachen, dass von dieser keine Gefahren für andere Rechtsgüter ausgehen.[319]

218 Von besonderer Relevanz für das Umweltstrafrecht ist die strafrechtliche Haftung beim Unterlassen für den Abfallbeauftragten. Aufgrund der Bestellung hat er eine gesetzliche Garantenstellung inne, die ihn zum Überwachungsgaranten macht. Es steht in seiner Verantwortung, dass von dem Betrieb, für den er bestellt ist, keine Gefahren für die Umwelt ausgehen.[320] Der Abfallbeauftragte hat als Überwachungsgarant die Pflicht zur Verhinderung von Rechtsverstößen, die vom Unternehmen ausgehen und die er im Rahmen seiner Möglichkeiten und Befugnisse verhindern kann (Kontroll-, Informations– und Initiativpflichten).[321] Ein Abfallbeauf-

313 Lackner/Kühl/Heger/*Heger* § 13 Rn. 5; Matt/Renzikowski/*Haas* § 13 Rn. 3.

314 Schönke/Schröder/*Bosch* § 13 Rn. 7; Matt/Renzikowski/*Haas* § 13 Rn. 24; *Michalke* Umweltstrafsachen Rn. 47.

315 Matt/Renzikowski/*Haas* § 13 Rn. 34; MK-*Freund* § 13 Rn. 213.

316 Lackner/Kühl/Heger/*Heger* § 13 Rn. 7 ff., Schönke/Schröder/*Bosch* § 13 Rn. 17 ff.

317 Schönke/Schröder/*Bosch* § 13 Rn. 32.

318 Schönke/Schröder/*Bosch* § 13 Rn. 9; Matt/Renzikowski/*Haas* § 13 Rn. 53; *Michalke* Umweltstrafsachen Rn. 48.

319 Schönke/Schröder/*Bosch* § 13 Rn. 10 ff.

320 *OLG Frankfurt* NJW 1987, 2753, 2756; vgl. Erbs/Kohlhaas/*Häberle* Strafrechtliche Nebengesetze KrWG § 60 Rn. 5; MK-*Alt* § 326 Rn. 115; MK-*Alt* § 324 Rn. 111.

321 Erbs/Kohlhaas/*Häberle* Strafrechtliche Nebengesetze KrWG § 60 Rn. 5.

tragter, der dem Geschehen freien Lauf lässt, und trotz der Pflicht und Möglichkeit nicht aktiv eingreift, „*handelt*“ durch Unterlassen. Der Abfallbeauftragte kann für die Schutzgüter des Umweltstrafrechts strafrechtlich dann zur Verantwortung gezogen werden, wenn er eine für ihn als Abfallbeauftragten gebotene und ihm mögliche Handlung unterlässt:

„*Hinsichtlich der Vorgaben zur betrieblichen Überwachung und der Nachsorge von Beseitigungsanlagen kommt in den Fällen, in denen der Täter (z.B. der Abfallbeauftragte eines Unternehmens gemäß den §§ 54, 55 des Kreislaufwirtschafts- und Abfallgesetzes) den Einritt eines von ihm nicht durch aktives Tun herbeigeführten Erfolgs nicht verhindert, eine Strafbarkeit nach § 13 StGB – Begehen durch Unterlassen – in Betracht.*“[322]

Damit geht es dem Abfallbeauftragten in Bezug auf die Umweltschutzgüter nicht anders als jedem anderen Garanten für dessen Schutzgüter auch. Soweit es um die Pflichten aus der Beauftragung geht, trifft den Abfallbeauftragten die Pflicht zum Handeln aber nur in Bezug auf die Schutzgüter des Umweltrechts. Hinzukommen muss, dass die verletzten Vorschriften gerade dem Schutze der verletzten Umweltgüter dienen.[323] 219

Darüber hinaus sind auch Abfallbesitzer und Abfallerzeuger Überwachungsgaranten, wenn sie die Sachherrschaft über die Gefahrenquelle Abfall haben.[324] Die Garantenpflicht bleibt auch bestehen, wenn der Abfall an einen Dritten zwecks Beseitigung überlassen wird, weil der Garant auch verantwortlich für die ordnungsgemäße Beseitigung oder Behandlung durch den Dritten ist.[325] 220

Mitarbeiter in den Genehmigungsbehörden haben eine Schutzgarantenstellung inne, die sie unter gewissen Umständen zum Einschreiten verpflichten. Sie gelten als Beschützergaranten, da sie die Umweltschutzgüter vor jeglichen Beeinträchtigungen zu schützen haben.[326] 221

Der Gewässerschutzbeauftragte ist ebenfalls kein sog. Schutzgarant, sondern – wie der Abfallbeauftragte – lediglich Überwachungsgarant, weshalb er nicht für die Reinheit des Wassers, sondern nur für die Erfüllung seiner gesetzlichen Kontroll-, Informations- und Initiativpflichten einzustehen hat.[327] 222

Beispiel: Das *OLG Frankfurt/Main*[328] hat entschieden, dass sich aus der gesetzlichen Regelung für den Gewässerschutzbeauftragten keine Entscheidungs- bzw. Anordnungsbefugnis ergebe. Mangels solcher Befugnisse könne ein Gewässerschutzbeauftragter daher in der Regel nicht als Täter angesehen werden. In solchen Fällen, in denen kraft Gesetzes keine Schutzgarantenstellung angenommen wird, ist jedoch zu prüfen, ob nicht neben der Bestellung zum Gewässerschutzbeauftragten eine betriebsinterne Übertragung von Entscheidungsbefugnissen stattgefunden hat. So können ihm im Rahmen der Betriebsorganisation auch Entscheidungs- oder Anordnungsbefugnisse übertragen worden sein, die nicht auf seiner Stellung als Gewässerschutzbeauftragter beruhen, ihn jedoch zum Schutzgaranten werden lassen. In solchen Ausnahmefällen kann sich eine Beschützergarantenstellung ergeben, die eine Bestrafung als Täter bei Unterlassen einer bestimmten Handlung möglich machen.[329] 223

322 BR-Drucks. 58/11, S. 15.
323 *Weber* Der Betriebsbeauftragte, S. 239 ff., 260.
324 MK-*Alt* § 326 Rn. 114.
325 MK-*Alt* § 326 Rn. 114.
326 *Michalke* Umweltstrafsachen Rn. 73.
327 *OLG Frankfurt* NJW 1987, 2753, 2756; *Michalke* Umweltstrafsachen Rn. 49.
328 *OLG Frankfurt* NJW 1987, 2753.
329 *OLG Frankfurt* NJW 1987, 2753, 2756.

224 Zu einer Einordnung Betriebsangehöriger als Überwachungsgaranten führte der *BGH*[330] aus, dass sich die Überwachungspflicht auf die Einhaltung dessen konzentriere, was Gegenstand der Tätigkeit des Dienstherrn sei. Betriebsangehörige seien i.S.d § 13 StGB verpflichtet, die von ihnen erkannten Fehler zu beanstanden. Sein pflichtwidriges Unterlassen führe dazu, dass ihm der Erfolg, den er hätte verhindern können, strafrechtlich zugerechnet wird.[331] Da der Angeklagte – bei dem es sich um den Compliance-Officer des Unternehmens handelte – im vorliegenden Fall lediglich Gehilfenvorsatz hatte und sich dem Haupttäter unterordnete, kam lediglich eine Beihilfestrafbarkeit nach § 27 Abs. 1 StGB in Betracht. Nach Ansicht des Gerichts sei es dem Betriebsangehörigen ohne weiteres möglich gewesen, den Vorstandsvorsitzenden oder Aufsichtsratsvorsitzenden über die betrügerische Handlung des Vorstands zu unterrichten und somit das Geschehen in zumutbarer Weise zu unterbinden.[332]

b) Inhalt und Umfang der Garantenpflicht

225 Maßgeblich für eine etwaige Strafbarkeit ist der Umfang der Garantenpflicht. Der Umfang der Garantenpflicht bestimmt, was ein Garant tun muss bzw. im Falle eines Gesetzesverstoßes zu dessen Verhinderung hätte tun müssen.[333]

226 Besteht z.B. wie bei dem Abfallbeauftragten eine gesetzliche Pflicht zur Installation eines Betriebsbeauftragten, so ergibt sich der (Mindest-)Umfang der Pflichten des bestellten Beauftragten unmittelbar aus dem Gesetz. Für den Abfallbeauftragten ist dies z.B. die Vorschrift des § 60 Abs. 1 KrWG („*Aufgaben des Betriebsbeauftragten für Abfall*").

227 Der Pflichtenkreis kann sich darüber hinaus auch durch die tatsächliche Übernahme von Aufgaben erweitern.[334] Die Entstehung einer solchen Garantenpflicht folgt aus der Überlegung, dass denjenigen, dem Obhutspflichten für eine bestimmte Gefahrenquelle übertragen sind, dann auch eine „*Sonderverantwortlichkeit*" für die Integrität des von ihm übernommenen Verantwortungsbereichs trifft.[335] Maßgeblich ist die Bestimmung des Verantwortungsbereichs, den der Verpflichtete übernommen hat, nicht hingegen die Rechtsform der Übertragung. Es kommt vielmehr darauf an, was unter Berücksichtigung des normativen Hintergrunds Inhalt der Pflichtenbindung ist.[336]

228 **Beispiel:** Der *BGH*[337] führte beispielsweise zum Inhalt und Umfang der Garantenpflicht des Leiters der Innenrevision einer Anstalt des öffentlichen Rechts aus, dass sich diese aus dem konkreten Pflichtenkreis, den der Verantwortliche übernommen hat, bestimme, wobei auf die besonderen Verhältnisse des Unternehmens und den Zweck seiner Beauftragung abzustellen sei. Es käme entscheidend auf die Zielrichtung der Beauftragung an, ob sich die Pflichtenstellung des Beauftragten allein darin erschöpfe, die unternehmensinternen Prozesse zu optimieren und gegen das Unternehmen gerichtete Pflichtverstöße aufzudecken und zukünftig zu verhindern, oder ob der Beauftragte weitergehende Pflichten dergestalt habe, dass er auch vom Unternehmen ausgehende Rechtsverstöße zu beanstanden und zu unterbinden hat. Zur Beantwortung dieser Frage könne die Beschreibung des Dienst-

---

330 *BGH* NJW 2009, 3173.
331 *BGH* NJW 2009, 3173, 3175.
332 *BGH* NJW 2009, 3173, 3175.
333 Schönke/Schröder/*Bosch* § 13 Rn. 14.
334 Schönke/Schröder/*Bosch* § 13 Rn. 26; Landmann/Rohmer/*Kersting* Umweltrecht KrWG § 60 Rn. 56.
335 Landmann/Rohmer/*Kersting* Umweltrecht KrWG § 60 Rn. 56.
336 Vgl. *BGHSt* 43, 82, 85 ff.; *BGH* NJW 2009, 3173, 3174.
337 *BGH* NJW 2009, 3173.

postens herangezogen werden. Die strafrechtlich relevante Übernahme von Überwachungs- und Schutzpflichten sei auch über den Dienstvertrag möglich, wenn der Pflichtenkreis auch tatsächlich übernommen wurde und ein besonderes Vertrauensverhältnis zwischen dem Beauftragten und dem Beauftragenden bestehe, das den Übertragenden gerade dazu veranlasst, dem Verpflichteten besondere Schutzpflichten zu überantworten. Der bloße Vertragsschluss reiche nicht aus.

Auch bei den Unterlassungsdelikten kommt grundsätzlich Täterschaft und Teilnahme in Betracht. Das gilt für alle Garanten gleichermaßen.[338] 229

III. Täterschaft und Teilnahme

Als Täter muss sich verantworten, wer die Tat unmittelbar selbst (§ 25 Abs. 1 Var. 1 StGB), als mittelbarer Täter durch einen anderen (§ 25 Abs. 1 Var. 2 StGB) oder als Mittäter mit mehreren gemeinschaftlich (§ 25 Abs. 2 StGB) begeht. Teilnehmer ist demgegenüber, wer vorsätzlich einem anderen zu dessen vorsätzlicher und rechtswidriger Tat Hilfe leistet (§ 27 Abs. 1 StGB) oder anstiftet (§ 26 StGB). Die Täterschaft weist einen größeren Unrechtsgehalt auf als die bloße Teilnahme und wird deshalb mit einer höheren Strafe sanktioniert. 230

Die Differenzierung zwischen den Beteiligungsformen der Täterschaft und Teilnahme gilt jedoch lediglich für das Strafrecht. Das Ordnungswidrigkeitenrecht differenziert insoweit nicht (sog. Einheitstäterprinzip).[339] § 14 OWiG spricht begrifflich nur von einer „*Beteiligung*", was sowohl die Mittäterschaft als auch die Anstiftung und Beihilfe umfasst. Im Ordnungswidrigkeitenrecht gilt somit jeder als Täter, der einen zurechenbaren Beitrag zur Verwirklichung des Tatbestandes geleistet hat.[340] 231

1. Täterschaft (§ 25 StGB)

Die Täterschaft ist in § 25 StGB geregelt. 232

§ 25 StGB Täterschaft

(1) Als Täter wird bestraft, wer die Straftat selbst oder durch einen anderen begeht.

(2) Begehen mehrere die Straftat gemeinschaftlich, so wird jeder als Täter bestraft (Mittäter).

Zur Bestimmung, wann Täterschaft oder Teilnahme vorliegt, werden unterschiedliche Ansätze vertreten. Während Teile der Literatur auf das Merkmal der Tatherrschaft abstellen und somit die Täterschaft als das In-den-Händen-Halten des Geschehensablaufs bezeichnen,[341] nimmt die Rechtsprechung eine wertende Betrachtung aller von der Vorstellung der Beteiligten umfassten Umstände vor und stellt auf das subjektive Vorstellungsbild des Beteiligten ab. Möchte der Beteiligte die Tat als eigene, spricht das für eine Täterschaft. Bezweckt er mit seinem Tatbeitrag lediglich die Förderung eines fremden Tuns, liegt eine Teilnahme vor. Als Anhaltspunkte sind zu berücksichtigen der Grad des eigenen Interesses am Taterfolg, der Umfang seiner Beteiligung an der Tat, als auch die Tatherrschaft oder der entsprechender 233

338 Vgl. *Rengier* AT § 51 Rn. 1 ff.
339 Schönke/Schröder/*Heine/Weißer* Vor §§ 25 ff. Rn. 11.
340 Schönke/Schröder/*Heine/Weißer* Vor §§ 25 ff. Rn. 11.
341 *Roxin* AT II § 25 Rn. 10 ff.; *Jescheck/Weigend* AT § 61 V; *Kühl* AT § 20 Rn. 25 ff.; *Krey/Esser* AT Rn. 825 ff.

Wille dazu.[342] Der Täter muss den tatbestandsmäßigen Geschehensablauf vorsätzlich in den Händen halten. Hierbei kann der Täter entweder aktiv handeln oder untätig bleiben. Beide Varianten stellen täterschaftliches Verhalten dar.[343]

234 Die Abgrenzung zwischen Täterschaft und Teilnahme muss auch bei den unechten Unterlassungsdelikten vorgenommen werden. Sie bereitet insbesondere dort Schwierigkeiten, wo neben einem unterlassenden Garanten eine weitere Person aktiv tätig wird. Nach Auffassung der Rechtsprechung müsse zur Abgrenzung auch bei den unechten Unterlassungsdelikten auf den Willen des Beteiligten abgestellt werden.[344] Ein Unterlassen mit Täterwillen (animus auctoris) führt zur Täterschaft, ein Unterlassen mit Teilnehmerwillen (animus socii) zur Teilnahme.[345] Zur Ermittlung des Täter- oder Teilnehmerwillens bedient sich die Rechtsprechung – wie auch beim aktiven Tun – objektiver Kriterien. Sie ist der Auffassung, dass beide Verhaltensweisen – sowohl das Tun als auch das Unterlassen – in gleicher Weise zum strafrechtlichen Erfolg führen und daher beide Verhaltensformen gleichwertig zu behandeln seien.[346] Folglich ist in der Konsequenz derjenige Unterlassungstäter, der mit Täterwillen die Abwendung des Taterfolges unterlässt.[347]

235 Zwar liegt eine Täterschaft nicht bereits deshalb vor, weil eine Tat einerseits aktiv gefördert, es jedoch in der Folge unterlassen wurde, den Haupttäter an der Ausführung der Tat zu hindern.[348] Eine Täterschaft durch Unterlassen kommt vielmehr dann in Betracht, wenn z.B. dem Abfallbeauftragten Entscheidungs- oder Anordnungsbefugnisse übertragen wurden, die nicht auf seiner Stellung als Abfallbeauftragter beruhen und die von ihm missbraucht werden.[349]

236 Das StGB unterschiedet zwischen verschiedenen Beteiligungsformen. Neben der Alleintäterschaft sieht das StGB die Nebentäterschaft und auch die mittelbare Täterschaft sowie die Mittäterschaft vor.

a) Mittäterschaft, § 25 Abs. 2 StGB

237 § 25 Abs. 2 StGB regelt die Mittäterschaft. Mittäterschaft liegt dann vor, wenn *„mehrere die Tat gemeinschaftlich"* begehen. Vorausgesetzt wird ein objektiv sowie subjektiv gezieltes Zusammenarbeiten. Es müssen demnach ein gemeinsamer Tatplan sowie ein arbeitsteiliges Vorgehen bei der Tatbestandsverwirklichung vorliegen.[350] Letzteres erfordert, dass jeder Tatbeteiligte einen Tatbeitrag von einigem Gewicht erbringt.[351] Nicht erforderlich ist hingegen, dass jeder Beitrag kausal für den Taterfolg ist.[352] § 25 Abs. 2 StGB rechnet geleistete Tatbeiträge gegenseitig zu. So können auch Tatbeiträge, die ein Mittäter in eigener Person nicht erfüllt hat, ein anderer hingegen schon, zugerechnet werden.[353] Eine Zurechnung erfolgt auch auf den Täter, der zumindest im Ausführungsstadium nicht mehr handelt. Dafür ist nach der Rechtsprechung erforderlich, dass das Mitwirken im Vorbereitungsstadium mit Täterwillen geleistet

---

342 Vgl. *BGH* NJW 2021, 2896, 2898 ff.; *BGH* NStZ-RR 2013, 40, 41; *BGH* NStZ-RR 2017, 5, 6.
343 *BGH* NJW 1952, 552; 1959, 1738.
344 *BGH* NJW 1952, 552; 1959, 1738.
345 Vgl. dazu *BGHSt* 2, 150, 155 f.; 13, 162, 166; *BGH* NJW 1960, 1821.
346 *BGH* NJW 1952, 552; 1959, 1738.
347 *BGH* NJW 1952, 552, 554; 1966, 1763; vgl. BeckOK-StGB/*Kudlich* § 25 Rn. 17.
348 Schönke/Schröder/*Heine/Weißer* Vor §§ 25 ff. Rn. 101.
349 *OLG Frankfurt* NJW 1987, 2753 zum Gewässerschutzbeauftragten.
350 BeckOK-StGB/*Kudlich* § 25 Rn. 44; MK-*Joecks/Scheinfeld* § 25 Rn. 194, 232.
351 *Rengier* AT § 44 Rn. 40 m.w.N.
352 BeckOK-StGB/*Kudlich* § 25 Rn. 46.
353 BeckOK-StGB/*Kudlich* § 25 Rn. 48; *Rengier* AT § 44 Rn. 3.

wurde.[354] In der Literatur hingegen kann eine Mitwirkung im Vorbereitungsstadium ausreichen, wenn das „*Weniger*" im Ausführungsstadium durch ein gewichtiges „*Mehr*" im Vorbereitungsstadium ausgeglichen wird.[355] Es ist auch möglich, dass sich der Mittäter erst später der Tat durch Kenntnis und Billigung des Geschehens anschließt.[356]

b) Mittelbare Täterschaft, § 25 Abs. 1 Var. 2 StGB

Eine weitere Form der Täterschaft stellt die mittelbare Täterschaft dar. Mittelbare Täterschaft liegt dann vor, wenn der Täter die Straftat durch einen anderen begeht, § 25 Abs. 1 Var. 2 StGB. Es bedarf also zweier Personen: Des Tatmittlers, der den Tatbestand als Vordermann unmittelbar selbst erfüllt und des mittelbaren Täters, der als Hintermann auf den Tatmittler einwirkt.[357] Das Verhalten des Vordermannes wird dem Hintermann zugerechnet. Dies setzt voraus, dass bei dem Vordermann ein Strafbarkeitsdefizit (z.B. kein Vorsatz) vorliegt und sich der Hintermann dieses Strafbarkeitsdefizit zunutze macht.[358] In Abgrenzung zur Mittäterschaft liegt in diesem Fall keine gemeinschaftliche Tatbegehung auf der Grundlage eines gemeinsamen Tatplans vor. Vielmehr lässt der mittelbare Täter kraft überlegenen Wissens oder Wollens die Tat größtenteils oder vollständig durch den Tatmittler verwirklichen.[359] Dabei hält der mittelbare Täter das Geschehen lenkend in den Händen. Der ausführende Täter dient dem Hintermann als „*menschliches Werkzeug*".[360] 238

Beispiel: In einem Fall, mit dem sich der *BGH*[361] zu beschäftigen hatte, ging es um eine Strafbarkeit wegen unerlaubten Umgangs mit Abfällen nach § 326 Abs. 1 Nr. 2 Var. 2 StGB. Nach den Feststellungen der Vorinstanz hatte der Angeklagte als Inhaber eines Anlagenbetriebs einen Zulassungsbescheid erwirkt, der eine aus Abfällen mit weiteren Zutaten gemischte Masse unter der Voraussetzung der Einhaltung eines genauen Mischverhältnisses, als lieferbares Produkt und nicht als gefährlichen Abfall anerkannte. 239

Diese Vorgabe des Mischverhältnisses wurde dadurch, dass sie nicht an die Produktionsangestellten weitergegeben wurden, unterlaufen. Damit bestand die Gefahr der Freisetzung von möglicherweise krebserregenden Stoffen, ohne dass festgestellt werden konnte, dass Menschen und Umwelt geschädigt oder konkret gefährdet wurden. 240

Wie die Vorinstanz sah auch der 2. Strafsenat des *BGH* darin eine Strafbarkeit wegen unerlaubten Umgangs mit Abfällen nach § 326 Abs. 1 Nr. 2 Var. 2 StGB, da die Tatbestandsvorausetzung der „*wesentlichen Abweichung*" gerade keinen konkreten Gefährdungserfolg verlange. „*Wesentlich*" meine eine Erheblichkeitsschwelle, die es bei der Abweichung von dem, was im Genehmigungsverfahren zugelassen wurde, zu überschreiten gelte. Aufgehoben und zur neuen Entscheidung zurückverwiesen wurde das Urteil aufgrund konkurrenzrechtlicher Bedenken des Senats, da er lediglich eine Tathandlung – und nicht tatmehrheitlich 56 Fälle des unerlaubten Umgangs mit gefährlichen Abfällen – als belegt ansah. 241

---

354 *BGH* NStZ 1996, 434, 435.
355 Schönke/Schröder/*Heine/Weißer* § 25 Rn. 67.
356 *BGH* NJW 1952, 1146.
357 MK-*Joecks/Scheinfeld* § 25 Rn. 59; *Rengier* AT § 43 Rn. 1 ff.
358 *Rengier* AT § 43 Rn. 2.
359 MK-*Joecks/Scheinfeld* § 25 Rn. 60.
360 Vgl. BeckOK-StGB/*Kudlich* § 25 Rn. 20.
361 *BGHSt* 66, 219, 226.

242 Der Angeklagte habe kraft seiner Organisationsherrschaft durch seine unvorsätzlich handelnden Angestellten i. S. einer mittelbaren Täterschaft (§ 25 Abs. 1 Alt. 2 StGB) agiert, weshalb sich seine Tatbeiträge in der Aufrechterhaltung des Geschäftsbetriebs erschöpft hätten, was der Senat unter Bezugnahme auf seine ständige Rechtsprechung als uneigentliches Organisationsdelikt einordnete. Für die abfallstrafrechtliche Bewertung des Falles sei maßgeblich, dass die Verfahrensvorschriften, von denen abgewichen wurde, umweltschützend seien. Darüber hinaus sei eine Abweichung nur dann wesentlich, wenn sie geeignet sei, den umweltschützenden Zweck des Verfahrens zu beeinträchtigen.[362] Praktische Problem stellen sich unter anderem dann, wenn das Abweichen nicht gefährlicher als die genehmigte Vorgehensweise war.

2. Teilnahme (§§ 26, 27 StGB)

243 Das Gegenstück zur Täterschaft bildet die Teilnahme. Im Rahmen der strafrechtlichen Haftung des Abfallbeauftragten kommt der Beihilfe besondere praktische Bedeutung zu. Die Teilnahmeform der Anstiftung ist in § 26 StGB und die der Beihilfe in § 27 StGB geregelt, wobei es eine Anstiftung durch Unterlassen im Gegensatz zu einer Anstiftung zum Unterlassen nicht gibt.

§ 26 StGB Anstiftung

Als Anstifter wird gleich einem Täter bestraft, wer vorsätzlich einen anderen zu dessen vorsätzlich begangenen rechtswidriger Tat bestimmt hat.

§ 27 StGB Beihilfe

(1) Als Gehilfe wird bestraft, wer vorsätzlich einem anderen zu dessen vorsätzlich begangener rechtswidriger Tat Hilfe geleistet hat.

(2) Die Strafe für den Gehilfen richtet sich nach der Strafdrohung für den Täter. Sie ist nach § 49 Abs. 1 zu mildern.

244 Im Gegensatz zum Täter, der den tatbestandsmäßigen Geschehensablauf vorsätzlich und lenkend in den Händen halten muss, erscheint der Teilnehmer nur als Randfigur und veranlasst (Anstiftung, § 26 StGB) oder fördert (Beihilfe, § 27 StGB) die Tat lediglich in irgendeiner Weise.[363] Die Strafe des Gehilfen richtet sich gem. § 27 Abs. 2 StGB nach der Strafdrohung des Täters und ist zwingend nach § 49 Abs. 1 StGB zu mildern. Der Anstifter wird gem. § 26 StGB gleich einem Täter bestraft. Eine gesetzliche Strafmilderung ist nicht vorgesehen.

245 Der objektive Tatbestand der Beihilfe erfordert das vorsätzliche Unterstützen einer vorsätzlichen und rechtswidrigen Haupttat eines anderen. Ein solches Unterstützen kann in dem Fördern, Ermöglichen oder Erleichtern der Tat bestehen.[364] Es kommt nicht auf das Gewicht des tatfördernden Beitrages oder auf die näheren Umstände der Tatausführung an. Der Gehilfe muss zumindest bedingten Vorsatz bezüglich der Haupttat und seines eigenen Hilfeleistens und dessen Erfolg haben (sog. doppelter Gehilfenvorsatz).[365] Einzelheiten der Tat, wann, wo, wem gegenüber und unter welchen besonderen Umständen die Tat ausgeführt werden wird,

---

362 *Fischer* § 326 Rn. 42.

363 LK-*Schünemann* § 25 Rn. 9 f.; MK-*Joecks/Scheinfeld* § 25 Rn. 27 ff.

364 MK-*Joecks/Scheinfeld* § 27 Rn. 5, 6; Matt/Renzikowski/*Haas* § 27 Rn. 3.

365 Matt/Renzikowski/*Haas* § 27 Rn. 37; MK-*Joecks/Scheinfeld* § 27 Rn. 102.

braucht der Gehilfe nicht zu kennen.[366] Der Gehilfe muss auch keine Kenntnis der Unrechtsdimension i.S.d. Zahl oder Intensität der Rechtsgutbeeinträchtigung der geförderten Tat haben.[367] Deshalb reicht allein das billigende Inkaufnehmen der Förderung einer Haupttat für eine Beihilfestrafbarkeit auch dann, wenn der Täter der Haupttat eine größere Zahl von rechtswidrigen Taten begeht, als es sich der Gehilfe vorgestellt hatte.[368]

Beihilfe durch aktives Tun setzt einen durch eine bestimmte Handlung erbrachten Tatbeitrag 246
des Gehilfen voraus. Die Beihilfe kann auch durch psychische Unterstützung geleistet werden, in dem der Täter durch die Anwesenheit des Gehilfen in seinem Tatentschluss bestärkt und ihm ein erhöhtes Gefühl der Sicherheit vermittelt wird (kognitive oder psychische Beihilfe).[369] Das Hilfeleisten muss für den Taterfolg zwar nicht ursächlich sein. Es muss die Tathandlung des Haupttäters oder den Erfolgseintritt aber erleichtern oder fördern.[370] Bei Fallgestaltungen, bei denen zwischen positivem Tun durch psychische Unterstützung und unechtem Unterlassen zu unterscheiden ist, sind weitere Anhaltspunkte erforderlich, dass die Anwesenheit des Gehilfen die Tat objektiv gefördert oder erleichtert hat und dass der Gehilfe sich dessen bewusst war.[371]

Allein das Wissen um die Begehung der Haupttat genügt den Anforderungen an eine Beihilfe 247
durch aktives Tun nicht. Die Billigung der Tat ist nur dann ein als Hilfeleisten zu wertendes Handeln, wenn sie gegenüber dem Täter zum Ausdruck gebracht und dieser dadurch in seinem Tatentschluss oder in seiner Bereitschaft ihn weiter zu verfolgen, bestärkt wird.[372] Für die Annahme einer psychischen Beihilfe durch positives Tun sind sorgfältige und genaue Feststellungen notwendig, dass die Tatbegehung in ihrer konkreten Gestaltung objektiv gefördert oder erleichtert wurde und dass sich der Gehilfe dessen bewusst war.[373] Das bloße „*Dabeisein*“ in Kenntnis einer Straftat reicht selbst bei deren Billigung nicht aus, eine Beihilfe i. S. aktiven Tuns zu begründen, da andernfalls die rechtlichen Anforderungen im Hinblick auf die Garantenpflichten beim unechten Unterlassen umgangen werden könnten und die Strafbarkeit ausgedehnt würde.[374] Trifft den Unterlassenden allerdings eine Garantenstellung, werden die rechtlichen Anforderungen im Ergebnis nicht umgangen.[375]

In Bezug auf die strafrechtliche Haftung des Abfallbeauftragten ist entscheidend, dass eine 248
Haupttat eines anderen nicht nur durch aktives Tun, sondern auch durch Unterlassen gefördert werden kann. Für eine Beihilfe durch Unterlassen lässt die Rechtsprechung ausreichen, dass der Gehilfe durch eine aktive Handlung die Haupttatvollendung hätte erschweren können.[376] Das Einschreiten bzw. die Vornahme der Handlung müssten ihm möglich und zumutbar gewesen sein. Die Beihilfe durch Unterlassen ist für den Betriebsbeauftragten sogar die praktisch bedeutsamste Form.

366 *BayObLG* NJW 1991, 2582.
367 *BGH* NStZ 2007, 230, 233; MK-*Joecks/Scheinfeld* § 27 Rn. 105.
368 *BGH* NJW 2007, 384, 389.
369 *BGH* NJW 2017, 498; MK-*Joecks/Scheinfeld* § 27 Rn. 7; Matt/Renzikowski/*Haas* § 27 Rn. 23.
370 *BGHSt* 46, 107, 109; 61, 252, 257; *Jescheck/Weigend* AT § 64 III 2c.
371 *Rengier* AT § 45 Rn. 85; *Jescheck/Weigend* AT § 64 III 2c.
372 MK-*Joecks/Scheinfeld* § 27 Rn. 12; Matt/Renzikowski/*Haas* § 27 Rn. 29.
373 MK-*Joecks/Scheinfeld* § 27 Rn. 12; Matt/Renzikowski/*Haas* § 27 Rn. 29; *Rengier* AT § 45 Rn. 114.
374 Matt/Renzikowski/*Haas* § 27 Rn. 29.
375 Vgl. MK-*Freund* § 13 Rn. 266 ff.
376 *BGH* NJW 1953, 1838.

249 **Beispiel:** In der Entscheidung des *OLG Frankfurt/Main*[377] hatte es der Betriebsbeauftragte unterlassen, die Betriebsleitung dahingehend zu warnen, dass die Einhaltung gesetzlicher Vorschriften gefährdet ist bzw. die Genehmigungssituation über entsprechende Änderungsanträge an die Betriebspraxis angepasst werden musste.

250 Die Beihilfestrafbarkeit des Betriebsbeauftragten setze voraus, dass der Gehilfe zu einer nachteiligen Veränderung des in seiner Überwachungspflicht stehenden Umweltgutes Hilfe geleistet hat, indem er pflichtwidrig als Garant seine Kontroll-, Informations- und Initiativpflichten nicht nachgekommen ist, obwohl ihm dies möglich und zumutbar war.

251 Im vorliegenden Fall hatte der Gewässerschutzbeauftragten entgegen seiner Kontroll-, Informations- und Initiativpflichten eine Verschmutzung des Gewässers nicht verhindert.

252 Für eine strafrechtliche Haftung eines Gehilfen durch Unterlassen kommt es darauf an, ob ein dem Gehilfen zumutbares und mögliches Tätigwerden den Erfolg mit hinreichender Wahrscheinlichkeit verhindert hätte. Die Zumutbarkeit und Möglichkeit des Handelns sind insbesondere durch die Reichweite verwaltungsrechtlicher Pflichten und Auflagen, sowie betriebliche Möglichkeiten geprägt.[378] Der Gehilfe muss eine reelle Chance gehabt haben, das Risiko des Gelingens der Haupttat zu verringern.[379]

253 Probleme stellten sich im Hinblick auf die Kausalität zwischen dem Unterlassen des Tätigwerdens des Gewässerbeauftragten und dem Erfolg der Gewässerverunreinigung gem. § 324 StGB. Das Gericht bejahte die erforderliche Kausalität zwischen Unterlassen und Erfolg und im Ergebnis eine Beihilfestrafbarkeit, da der Taterfolg mit hoher Wahrscheinlichkeit hätte vermieden werden können, wären die Pflichten wahrgenommen worden.[380]

254 Bei der weiteren Bestimmung der Handlungspflichten eines Betriebsbeauftragten kann zwischen dem *„Nur-Betriebsbeauftragten"* und dem *„Auch-Betriebsbeauftragten"* differenziert werden.[381] Der Nur-Betriebsbeauftragte hat *„nur"* die Pflichten eines Betriebsbeauftragten zu erfüllen mit der Folge, dass die Garantenpflicht nicht weiter reicht, als das umweltrechtliche Aufgabenprogramm. Die Garantenpflicht des Auch-Betriebsbeauftragten besteht darüber hinaus auch im Umfang der übrigen internen Pflichten, die sich aus der Eingliederung des Auch-Betriebsbeauftragten in die sonstigen innerbetrieblichen Verantwortungsbereiche ergeben, aus denen er nicht herausgelöst wurde. Diese Differenzierung hatte auch das *OLG Frankfurt/Main*[382] in seiner Entscheidung zum Gewässerschutzbeauftragten aufgegriffen.

377 *OLG Frankfurt* NStZ 1987, 508.
378 *Michalke* Umweltstrafsachen Rn. 51 f.
379 *OLG Frankfurt* NStZ 1987, 508, 510; MK-*Freund* § 13 Rn. 278; *Ranft* ZStW 1994, 815, 849270.
380 *OLG Frankfurt* NStZ 1987, 508, 510.
381 Dazu oben unter Rn. 196 und 197 ff.
382 *OLG Frankfurt* NJW 1987, 508.

IV. Kausalität

255 Im Umweltstrafrecht gibt es z.B. mit den Straftatbeständen der Gewässerverunreinigung nach § 324 StGB oder der Bodenverunreinigung nach § 324a StGB Delikte, die an einen tatbestandlichen Erfolg anknüpfen. Handelt es sich um ein solches Erfolgsdelikt, wird die Kausalität relevant. Damit es zu einer strafrechtlichen Haftung einer Person für einen tatbestandlichen Erfolg kommen kann, muss festgestellt werden können, dass die Handlung dieser Person erfolgsursächlich war. Kann nicht festgestellt werden, dass der Erfolgseintritt auf der Handlung basierte, scheidet eine Strafbarkeit aus.

1. Bedingungstheorie (sog. conditio-sine-qua-non-Formel)

256 Bei der Bestimmung der Kausalität geht es um die Erfolgszurechnung und somit um die Frage, wer für den eingetretenen Schaden strafrechtlich verantwortlich ist. Eine Bestimmung der erfolgsursächlichen Handlung ist gerade im Umweltstrafrecht eine besondere Herausforderung, weil sich das umweltbeeinträchtigende Geschehen regelmäßig durch eine hohe Komplexität und eine Vielzahl von denkbaren Ursachen auszeichnet. Verzweigte Unternehmensstrukturen können es zusätzlich erschweren, den Taterfolg einer konkreten Person zuzurechnen.[383] Hinzu kommt die tatsächliche Schwierigkeit, wenn nicht abschließend geklärt werden kann, welche Bedingung von vielen zu dem konkreten Erfolg geführt hat.

257 Zur Bestimmung, wann eine Ursächlichkeit zwischen Tathandlung und Taterfolg vorliegt, wird herrschend auf die Bedingungstheorie (sog. conditio-sine-qua-non-Formel) abgestellt. Nach dieser liegt Kausalität vor, wenn die Handlung nicht hinweggedacht werden kann, ohne dass der tatbestandliche Erfolg in seiner konkreten Form mit an Sicherheit grenzender Wahrscheinlichkeit entfiele.[384] Bei einem Unterlassen ist dem Täter der Erfolg nach Maßgabe der hypothetischen Kausalität nur dann zurechenbar, wenn die unterlassene Handlung nicht hinzugedacht werden kann, ohne dass der eingetretene Erfolg entfiele.[385]

258 **Beispiele:** Der *BGH* hatte in der sog. Lederspray-Entscheidung[386] einen Fall zu entscheiden, in dem die Kausalverläufe naturwissenschaftlich nicht exakt nachvollzogen werden konnten. Zur Lösung dieses Problems entwickelte der *BGH* die generelle Kausalität. Nach der generellen Kausalität ist eine Handlung auch dann kausal für einen Erfolg, wenn weder das „*Wie*" (also die Wirkungsweise einer spezifischen Handlung) noch das „*Warum*" der Kausalität naturwissenschaftlich nachgewiesen werden könne, soweit jedenfalls feststeht, dass die Handlung an sich den Erfolg („*ob*") herbeigeführt habe. Um zu dieser Annahme zu gelangen, müssten alle anderen in Betracht kommenden Schadensursachen ausgeschlossen werden können. Diejenige Ursache, die übrig bleibe, sei nach Auffassung des *BGH* schadensursächlich und somit kausal.

259 In der sog. Holzschutzmittel-Entscheidung hat der *BGH* darüber hinaus entschieden, dass zur Bejahung der Kausalität bereits eine Mitursächlichkeit genüge.[387]

383 *Saliger* Umweltstrafrecht Rn. 229 ff.
384 Vgl. *Rengier* AT § 13 Rn. 3.
385 *BGHSt* 6, 1, 2; 37, 106, 126; 43, 381, 397; 48, 77, 93.
386 *BGHSt* 37, 106.
387 *BGHSt* 41, 206.

2. Alternative Kausalität

260 Im Anwendungsfall der alternativen Kausalität verursachen hingegen zwei unabhängig voneinander gesetzte Bedingungen gleichzeitig den Erfolg und jede Bedingung hätte den Erfolg bereits für sich genommen herbeigeführt.[388] Die eingangs geschilderte conditio-sine-qua-non-Formel kommt in dieser Konstellation an ihre Grenzen, weil jede Handlung sehr wohl einzeln hinweggedacht werden könnte, ohne dass der konkrete Erfolg entfiele. Im Ergebnis wäre auf dieser Grundlage keine der beiden Handlungen kausal geworden. Für diesen Fall wurde die alternative Kausalität entwickelt, wonach mehrere Handlungen erfolgsursächlich und somit kausal sind, wenn sie zwar alternativ, nicht jedoch kumulativ hinweggedacht werden können, ohne dass der tatbestandliche Erfolg entfällt.[389]

3. Kumulative Kausalität

261 Eine Konstellation der kumulativen Kausalität liegt vor, wenn zwei unabhängig voneinander gesetzte Bedingungen den Erfolg nur im gemeinsamen Zusammenspiel herbeiführen. Jede Handlung für sich genommen hätte den tatbestandlichen Erfolg hingegen nicht herbeigeführt. In diesen Fällen sind nach überwiegender Auffassung alle Handlungen kausal, sofern der jeweilige Tatbeitrag als Ursache bis zur Erfolgsverwirklichung fortwirkt und der Ursachenzusammenhang nicht durch einen anderen Tatbeitrag unterbrochen bzw. überholt wird.[390] Bedeutung erlangt diese Fallgruppe im Umweltstrafrecht deshalb, da erhebliche Umweltbeeinträchtigungen zumeist durch ein Zusammenwirken mehrerer Effekte herbeigeführt werden.[391] Insoweit wird vertreten, dass eine Zurechnung des Gesamterfolges nur dann stattfindet, wenn gleichzeitig gehandelt worden ist. Bei sukzessivem Handeln wird dem Ersttäter ansonsten ausschließlich sein Teilerfolg zugerechnet.[392] Sachgerecht erscheint es, die kumulative Kausalität im Umweltstrafrecht auf synergetische Effekte zu begrenzen, wenn es aufgrund der Teilerfolge zu sich potenzierenden kombinierten Wirkungen kommt, da ansonsten jeweils nur Teilerfolge eingetreten sind, die für sich gesehen unerheblich sind.

4. Sonderfall: Gremienentscheidungen

262 Eine weitere Herausforderung für die Bestimmung einer kausalen Handlung stellen die sog. Gremienentscheidungen dar, bei denen z.B. mehrere Geschäftsführer mitwirken und eine gemeinsame Entscheidung per Abstimmung herbeiführen, die in der Ausführung zu einer Straftat führt. Eine Kausalität setzt zunächst voraus, dass der Gremienbeschluss als solcher erfolgsursächlich war. Für die Kausalität der einzelnen Stimme kommt es auf die Mehrheitsverhältnisse sowie das jeweilige Stimmverhalten an.

263 Ist die Entscheidung einstimmig ausgefallen und konnte die Entscheidung auch nur einstimmt gefällt werden, stellt dies ein Fall der kumulativen Kausalität dar. Jede Stimme ist somit für sich genommen bereits kausal für den jeweiligen Taterfolg.[393]

---

388 *Rengier* AT § 13 Rn. 26.
389 *BGHSt* 39, 195, 198; *Rengier* AT § 13 Rn. 26.
390 *BGH* LMRR 1990, 21; *Kudlich* JA 2010, 681, 684.
391 Matt/Renzikowski/*Rettenmaier/Gehrmann* § 324 Rn. 10; BeckOK-StGB/*Witteck* § 324 Rn. 25.
392 Matt/Renzikowski/*Rettenmaier/Gehrmann* § 324 Rn. 11; *Bloy* JuS 1997, 577, 583.
393 *BGHSt* 37, 106, 131.

Weiter zu differenzieren ist zwischen zwei Mehrheitskonstellationen: In der einen wird die genaue erforderliche Stimmzahl für die Mehrheitsentscheidung erreicht, in der anderen geht die Stimmzahl darüber hinaus (überbedingte Mehrheit).[394] In der ersten Variante ist jede Ja-Stimme kausal für den Taterfolg, weil keine Stimme hinweggedacht werden kann, ohne dass der Erfolg in seiner konkreten Gestalt entfiele.[395] Stimmen, die sich gegen den Entschluss aussprachen und dagegen stimmten, sind hingegen nicht kausal. Wird jedoch die erforderliche Mehrheit um eine oder mehrere Stimmen überschritten, ist die Lösung schwieriger und umstritten. Jedes Stimmmitglied könnte anführen, dass der Beschluss auch ohne seine Stimme zustande gekommen wäre. Der *BGH* entschied in seiner Lederspray-Entscheidung[396], dass alle, die mit „*Ja*“ gestimmt haben, Mittäter sind, weil das jeweilige Verhalten der anderen zuzurechnen ist. Es wird aber auch vertreten, dass der Schwerpunkt der Vorwerfbarkeit in der Ausführung der Entscheidung liegt und ein strafbares Unterlassen dann vorliegt, wenn nicht auf die Aussetzung der Ausführung hingewirkt wurde.[397] 264

V. Vorsatz und Fahrlässigkeit (§ 15 StGB)

Voraussetzung für strafbares Verhalten ist, dass vorsätzlich gehandelt oder unterlassen wurde. Strafbar ist grundsätzlich nur vorsätzliches Handeln, es sei denn, das Gesetz stellt ausdrücklich auch fahrlässiges Handeln unter Strafe (§ 15 StGB). Vorsatz und Fahrlässigkeit schließen sich gegenseitig aus.[398] 265

1. Vorsatz

Vorsätzlich handelt, wer mit Wissen und Wollen und in Kenntnis aller Tatumstände einen Straftatbestand verwirklicht.[399] Das Strafrecht kennt drei Vorsatzformen: Die Absicht (dolus directus 1. Grades) als stärkste Vorsatzform ist dann gegeben, wenn es dem Täter gerade auf den Eintritt des Erfolges ankommt.[400] Dabei ist unwichtig, ob der Täter sicher weiß, dass der Erfolg auch wie gewollt eintreten wird. Es kommt nur darauf an, dass er den Erfolgseintritt herbeiführen möchte.[401] Daneben handelt der Täter auch dann vorsätzlich, wenn er wusste, dass der Erfolg eintreten wird, auch wenn er es nicht wollte (dolus directus 2. Grades).[402] Schließlich handelt der Täter auch vorsätzlich und nicht fahrlässig, wenn er den Erfolgseintritt weder anstrebt noch für sicher hält (dolus eventualis). Es kommt nur darauf an, dass er den Erfolgseintritt für möglich hält und sich mit dem Erfolgseintritt abfindet.[403] Diese Vorsatzform stellt die geringsten Anforderungen an den Täter, weshalb die Schwelle zum vorsätzlichen Handeln bereits früh überschritten wird. 266

---

394 *Narjes* ZJS 2019, 97, 100.
395 *Narjes* ZJS 2019, 97, 101.
396 *BGHSt* 37, 106.
397 *Rotsch* ZIS 2018, 1, 8 f.
398 NK-*Puppe* § 15 Rn. 4.
399 *BGHSt* 19, 295, 298; 36, 1, 9 f.
400 Schönke/Schröder/*Sternberg-Lieben* § 15 Rn. 66; Matt/Renzikowski/*Gaede* § 15 Rn. 10.
401 *BGHSt* 29, 68, 73; BeckOK-StGB/*Kudlich* § 15 Rn. 17; Schönke/Schröder/*Sternberg-Lieben/Schuster* § 15 Rn. 66.
402 BeckOK-StGB/*Kudlich* § 15 Rn. 17; Schönke/Schröder/*Sternberg-Lieben/Schuster* § 15 Rn. 68.
403 BeckOK-StGB/*Kudlich* § 15 Rn. 17; Schönke/Schröder/*Sternberg-Lieben/Schuster* § 15 Rn. 72.

2. Fahrlässigkeit

267 Dem Vorsatz gegenüberzustellen ist die Fahrlässigkeit, die gemeinhin anzunehmen ist, wenn der Täter die im Verkehr erforderliche Sorgfalt außer Acht lässt, zu der er nach den konkreten Umständen und nach seinen persönlichen Kenntnissen und Fähigkeiten verpflichtet und imstande ist.[404] Das Umweltstrafrecht sanktioniert fast immer explizit fahrlässiges Handeln, sodass die Fahrlässigkeit im Umweltstrafrecht von großer strafrechtlicher Relevanz ist.

268 Zur Bestimmung der für das Umweltstrafrecht maßgeblichen und damit zu erfüllenden Sorgfaltspflichten, bedient man sich umweltrechtlicher Technikklauseln. Zu berücksichtigen sind somit z.B. allgemein anerkannte Regeln der Technik (§ 60 Abs. 1 WHG), der aktuelle Stand der Technik (z.B. § 3 Abs. 6 S. 1 BImSchG) sowie der aktuelle Stand von Wissenschaft und Technik (z.B. § 6 Abs. 2 Nr. 2 AtG).[405] Als normative Maßstabsfigur wird auf den umweltbewussten Rechtsgenossen abgestellt, den gewisse Erkundigungspflichten treffen.[406]

269 Zwar tritt bei einem Fahrlässigkeitsdelikt ebenfalls ein tatbestandlicher Erfolg ein, jedoch fehlt es an dem darauf gerichteten Vorsatz. Die Tatbestandsverwirklichung erfolgt somit ohne Wissen und Wollen, hätte jedoch durch sorgfaltsgemäßes Verhalten verhindert werden können. Darin liegt der strafwürdige Unrechtsgehalt.

270 Fahrlässig können sowohl Begehungsdelikte als auch Unterlassungsdelikte verwirklicht werden.[407] Nicht strafbar ist jedoch ein fahrlässiger Versuch einer Straftat, da dieser vorsätzliches Handeln voraussetzt. Umstritten ist, ob neben der Täterschaft auch eine Teilnahme beim Fahrlässigkeitsdelikt möglich sein soll. Überwiegend wird die Rechtsfigur der fahrlässigen Teilnahme jedoch nicht anerkannt.[408]

271 Der Fahrlässigkeitsbegriff ist auch bei erfolgsqualifizierten Delikten von Relevanz, bei denen neben dem vorsätzlich verwirklichten Unrecht ein darüber hinausgehender Erfolg zumindest fahrlässig herbeigeführt werden muss.[409]

VI. Verantwortungsebenen im Unternehmen

272 Unternehmen sind nach dem deutschen Strafrecht wegen ihrer fehlenden Handlungs- und Schuldfähigkeit (noch) nicht straffähig, weshalb eine Verlagerung der strafrechtlichen Verantwortung auf die im Unternehmen beschäftigten Mitarbeiter, bzw. auf die Geschäftsleitung, notwendig ist.[410] Die oft komplexen betrieblichen Organisationsstrukturen, welche durch Arbeitsteilung geprägt sind, gehen nicht selten mit Schwierigkeiten bei der individuellen Zurechnung der strafrechtlichen Verantwortlichkeit einher. Die strafrechtliche Verantwortung in Unternehmen lässt sich über eine horizontale und eine vertikale Ebene bestimmen.

---

404 *BGHSt* 49, 1, 5; *Saliger* JZ 2004, 977.
405 Dazu im Ganzen *Krell* Umweltstrafrecht Rn. 94 ff.
406 *OLG Oldenburg* NStZ-RR 2016,14, 15; *OLG Stuttgart* NStZ 1989, 122, 123.
407 *BGH* NJW 2010, 1087.
408 Statt vieler nur Matt/Renzikowski/*Gaede* § 15 Rn. 37; MK-*Duttge* § 15 Rn. 216.
409 Schönke/Schröder/*Sternberg-Lieben/Schuster* § 15 Rn. 107.
410 Siehe dazu *Kühl* AT § 10 Rn. 7; Wabnitz/Janovsky/Schmitt/*Raum* 4. Kap. Rn. 2.

1. Horizontale Verantwortungsebene

Die horizontale Verantwortlichkeit beschreibt die Verantwortung auf derselben Hierarchie-Ebene, z.B. im Rahmen mehrköpfiger Gremien oder bei Ressortbildung innerhalb der Geschäftsführung. Erfolgt eine ordnungsgemäße Zuordnung von Aufgaben und Kompetenzen innerhalb eines Kollegialorgans auf Einzelpersonen, spricht man von einer horizontalen Delegation.[411] Die horizontale Delegation führt zu einer Reduzierung der Gesamtverantwortlichkeit sowie des Haftungsrisikos einzelner Mitglieder des jeweiligen Gremiums.[412] Gleichzeitig führt sie zu einer Einzelgeschäftsführungsbefugnis des jeweiligen Vorstandsmitglieds, einer eigenverantwortlichen Aufgabenerfüllung sowie entsprechend eigener Haftung.[413] Die Verteilung der Aufgaben auf mehrere Schultern hat den Vorteil höherer Praktikabilität und Effizienz bei der jeweiligen Aufgabenerfüllung.[414] 273

Grundsätzlich besteht nur eine individuelle Ressortverantwortung, also eine begrenzte Verantwortung lediglich auf den eigenen Zuständigkeitsbereich (Ressortprinzip).[415] Es besteht insoweit auch keine Pflicht zur gegenseitigen Kontrolle dergestalt, dass z.B. ein Geschäftsführer den anderen kontrollieren muss.[416] In Krisen- und Ausnahmesituationen gilt jedoch der Grundsatz der Generalverantwortung und Allzuständigkeit: Die Geschäftsführung bleibt dann stets gemeinsam verantwortlich mit der Folge, dass bei Pflichtverletzungen jeder haftet.[417] Eine Gesamtverantwortung trifft die Geschäftsführung insbesondere bei der Planungs- und Steuerungsverantwortung, der Organisationsverantwortung, der Finanzverantwortung und der Informationsverantwortung.[418] 274

2. Vertikale Verantwortungsebene

Wird die Verantwortung im Rahmen der *„Befehlskette“* betrachtet, z.B. den sog. Anweisungsfällen, handelt es sich um die vertikale Verantwortlichkeit. Hier erfolgt eine Delegation von der Unternehmensleitung auf nachgeordnete Führungskräfte (vertikale Delegation). Insoweit gelten bei einer Betrachtung *„von oben nach unten“* insbesondere die bereits dargestellten Regeln zur Anstiftung (§ 26 StGB) und mittelbaren Täterschaft (§ 25 Abs. 1 Var. 2 StGB). 275

In umgekehrter Richtung (*„von unten nach oben“*) kommt bei betriebsbezogenen Straftaten eine Unterlassungsstrafbarkeit des Geschäftsherrn oder Leitungspersonen nach dem Maßstab der Geschäftsherrenhaftung in Betracht. Die Geschäftsherrenhaftung beschreibt die Pflicht des Geschäftsherren, Straftaten anderer eigenverantwortlich handelnder Organisationsmitglieder zu verhindern.[419] Der Geschäftsleitung und sonstigen Leitungspersonen kommt nach herrschender Meinung eine Garantenstellung bzgl. betriebsbezogener Straftaten von Untergebenen zu.[420] Begründet wird die Garantenstellung mit der Befehls- und Organisationsherrschaft über 276

---

411 Wabnitz/Janosky/Schmitt/*Knierim* 5. Kap. Rn. 35.
412 Wabnitz/Janosky/Schmitt/*Knierim* 5. Kap. Rn. 35.
413 Wabnitz/Janosky/Schmitt/*Knierim* 5. Kap. Rn. 37.
414 Wabnitz/Janosky/Schmitt/*Knierim* 5. Kap. Rn. 36.
415 *BGHSt* 37, 106, 123; *Krell* Umweltstrafrecht Rn. 108, *Kloepfer/Heger* Umweltstrafrecht Rn. 144; vgl. Wabnitz/Janosky/Schmitt/*Knierim* 5. Kap. Rn. 35.
416 *BGH* NStZ 2022, 669, 671.
417 *BGH* NJW 1990, 2560, 2526; Achenbach/Ransiek/Rönnau/*Rotsch* 2. Teil 1. Kap Rn. 73; Volk/Beukelman/*Wessing/Dann* Münchener Anwaltshandbuch § 4 Rn. 156.
418 Zur Gesamtverantwortung siehe Wabnitz/Janovsky/Schmitt/*Knierim* 5. Kap Rn. 38.
419 *Schlösser* NZWiSt 2012, 281.
420 *BGHSt* 57, 42, 45 f.; *Fischer* § 13 Rn. 68 ff.

(weisungsgebundene) Untergebene (sog. Herrschaftsargument), mit der Verkehrssicherungspflicht des Betriebsinhabers über den Betrieb als Gefahrenquelle (Gefahrenargument) und mit der freiwilligen Übernahme von Pflichten (Übernahmeargument).[421] Danach können sich z.B. der Vorstand oder die Geschäftsführung selbst strafbar machen, wenn ein Betriebsangehöriger eine betriebsbezogene Straftat begeht und das Mitglied der Geschäftsführung oder des Vorstandes diese Straftat nicht aktiv verhindert oder es unterlassen hat, bei entsprechender Kenntnis einzuschreiten. Die Geschäftsherrenhaftung wurde auch vom *BGH* anerkannt.[422]

277 Die Pflicht zum Tätigwerden bezieht sich allerdings nur auf betriebsbezogene Straftaten, und nicht solche, die der Mitarbeiter nur bei Gelegenheit seiner betrieblichen Tätigkeit begeht.[423] Betriebsbezogenheit liegt dann vor, wenn ein innerer Zusammenhang zwischen der Tat und der betrieblichen Tätigkeit des Täters oder der Art des Betriebs besteht.[424] Eine betriebsbezogene Straftat liegt z.B. vor, wenn dem Mitarbeiter bestimmte Aufgaben und Pflichten zur Wahrnehmung in eigener Verantwortung übertragen worden sind oder ein enger Zusammenhang zu seinem Pflichtenkreis besteht.

VII. Delegation von Pflichten

278 Den Betriebsinhaber oder Unternehmer treffen eine Vielzahl an Pflichten. Je größer das Unternehmen ist, desto mehr Pflichten sind zu beachten. Um auch in komplexen Strukturen eine ordnungsgemäße Pflichterfüllung sicherzustellen zu können und eine Entlastung der Unternehmensleitung herbeizuführen, spielt die Delegation von Pflichten eine essenzielle Rolle. Sie kann sowohl intern (innerbetriebliche Delegation) als auch außerhalb des Unternehmens (außerbetriebliche Delegation), beispielsweise durch Einholung eines Gutachters oder eines externen Betriebsbeauftragten für Abfall, stattfinden.[425]

279 Innerbetrieblich werden Pflichten oder Aufgaben, die ursprünglich der Geschäftsführung obliegen, auf untergeordnete Führungskräfte (z.B. Abteilungsleiter) übertragen, die wiederum Aufgaben an Mitarbeiter mit Kontrollaufgaben delegieren.[426]

280 Eine Delegation auf nachgeordnete Personen entbindet die Geschäftsführung jedoch nicht vollends von einer strafrechtlichen Verantwortlichkeit.[427] Delegation führt zunächst zu einer Verantwortungsvervielfachung, weil im Falle haftungsrelevanter Pflichtverletzungen neben der Geschäftsführung weitere Personen verantwortlich sein können.

1. Regeln ordnungsgemäßer Delegation

281 Soweit eine Delegation sowohl wirksam als auch wirkungsvoll sein soll und strafrechtliche Haftungsrisiken des Delegierenden bestmöglich minimiert werden sollen, sind die nachfolgend dargestellten Pflichten zu beachten.

---

421 Dazu *BGHSt* 57, 42, 46; *Schünemann* wistra 1982, 41, 45; *Rogall* ZStW 1986, 573, 616 (zur Autoritätsstellung); Schönke/Schröder/*Bosch* § 13 Rn. 53 f. und *Schall* FS Rudolphi, S. 279 (zur Herrschaft über den Betrieb als Gefahrenquelle).

422 *BGHSt* 57, 42.

423 *BGHSt* 57, 42, 45 f.

424 *BGH* NStZ 2018, 648.

425 *OLG Koblenz* LMRR 2000, 21; Achenbach/Ransiek/Rönnau/*Dannecker/Bülte* 4. Teil 2. Kap. Rn. 131.

426 *Scheidler* ZUR 2010, 16, 17.

427 Schönke/Schröder/*Heine/Schittenhelm* Vor § 324 Rn. 28a; Volk/Beukelmann/*Leipold* Münchener Anwaltshandbuch § 29 Rn. 63.

a) Abgrenzungspflicht

Eine ordnungsgemäße Delegation setzt voraus, dass Zuständigkeitsbereiche innerhalb des Unternehmens definiert, klar abgegrenzt und auf die jeweiligen Personen überschneidungsfrei zugeteilt werden.[428] Delegationsempfänger müssen über die Art und den Umfang der ihnen übertragenen Aufgabenbereiche aufgeklärt werden.[429] 282

b) Auswahlpflicht

Zunächst trifft den Delegierenden eine Auswahlpflicht. Der Delegierende hat zu prüfen, welcher Mitarbeiter für welche Aufgabe fachlich und ggf. auch persönlich für die Übernahme von Aufgaben und entsprechender Verantwortung geeignet ist.[430] Je komplexer die delegierte Aufgabe ist und je höher der drohende Schaden bei einer etwaigen Pflichtverletzung ausfällt, desto höhere Sorgfaltsmaßstäbe sind an die Auswahl anzulegen.[431] Ausbildungs- und Qualifikationsnachweise hat sich der Delegierende vor seiner Auswahl vorweisen zu lassen.[432] 283

Bei den Beauftragten, denen Aufgaben zugeteilt werden, muss es sich um geeignete, d.h. ausreichend qualifizierte bzw. fachkundige und zuverlässige Mitarbeiter handeln, die über ausreichend Kenntnisse und Fähigkeiten verfügen.[433] Die Anforderungen an die Auswahl einer außerhalb des Unternehmens stehenden Person sollen aufgrund der geringeren Kontrollmöglichkeit und Weisungsgebundenheit höher sein als bei einer innerbetrieblichen Delegation.[434] 284

c) Anweisungs- und Unterweisungspflicht

Daneben treffen den Delegierenden Anweisungs- und Unterweisungspflichten. Der beauftragte Mitarbeiter muss ordnungsgemäß instruiert werden. Insbesondere ist er über Gefahrenpotenziale im Unternehmen zu unterweisen.[435] Die Unterweisung ist eine Mitarbeiterschulung und umfasst die Vermittlung von Wissen und Fertigkeiten.[436] 285

d) Schulungspflicht, Ausrüstungspflicht

Unternehmer und leitende Delegierende haben den Delegierungsempfängern die Teilnahme an Schulungen und Weiterbildungsmöglichkeiten zu ermöglichen, die für die Erfüllung der delegierten Aufgabe vorausgesetzt oder erforderlich sind.[437] Außerdem trifft den Delegierenden in Spezialfällen eine Ausrüstungspflicht.[438] 286

---

428 Hauschka/Moosmayer/Lösler/*Oexle/Lammers* Corporate Compliance § 52 Rn. 85.
429 *Lenz/Schünemann* Pflichtenheft Abfallrecht S. 17.
430 *Fischer* Vor § 324 Rn. 22; Matt/Renzikowski/*Rettenmaier/Gehrmann* Vor § 324 Rn. 20.
431 Vgl. Kollmer/Klindt/Schucht/*Klindt* Arbeitsschutzgesetz § 13 Rn. 77; Wabnitz/Janovsky/Schmitt/*Knierim* 5. Kap. Rn. 46.
432 *Lenz/Schünemann* Pflichtenheft Abfallrecht S. 16.
433 *BGH* Urt. v. 14.7.2021 – 6 StR 282/20; *Bittmann* NZWiSt 2022,26, 31; Volk/Beukelmann/*Leipold* Münchener Anwaltshandbuch § 29 Rn. 63; Achenbach/Ransiek/Rönnau/*Dannecker/Bülte* 4. Teil 2. Kap. Rn. 132.
434 Achenbach/Ransiek/Rönnau/*Dannecker/Bülte* 4. Teil 2. Kap. Rn. 132.
435 *Lenz/Schünemann* Pflichtenheft Abfallrecht S. 16.
436 Vgl. Kollmer/Klindt/Schucht/*Klindt* Arbeitsschutzgesetz § 13 Rn. 74.
437 *Lenz/Schünemann* Pflichtenheft Abfallrecht S. 16.
438 *Lenz/Schünemann* Pflichtenheft Abfallrecht S. 16.

e) Aufsichts- und Überwachungspflicht

287 Nach wirksam erfolgter Delegation, nach der die Erfüllung der delegierten Pflichten primär derjenigen Person obliegt, die die Erfüllung der Aufgaben übernommen hat, enden jedoch die Pflichten des Delegierenden nicht. Aus seiner ursprünglichen Ausführungspflicht wird nun eine Aufsichtspflicht. Der Unternehmer/Delegierende hat den Delegationsempfänger zu überwachen und ggf. korrigierend einzugreifen.[439] Er hat zu überwachen, ob die konkret übertragenen Pflichten durch den Delegationsempfänger tatsächlich umgesetzt werden.

288 Der Umfang und die Intensität dieser Aufsichtspflicht ist unternehmensabhängig, d.h. abhängig von der Unternehmensstruktur, der Unternehmensgröße, dem Tätigkeitsumfang und insbesondere der Bedeutung der delegierten Pflicht.[440] Die Aufsichtspflicht intensiviert sich, je tiefer der Mitarbeiter, an den delegiert wird, in der Unternehmenshierarchie steht und je schadensanfälliger die Tätigkeit ist.[441] Ein gelegentliches Beobachten ist jedoch auch bei in der Vergangenheit vollkommen zuverlässigen Beauftragten nicht ausreichend.[442] Vielmehr bedarf es zur sorgfältigen Erfüllung der Aufsichtspflicht genauer Anweisungen und Verhaltensrichtlinien sowie einer regelmäßigen und systematischen Überwachung, die durch unangemeldete Stichprobenkontrollen abgesichert wird.[443] Der Umfang der Aufsichtspflicht ist jedoch darauf beschränkt, was dem Unternehmensinhaber objektiv zumutbar und ihm tatsächlich und rechtlich möglich ist.[444]

289 Der Delegierende hat dafür wirksame Kontrollstrukturen einzurichten, sodass Fehlverhalten verhindert oder aufgedeckt und ggf. abgestellt werden kann (Durchsetzungspflicht).[445] Der Delegierende muss diese Aufsichts- und Kontrollmaßnahmen nicht selbst durchführen. Vielmehr kann eine Delegation dieser Pflichten erforderlich sein, wenn bspw. der Unternehmer seine Aufsichtspflichten nicht alleine bewältigen kann.[446] Durch die Delegation der Kontrollpflichten entstehen auch insoweit Aufsichts- und Kontrollpflichten, die erfordern, dass der Unternehmer die zur Aufsicht beauftragten Personen instruiert und durch systematische Stichproben überwacht.[447]

2. Dokumentation der Delegation

290 Zur Begrenzung einer strafrechtlichen Haftung ist die ordnungsgemäße Delegation zu dokumentieren. Sollte es zu einem Haftungsfall kommen, trägt der Delegierende die Darlegungs- und Beweislast dafür, dass er seinen Pflichten als Delegierender hinreichend nachgekommen ist.

439 Achenbach/Ransiek/Rönnau/*Dannecker/Bülte* 4. Teil 2. Kap. Rn. 133.
440 Achenbach/Ransiek/Rönnau/*Dannecker/Bülte* 4. Teil 2. Kap. Rn. 134; Leitner/Rosenau/*von Galen/Schaefer* Wirtschafts- und Steuerstrafrecht § 130 OWiG Rn. 39.
441 Wabnitz/Janovsky/Schmitt/*Raum* Handbuch Wirtschafts- und Steuerstrafrecht Kap. 4 Rn. 43; Leitner/Rosenau/*von Galen/Schaefer* Wirtschafts- und Steuerstrafrecht § 130 OWiG Rn. 39.
442 Achenbach/Ransiek/Rönnau/*Dannecker/Bülte* 4. Teil 2. Kap. Rn. 134.
443 Achenbach/Ransiek/Rönnau/*Dannecker/Bülte* 4. Teil 2. Kap. Rn. 134; KK-OWiG-*Rengier* § 8 Rn. 39.
444 Leitner/Rosenau/*von Galen/Schaefer* Wirtschafts- und Steuerstrafrecht § 130 OWiG Rn. 34.
445 Kollmer/Klindt/Schucht/*Klindt* Arbeitsschutzgesetz § 13 Rn. 79.
446 *BGHSt* 25, 158, 163; Achenbach/Ransiek/Rönnau/*Dannecker/Bülte* 4. Teil 2. Kap. Rn. 135.
447 Achenbach/Ransiek/Rönnau/*Dannecker/Bülte* 4. Teil 2. Kap. Rn. 135; KK-OWiG-*Rogall* § 130 Rn. 70.

Die wirksame interne Delegation kann zwar auch durch eine mündliche Vereinbarung erfolgen.[448] Empfohlen wird jedoch, die Einzelheiten der Delegation zu Beweis- und Dokumentationszwecken schriftlich festzuhalten. Wichtig ist, dass sich aus der Vereinbarung zweifelsfrei ergibt, welche konkreten Pflichten der Beauftragte zu erfüllen hat. Fehlt es an einer ausdrücklichen und klaren Vereinbarung, so verbleibt die Verantwortung für die Pflichtenerfüllung bei dem Delegierenden.[449] Darüber hinaus empfiehlt es sich, einen schriftlichen Nachweis nicht nur über den Delegationsakt als solchen, sondern auch über durchgeführte Kontrollen der Tätigkeit des Delegationsempfängers zu führen sowie die wichtigsten Grundsätze in einer Delegations- oder Beauftragten-Richtlinie zu dokumentieren. 291

Bei einer horizontalen Delegation (also bei der Übertragung von Pflichten auf ein Mitglied desselben Leitungsorgans) erfolgt die Übertragung im Rahmen der Geschäftsverteilung und kann bereits in der Geschäftsordnung festgeschrieben sein.[450] 292

3. Folgen fehlerhafter Delegation

Verletzt der Unternehmer seine aus einer ordnungsgemäßen Delegation resultierenden Pflichten, so kann er strafrechtlich oder nach dem Ordnungswidrigkeitenrecht zur Verantwortung gezogen werden. 293

a) Aufsichtspflichtverletzung, § 130 OWiG

Bei Verletzung der unternehmerischen Aufsichtspflicht kommt eine Verwirklichung von § 130 OWiG in Betracht. Nach § 130 OWiG kann mit Geldbuße sanktioniert werden, 294

„wer als Inhaber eines Betriebes oder Unternehmens vorsätzlich oder fahrlässig Aufsichtsmaßnahmen unterlässt, die erforderlich sind, um in dem Betrieb oder Unternehmen Zuwiderhandlungen gegen Pflichten zu verhindern, die den Inhaber treffen und deren Verletzung mit Strafe oder Geldbuße bedroht ist und welche durch gehörige Aufsicht verhindert oder wesentlich erschwert worden wäre.“

§ 130 OWiG sanktioniert die Verletzung der Aufsichtspflicht mit der Folge der Zuwiderhandlung gegen betriebsbezogene Pflichten z.B. durch den Inhaber eines Betriebes oder der ihm nach § 9 OWiG gleichgestellten Unternehmensangehörigen. In Folge der Delegation wandeln sich die den Betriebsinhaber treffenden betriebsbezogenen Pflichten in die von § 130 OWiG vorausgesetzten Aufsichtspflichten.[451] § 130 OWiG stellt sicher, dass die seinen Betrieb treffenden straf- und bußgeldbewehrten Ge- und Verbote eingehalten werden, deren Begehung durch gehörige Aufsichtsmaßnahmen verhindert werden können.[452] Schutzgut dieser Vorschrift ist das Interesse der Allgemeinheit an der Schaffung und Aufrechterhaltung einer innerbetrieblichen Organisationsform, mit der den von einem Unternehmen ausgehenden Gefahren begegnet wird.[453] Der Mensch wird unter den Bedingungen des arbeitsteiligen Zusammenwirkens im Betrieb zu einem Risikofaktor.[454] 295

---

448 Achenbach/Ransiek/Rönnau/*Dannecker/Bülte* 4. Teil 2. Kap. Rn. 133.

449 Achenbach/Ransiek/Rönnau/*Dannecker/Bülte* 4. Teil 2. Kap. Rn. 133; vgl. auch Bürkle/Hauschka/*Schulz/Galster* Der Compliance Officer, die empfehlen, die Delegation bereits in einer Stellenbeschreibung zu dokumentieren.

450 Überblicksartig zur horizontalen Delegation Wabnitz/Janovsky/Schmitt/*Knierim* 5. Kap. Rn. 35 ff.

451 *Lenk* Sanktionierung von Unternehmen S. 277.

452 Göhler/*Gürtler* OWiG § 130 Rn. 2.

453 *BGH* NJW 1994, 1801, 1803.

454 *BGH* NJW 1994, 1801, 1803; *Rogall* ZStW 1986, 573, 587; KK-OWiG/*Rogall* § 130 Rn. 2.

296 Eine Aufsichtspflichtverletzung nach § 130 OWiG hat wiederum zur Folge, dass nach § 30 OWiG gegen die juristische Person oder die Personenvereinigung selbst eine Geldbuße verhängt werden kann. Eine Geldbuße kann gem. § 30 OWiG gegen eine juristische Person oder Personenvereinigung verhängt werden, wenn eine Person, die für die Leitung des Betriebs oder Unternehmens, z.B. wegen der Ausübung von Kontrollbefugnissen in leitender Stellung verantwortlich handelt, eine Straftat oder Ordnungswidrigkeit begangen hat, durch die Pflichten, welche die juristische Person oder die Personenvereinigung treffen, verletzt worden sind oder die juristische Person oder die Personenvereinigung bereichert worden ist oder werden sollte.

297 Nach dem Wortlaut der Norm kommen als Täter des § 130 OWiG nur der Betriebs- oder Unternehmensinhaber in Betracht. Inhaber des Betriebes oder Unternehmens ist derjenige, dem die Erfüllung der den Betrieb oder das Unternehmen treffenden Pflichten obliegt und kann eine natürliche oder juristische Person sein.[455] Um den Anwendungsbereich dieser Norm nicht nur auf den Inhaber selbst zu beschränken, erweitert § 9 OWiG die Anwendbarkeit des Tatbestandes auf gesetzliche Vertreter (Abs. 1) und Beauftragte (Abs. 2).[456] Taugliche Täter sind damit neben vertretungsberechtigten Organen einer juristischen Person oder Mitglieder eines solchen Organs (§ 9 Abs. 1 Nr. 1 OWiG), vertretungsberechtigten Gesellschaftern einer rechtsfähigen Personengesellschaft (§ 9 Abs. 1 Nr. 2 OWiG) und gesetzlichen Vertretern (§ 9 Abs. 1 Nr. 3 OWiG), auch Beauftragte, die den Betrieb ganz oder zum Teil leiten (§ 9 Abs. 2 Nr. 1 OWiG) oder ausdrücklich damit beauftragt sind, in eigener Verantwortung Aufgaben wahrzunehmen, die dem Inhaber obliegen (§ 9 Abs. 2 Nr. 2 OWiG). Dabei handelt es sich aufgrund der Merkmalszurechnung nach § 9 OWiG von der Unternehmens- auf die Organ- respektive Leitungsebene und der Verhaltenszurechnung von untergebenen Mitarbeitern auf die Führungsebene um eine doppelte Zurechnung.[457]

b) Begehen durch Unterlassen, § 13 StGB

298 Ferner kommt für den Delegierenden eine strafrechtliche Haftung nach § 13 StGB wegen Unterlassen in Betracht, soweit ihn bei der Auswahl, Aufsicht, Organisation, Instruktion oder Kontrolle ein Verschulden trifft.[458] Probleme können sich insoweit bei der Bestimmung des jeweiligen Umfangs der Garantenpflichten sowie aus Transparenz- und Organisationsdefiziten ergeben. Eine Garantenstellung obliegt der Geschäftsführung zwar grundsätzlich nur im betreuten Geschäfts- und Verantwortungsbereich, jedoch trifft die Geschäftsführung ebenfalls eine Handlungspflicht, mit dem Betrieb verbundene, besondere Gefahrenquellen unter Kontrolle zu halten.[459] Kraft ihrer Organisationsgewalt muss die Geschäftsführung sicherstellen, dass die grundsätzlich ihr obliegenden Aufgaben durch die damit beauftragten Mitarbeiter tatsächlich und ordnungsgemäß erfüllt werden.[460]

299 Hat die Delegation ordnungsgemäß stattgefunden, so versetzt sie die eingesetzte Person in eine persönliche Pflichtenstellung, der sie vollumfänglich nachkommen muss. Sie hat im Rahmen der ihr übertragenen Aufgaben ihre Pflichten einzuhalten und behördliche Anordnungen (sofern sie dazu verpflichtet ist) zu erfüllen.[461] Verletzt eine beauftragte Person die ihr übertragenen Pflichten, kann dies zu einer strafrechtlichen Verantwortlichkeit führen.

455 KK-OWiG/*Rogall* § 130 Rn. 25; *Többens* NStZ 1999, 1, 3.
456 *Theile/Petermann* JuS 2011, 496, 497; instruktiv dazu *Többens* NStZ 1999, 1, 2 f.
457 Achenbach/Ransiek/Rönnau/*Achenbach* 1. Teil 1. Kap. Rn. 3 ff.; *Többens* NStZ 1999, 1, 8.
458 LK-*Heghmanns* Vor § 324 Rn. 94.
459 Schönke/Schröder/*Heine/Schittenhelm* Vor § 324 Rn. 28a.
460 *BGH* NJW 1997, 130, 132.
461 *Scheidler* ZUR 2010, 16, 17.

Nicht unumstritten ist, wie weit die Verantwortlichkeit der beauftragten Personen reicht. Teilweise wird vertreten, dass die strafrechtliche Verantwortung dort ende, wo auch die Entscheidungsbefugnis ende.[462] Die überwiegende Auffassung bejaht eine strafrechtliche Verantwortung jedoch auch dann, wenn zwar keine Entscheidungsbefugnis der beauftragten Person vorliegt, diese jedoch aufgrund eines Wissensvorsprungs eine gesonderte Herrschaftsposition innehat.[463] 300

Dagegen verbleibt die Verantwortung grundsätzlich bei der Unternehmensführung, je weniger lokalisierbar und je bedrohlicher die Gefahrenquelle ist und je weiter die Entscheidungstragweite geht.[464] Die Unternehmensführung bleibt außerdem verantwortlich, wenn es zu ressortübergreifenden Fragen in Krisen- und Ausnahmesituationen kommt, das Unternehmen also als Ganzes betroffen ist.[465] 301

Für Pflichten aus Sonderdelikten, bei denen Täter nur derjenige sein kann, dem eine besondere (verwaltungs-)rechtliche Pflicht obliegt (z.B. *„Betreiber"* bei § 327 StGB)[466], ist ein ausdrücklicher Auftrag i.S.v. § 14 Abs. 2 Nr. 2 StGB sowie ein eigenverantwortliches Handeln erforderlich.[467] Die Delegierbarkeit von Aufgaben ist allerdings ein allgemeines Prinzip, sodass eine Heranziehung von § 14 StGB außerhalb von Sonderdelikten nicht erforderlich ist.[468] 302

Die Delegation von Pflichten auf nachgeordnete Ebenen führt somit grundsätzlich zu einer Verantwortungsvervielfachung, nicht zu einer Begrenzung der Verantwortlichen. Die Geschäftsführung haftet nicht nur für eigene Pflichtverletzungen in ihrem jeweiligen organisatorischen Bereich, sondern bei Zuständigkeit für die Gesamtorganisation auch für pflichtwidriges Verhalten der Beauftragten.[469] Dies bedeutet, dass für dieselbe Tat grundsätzlich zwei natürliche Personen, nämlich Delegationsempfänger und der delegierende Unternehmer, strafrechtlich vollverantwortlich sein können, wobei die Strafbarkeit jeweils an unterschiedliches Verhalten anknüpft. 303

VIII. Vertrauensgrundsatz

Werden in einem Unternehmen Arbeitsschritte und Aufgaben verschiedenen Personen zugeteilt und wird arbeitsteilig zusammengearbeitet, so gilt der sog. Vertrauensgrundsatz.[470] Der Vertrauensgrundsatz kommt sowohl bei der vertikalen (also bei der fachlichen Über-/Unterordnung) als auch bei der horizontalen Arbeitsteilung (bei fachlicher Gleichordnung) zum Tragen.[471] 304

462 *Scheidler* ZUR 2010, 16, 17.
463 Speziell zum Betriebsbeauftragten *Böse* NStZ 2003, 636, 640.
464 Schönke/Schröder/*Heine/Schittenhelm* Vor § 324 Rn. 28a.
465 *BGHSt* 37, 106, 115, 123; Matt/Renzikowski/*Rettenmaier/Gehrmann* Vor § 324 Rn. 20; *Scheidler* ZUR 2010, 16, 17.
466 A.A. LK-*Schünemann* § 14 Rn. 68; NK-*Ransiek* § 14 Rn. 20; *Ransiek* FS Widmaier, S. 730 ff. sehen in § 327 StGB ein Allgemeindelikt; zur vergleichbaren Problematik im Rahmen des § 325 StGB, siehe überblicksartig MK-*Alt* § 325 Rn. 65 f. m.w.N.: Nach h.M. wird § 325 Abs. 1 und 2 StGB, der die Luftverunreinigung, die durch den Betrieb der Anlage hervorgerufen wird, sanktioniert, als Sonderdelikt eingestuft. Täter sei demnach der Anlagenbetreiber; a.A. sieht in dem Merkmal *„beim Betrieb einer Anlage"* hingegen eine eingrenzende Beschreibung der Tathandlung, nicht jedoch eine Beschreibung einer besonderen Pflichtenstellung. Es handele sich demnach, genau wie bei § 325 Abs. 3 StGB auch bei Abs. 1 und 2 um ein Allgemeindelikt.
467 *Fischer* Vor § 324 Rn. 22; Matt/Renzikowski/*Rettenmaier/Gehrmann* Vor § 324 Rn. 21.
468 *Oonk* Strafrechtliche Verantwortlichkeit im Unternehmen im Zeitalter der Compliance S. 232; *Dannecker* JZ 2010, 981, 990.
469 *Scheidler* ZUR 2010, 16, 18.
470 *BGH* NStZ 2022, 669; *Wendler* Die Haftung der Betriebsbeauftragten im Strafrecht S. 230.
471 MK-*Duttge* § 15 Rn. 147.

305 Bei der vertikalen Aufgabenverteilung erschöpft sich die Pflicht des Geschäftsleiters bzw. Delegierenden zur Vermeidung von Straftaten in der sorgfältigen Auswahl, Organisation und stichprobenartigen Überwachung.[472] Kommt er dieser nach, darf er auf die ordnungsgemäße Aufgabenerfüllung durch den Delegationsempfängers vertrauen. In Haftungsfällen scheidet dann mangels objektiver Zurechnung eine Strafbarkeit aus.[473] In Fällen horizontaler Aufgabenverteilung, bei der die einzelnen Personen nur für bestimmte Aufgabenerfüllungen eigenverantwortlich zuständig sind, dürfen sie ebenfalls auf die fehlerfreie Aufgabenerfüllung anderer vertrauen.[474] War eine Sorgfaltswidrigkeit eines anderen nicht erkennbar, scheidet auch dort die objektive Zurechnung des Erfolges aus.[475]

306 Der Vertrauensgrundsatz legt fest, dass derjenige, der sich ordnungsgemäß bei seiner Aufgabenerfüllung verhält, darauf vertrauen darf, dass andere dies ebenfalls tun, soweit keine konkreten Anhaltspunkte für eine gegenteilige Annahme vorliegen.[476] Jeder Unternehmensmitarbeiter darf sich grundsätzlich bei der Verrichtung seiner Aufgaben darauf verlassen, dass Vorgesetzte und Kollegen die ihnen übertragenen Aufgaben ordnungsgemäß erfüllen.[477] Der Vertrauensgrundsatz gilt auch dann, wenn jederzeit Einfluss oder Kontrolle gegenüber den Mitarbeitern eines Unternehmens geübt werden könnte.[478] Eine Pflicht zur lückenlosen Kontrolle und Überwachung würde eine vertikale Arbeitsteilung unmöglich machen.[479] Ein gegenseitiges Vertrauen scheidet demgegenüber aus, wenn ein rechtswidriges Verhalten erkennbar ist oder naheliegt.[480]

307 Greift der Vertrauensgrundsatz, so kann der Vorwurf einer Sorgfaltspflichtverletzung nicht damit begründet werden, der Handelnde hätte sich auf das Fehlverhalten des anderen einstellen müssen.[481]

IX. Handeln für einen anderen (§ 14 StGB, § 9 OWiG)

308 Handelt eine Person (Vertreter oder Beauftragter) für einen anderen (Vertretener oder Beauftragender) und fordert ein Bußgeld- oder Straftatbestand besondere persönliche Merkmale, die den Täter charakterisieren (sog. Sonderdelikte), so können diese besonderen persönlichen Merkmale dem Handelnden unter den Voraussetzungen des § 14 StGB bzw. § 9 OWiG zugerechnet werden, wenn diese Merkmale zwar nicht bei ihm, aber bei dem Vertretenen vorliegen. § 14 StGB bewirkt eine Ausdehnung der Strafbarkeit und der weitestgehend wortgleiche § 9 OWiG eine Ausdehnung der Ahndung.

---

472 So auch MK-*Duttge* § 15 Rn. 147 und oben unter Rn. 273 f.
473 Vgl. Wabnitz/Janovsyk/Schmitt/*Knierim* 5. Kap. Rn. 46, 48.
474 MK-*Duttge* § 15 Rn. 147.
475 Vgl. Wabnitz/Janovsyk/Schmitt/*Knierim* 5. Kap. Rn. 46, 48.
476 *BGH* NJW 1998, 1802 ff.; MK-*Duttge* § 15 Rn. 141.
477 *Wendler* Die Haftung der Betriebsbeauftragten im Strafrecht S. 235.
478 MK-*Duttge* § 15 Rn. 147.
479 MK-*Duttge* § 15 Rn. 147.
480 Schönke/Schröder/*Sternberg-Lieben/Schuster* § 15 Rn. 221.
481 LK-*Vogel/Bülte* § 15 Rn. 229.

§ 14 StGB Handeln für einen anderen

(1) Handelt jemand

1. als vertretungsberechtigtes Organ einer juristischen Person oder als Mitglied eines solchen Organs,
2. als vertretungsberechtigter Gesellschafter einer rechtsfähigen Personengesellschaft oder
3. als gesetzlicher Vertreter eines anderen

so ist ein Gesetz, nach dem besondere persönliche Eigenschaften, Verhältnisse oder Umstände (besondere persönliche Merkmale) die Strafbarkeit begründen, auch auf den Vertreter anzuwenden, wenn diese Merkmale zwar nicht bei ihm, aber bei dem Vertretenen vorliegen.

(2) Ist jemand von dem Inhaber eines Betriebs oder einem sonst dazu Befugten

1. beauftragt, den Betrieb ganz oder zum Teil zu leiten, oder
2. ausdrücklich beauftragt, in eigener Verantwortung Aufgaben

wahrzunehmen, die dem Inhaber des Betriebs obliegen,

und handelt er auf Grund dieses Auftrags, so ist ein Gesetz, nach dem besondere persönliche Merkmale die Strafbarkeit begründen, auch auf den Beauftragten anzuwenden, wenn diese Merkmale zwar nicht bei ihm, aber bei dem Inhaber des Betriebs vorliegen. [...]

§ 9 OWiG Handeln für einen anderen

(1) Handelt jemand

1. als vertretungsberechtigtes Organ einer juristischen Person oder als Mitglied eines solchen Organs,
2. als vertretungsberechtigter Gesellschafter einer rechtsfähigen Personengesellschaft oder
3. als gesetzlicher Vertreter eines anderen,

so ist ein Gesetz, nach dem besondere persönliche Eigenschaften, Verhältnisse oder Umstände (besondere persönliche Merkmale) die Möglichkeit der Ahndung begründen, auch auf den Vertreter anzuwenden, wenn diese Merkmale zwar nicht bei ihm, aber bei dem Vertretenen vorliegen.

(2) Ist jemand von dem Inhaber eines Betriebs oder einem sonst dazu Befugten

1. beauftragt, den Betrieb ganz oder zum Teil zu leiten, oder
2. ausdrücklich beauftragt, in eigener Verantwortung Aufgaben wahrzunehmen, die dem Inhaber des Betriebs obliegen,

und handelt er auf Grund dieses Auftrages, so ist ein Gesetz, nach dem besondere persönliche Merkmale die Möglichkeit der Ahnung begründen, auch auf den Beauftragten anzuwenden, wenn diese Merkmale zwar nicht bei ihm, aber bei dem Inhaber des Betriebes vorliegen. [...]

1. Sinn und Zweck der Vorschriften

Die Vorschrift des § 14 StGB und das bußgeldrechtliche Pendant des § 9 OWiG verfolgen den **309**
Zweck, die Reichweite bestimmter Straf- und Ordnungswidrigkeitentatbestände auf Vertreter der eigentlichen Normadressaten auszudehnen. Der Kreis der tauglichen Täter wird somit erweitert.[482] Bei § 14 StGB und § 9 OWiG handelt es sich um Zurechnungsnormen, die dem Vertreter (Abs. 1) bzw. Beauftragten (Abs. 2) von bestimmten Tatbeständen geforderte beson-

482 *Fischer* § 14 Rn. 1b; BeckOK-StGB/*Momsen/Laudien* § 14 Rn. 3 f.

dere persönliche Merkmale (z.B. Betreiber einer genehmigungspflichtigen Anlage i.S.v. § 327 StGB) zurechnet und dadurch eine strafrechtliche Haftung bzw. Ahndung auch solcher Personen zulässt, bei denen die besonderen persönlichen Merkmale eigentlich nicht vorliegen.

310 Durch die Erweiterung von tatbestandlichen Anwendungsbereichen sollen Strafbarkeitslücken geschlossen werden, die etwa dadurch entstehen, dass Normadressaten zumeist juristische Personen sind, die nicht schuldfähig und damit nicht strafbar sein können.[483] Die tatsächlich handelnden Personen erfüllen hingegen in eigener Person nicht das besondere persönliche Merkmal, können also den Tatbestand eines Sonderdelikts mangels tauglicher Tätereigenschaft ohne Zurechnungsnorm nicht erfüllen.[484] Die Ausweitung der Tatbestände auch auf Organe und Vertreter oder Beauftragte der juristischen Personen soll zu einer Einschränkung der Exkulpationsmöglichkeiten der Unternehmensleitung und damit zur Schließung von Strafbarkeitslücken führen.[485]

2. Die Beauftragung i.S.v. § 14 Abs. 2 Nr. 2 StGB bzw. § 9 Abs. 2 Nr. 2 OWiG

311 Von besonderer praktischer Relevanz für den Betriebsbeauftragten für Abfall ist die Beauftragung i.S.v. § 14 Abs. 2 Nr. 2 StGB bzw. dem weitestgehend gleichlautenden § 9 Abs. 2 Nr. 2 OWiG. Nach § 14 Abs. 2 Nr. 2 StGB ist ein Gesetz, nach dem besondere persönliche Merkmale die Strafbarkeit begründen (z.B. Betreiber einer genehmigungspflichtigen Anlage), ebenso auf den Beauftragten anzuwenden, wenn diese Merkmale zwar nicht bei ihm, aber bei dem Inhaber des Betriebs vorliegen und der Betriebsbeauftragte von dem Betriebsinhaber oder einem sonst dazu Befugten ausdrücklich beauftragt ist, in eigener Verantwortung Aufgaben wahrzunehmen, die dem Betriebsinhaber obliegen.

312 An die Beauftragung i.S.d. § 14 Abs. 2 Nr. 2 StGB sind strenge Anforderungen zu stellen, da hierdurch eine persönliche Normadressatenstellung des Beauftragten begründet wird, die ihm strafbewehrt die Erfüllung betriebsbezogener Pflichten überbürdet.[486] Die Beauftragung ist zwar formfrei möglich, hat aber ausdrücklich und hinreichend konkret zu erfolgen, damit für den Beauftragten das Ausmaß der von ihm zu erfüllenden Pflichten eindeutig erkennbar ist.[487]

313 Eine stillschweigende Übertragung oder nur tatsächliche Wahrnehmung der Aufgaben reichen nicht aus. Damit soll der Gefahr der Abwälzung der Verantwortung auf Hilfspersonen vorgebeugt werden.[488] So forderte auch der Gesetzgeber im Gesetzgebungsverfahren eine eindeutige Bestimmung der Reichweite der Delegation, um klare Verhältnisse zu schaffen:

„*Den Vorschlag der Entwürfe, auf das Erfordernis einer „ausdrücklichen“ Beauftragung im geltenden Recht zu verzichten, übernimmt die Ausschußmehrheit nicht. Im Interesse des beauftragten Arbeitnehmers, einer eindeutigen Bestimmung der Reichweite der Delegation und auch zur Sicherung der Einhaltung der übernommenen Pflichten, hält sie die Entscheidung des Gesetzgebers von 1968 weiterhin für richtig. Mit diesem Erfordernis werden klare Verhältnisse geschaffen; dadurch soll verhindert werden, daß in einem Betrieb die Verantwortung zu leicht auf einen anderen abgewälzt wird.*“[489]

---

483 Schönke/Schröder/*Perron/Eisele* § 14 Rn. 1 f.
484 BeckOK-StGB/*Momsen/Laudien* § 14 Rn. 5.
485 BeckOK-StGB/*Momsen/Laudien* § 14 Rn. 3.
486 *BGH* NJW 2012, 3385, 3387.
487 *BGH* NJW 2012, 3385, 3387; *BGH* NStZ 2016, 460, 462.
488 *Fischer* § 14 Rn. 12.
489 BT-Drucks. 10/5058, S. 25 f.

Die in Nr. 1 und 2 genannten Vertreter werden nur insoweit zu Normadressaten, als sie auf Grund des ihnen erteilten Auftrags auch tatsächlich handeln. Zwar spricht § 14 Abs. 2 StGB unmittelbar von einem Handeln aufgrund des Auftrages, jedoch schließt das nicht eine Strafbarkeit aufgrund Unterlassens aus.[490] 314

Die Frage, ob auch der Betriebsbeauftragte für Abfall Normadressat des § 14 Abs. 2 Nr. 2 StGB ist, wird von der h.M. bejaht. Dies hat zur Folge, dass auch der Betriebsbeauftragte Täter von sog. Sonderdelikten sein kann, z.B. den sog. Betreiberdelikten (§§ 325[491], 327 StGB[492]).[493] Gleiches gilt auch für den Bereich des Ordnungswidrigkeitenrechts über § 9 Abs. 2 Nr. 2 OWiG. 315

Streitpunkt bei der Frage der Anwendbarkeit des § 14 Abs. 2 Nr. 2 StGB auf den Betriebsbeauftragten ist, ob die Norm durch die Formulierung *„in eigener Verantwortung“* eine Entscheidungsbefugnis fordert. Insoweit wird vertreten, dass eine eigenverantwortliche Wahrnehmung eines Aufgabenbereichs auch eine Entscheidungsbefugnis voraussetze, die dem Abfallbeauftragten jedenfalls in der Regel nicht zukomme.[494] Dieser Ansicht nach ist der Abfallbeauftragte kein Beauftragter i.S.v. § 14 Abs. 2 Nr. 2 StGB, da ihm in der Regel keine Entscheidungsbefugnis zustehe und ihm auch die Kompetenz fehle, z.B. notwendige Schutzmaßnahmen selbst anzuordnen.[495] 316

Andere hingegen vertreten den Standpunkt, dass ein Abfallbeauftragter durchaus die Voraussetzungen des § 14 Abs. 2 Nr. 2 StGB erfülle.[496] Argumentiert wird mit dem Herrschaftsprinzip. Der Betriebsbeauftragte habe zwar nicht die Befugnis, unternehmerische Entscheidungen zu treffen, nehme aber die ursprünglich der Geschäftsleitung obliegende Aufgabe zur Gewinnung umfassender Informationen über die Gefahren des eigenen Betriebes wahr und besitze dabei genauso wie bei der Entwicklung der ihm obliegenden Vorschläge und Initiativen eine gesetzlich zwingend vorgeschriebene Eigenverantwortlichkeit.[497] Somit ist er mit Rechten ausgestattet, die mit den Pflichten des Betreibers korrespondieren. Ferner verfüge er aufgrund seiner organisatorischen Verselbstständigung und umfassenden Erhebungsbefugnis gegenüber der Geschäftsleitung über einen erheblichen Wissensvorsprung.[498] Somit schaffe nicht nur die (meist nicht vorhandene) Entscheidungskompetenz eine Herrschaftsposition, sondern auch die Informationsmacht.[499] Eine fehlende Weisungsbefugnis stehe dieser Annahme nicht entgegen. Es bedeute lediglich, dass dem Abfallbeauftragten nicht zusätzlich Leitungsaufgaben übertragen worden seien.[500] 317

---

490 Schönke/Schröder/*Perron/Eisele* § 14 Rn. 39.

491 Zum Streitentscheid siehe überblicksartig MK-*Alt* § 325 Rn. 65 f. m.w.N.: Nach h.M. wird § 325 Abs. 1 und 2 StGB, der die Luftverunreinigung, die durch den Betrieb der Anlage hervorgerufen wird, sanktioniert, als Sonderdelikt eingestuft. Täter sei demnach der Anlagenbetreiber; a.A. sieht in dem Merkmal *„beim Betrieb einer Anlage“* hingegen eine eingrenzende Beschreibung der Tathandlung, nicht jedoch eine Beschreibung einer besonderen Pflichtenstellung. Es handele sich demnach, genau wie bei § 325 Abs. 3 auch bei Abs. 1 und 2 um ein Allgemeindelikt.

492 A.A. LK-*Schünemann* § 14 Rn. 68; NK-*Ransiek* § 327 Rn. 5; *Ransiek* FS Widmaier, S. 730 ff. sehen in § 327 StGB ein Allgemeindelikt.

493 *Böse* NStZ 2003, 636, 640.

494 MK-*Radtke* § 14 Rn. 102; Schönke/Schröder/*Perron/Eisele* § 14 Rn. 35; *Salje* BB 1993, 2287, 2301 f.

495 Maurach/Gössel/Zipf/*Renzikowsk*i Strafrecht AT, S. 436.

496 *AG Frankfurt* NStZ 1986, 72, 75; Amelung/*Kuhlen* Individuelle Verantwortung und Beteiligungsverhältnisse bei Straftaten in bürokratischen Organisationen des Staates, der Wirtschaft und der Gesellschaft S. 71, 92; LK-*Schünemann* § 14 Rn. 63; NK-*Böse* § 14 Rn. 44 m.w.N.

497 LK-*Schünemann* § 14 Rn. 63.

498 *Böse* NStZ 2003, 636, 640.

499 *Böse* NStZ 2003, 636, 640.

500 *Amelung* Individuelle Verantwortung und Beteiligungsverhältnisse bei Straftaten in bürokratischen Organisationen des Staates, der Wirtschaft und der Gesellschaft S. 94 f.

318 Sind dem Abfallbeauftragten hingegen Entscheidungsbefugnisse übertragen worden, kommen alle Meinungen zu dem Ergebnis, dass der Abfallbeauftragte in diesem Fall dann auch die Voraussetzungen des § 14 Abs. 2 Nr. 2 StGB erfüllt.

319 Ohne Relevanz ist dies jedoch bei Allgemeindelikten (z.B. § 324 StGB), bei denen § 14 StGB keine Anwendung findet.

320 **Beispiel:** Dem Betroffenen wurde mit Bußgeldbescheid des zuständigen Bezirksamtes vorgeworfen, als Geschäftsführer und Betriebsleiter der E-GmbH vertriebene wassergefährdende Öle und Reiniger teilweise direkt auf dem undichten Fußboden, ohne Auffangwannen gelagert und umgefüllt zu haben. Das *AG Tiergarten* verurteilte den Betroffenen wegen des nicht ordnungsgemäßen Betreibens einer Anlage zum Umgang mit wassergefährdenden Stoffen gem. § 17 Abs. 1 Nr. 3, § 65 Nr. 14 AwSV i.V.m. § 103 Abs. 1 S. 1 Nr. 3a WHG zu einer Geldbuße von 1.600 €. Das *KG Berlin*[501] hob das Urteil des *AG Tiergarten* auf, nachdem sich der Betroffene mit einer Sachrüge gegen das Urteil gewendet hatte.

321 Das *KG Berlin* entschied, dass der Betroffene nicht bereits deshalb als Betriebsleiter verantwortlich i.S.v. § 9 Abs. 2 Nr. 1 OWiG gewesen ist, weil die Lagerung der wassergefährdenden Stoffe ohne Auffangwannen mit seinem Wissen und Wollen erfolgte. Vielmehr trifft allein die Beschäftigungsbezeichnung *„Betriebsleiter"* noch keine konkrete Aussage darüber, ob der Betroffene tatsächlich mit der Leitung oder lediglich der Aufsicht des Betriebes vom Betriebsinhaber beauftragt wurde. Die Bezeichnung als Betriebsleiter kann nur als bloßes Indiz gewertet werden, was jedoch weiterer Feststellungen bedarf. Da das *AG Tiergarten* hierzu keine weiteren Feststellungen getroffen hatte, beruhte es lediglich auf einem Verdacht bzgl. der Verantwortlichkeit des Betroffenen und war aufzuheben.[502]

3. Beauftragte von öffentlichen Stellen als Normadressaten des § 14 Abs. 2 S. 3 StGB

322 § 14 Abs. 2 S. 3 StGB bzw. § 9 Abs. 2 S. 3 OWiG betreffen die Leitungsfunktion bei der Aufgabenwahrnehmung in der öffentlichen Verwaltung und erweitern den Kreis der Verantwortlichen auf Beauftragte von Stellen, die Aufgaben der öffentlichen Verwaltung wahrnehmen. Die Vorschrift erfasst Verwaltungseinheiten im eigentlichen Sinn (Amt und Behörde), nicht selbständige Teile von Behörden, Körperschaften und Anstalten des öffentlichen Rechts und außerhalb dessen sämtliche Einrichtungen, gleich welche Bezeichnung sie tragen, wenn und soweit sie an den Vollzug von Gesetzen mitwirken.[503] Der Begriff der *„Stelle"* ist mit Blick auf den Zweck der Gleichstellung mit privatrechtlichen Betrieben und Unternehmen weit auszulegen. Eine sachlich nicht gerechtfertigte Privilegierung von Beauftragten, die für Verwaltungsstellen solche Aufgaben erfüllen, wie sie auch in der Privatwirtschaft anfallen und dort der Haftung des § 14 Abs. 2 S. 1 StGB unterliegen, soll nicht stattfinden.[504]

---

501 *KG* Beschl. v. 19.2.2020 – 3 Ws (B) 25/20 – 162 Ss 4/20, BeckRS 2020, 5061.

502 Dazu auch *Hecker/Lorenz* NStZ-RR 2021, 65, 67.

503 BT-Drucks. V/1319, S. 65; BT-Drucks. 7/550, S. 209.

504 BT-Drucks. V/1319, S. 65.

§ 14 Abs. 2 S. 3 StGB und § 9 Abs. 2 S. 3 OWiG sind nicht auf fiskalisches Handeln der öffentlichen Hand beschränkt.[505] So sind auch Konstellationen der Pflichten- und Verantwortungsübertragung im Rahmen öffentlicher Aufgabenwahrnehmung vorstellbar, die inhaltlich der Pflichtendelegation in privaten Unternehmen entsprechen.[506] 323

X. Haftung des Betriebsbeauftragten für Abfall

Der Abfallbeauftragte übernimmt durch die Bestellung originäre Unternehmerpflichten. Diese werden aufgrund gesetzlicher Verpflichtung des Unternehmens, behördlichen Anordnungen oder aufgrund vertraglicher Absprachen übertragen.[507] 324

Grundsätzlich ist die Verletzung von Pflichten des Abfallbeauftragten aus § 60 KrWG nicht bußgeld- oder strafbewehrt. Die Bestimmungen des KrWG sehen auch keine speziellen öffentlich-rechtlichen Haftungsregelungen für den Fall eines Verstoßes gegen die originären Pflichten des Beauftragten vor.[508] Auch zivilrechtliche Ansprüche scheiden in Ermangelung besonderer Vorschriften aus.[509] Schließlich existieren auch keine speziellen, eigens auf den Abfallbeauftragten zugeschnittenen Strafrechtsnormen, die ein Fehlverhalten sanktionieren könnten. 325

Eine Strafbarkeit ist dennoch nicht ausgeschlossen: Aufgrund der Fach- und Sachkompetenz gegenüber der Unternehmensleitung und den anderen Betriebsangehörigen hat der Abfallbeauftragte einen Informationsvorteil, der zu einer strafrechtlichen Verantwortung, z.B. in Gestalt einer Beihilfe durch Unterlassen, führen kann.[510] Sein Wissensstand und die von ihm gesteuerte Weitergabe seines Wissens ermöglichen es ihm, auf betriebliche Entscheidungen Einfluss zu nehmen. Bei der Bestimmung der strafrechtlichen Haftung sind seine tatsächlichen Einflussmöglichkeiten individuell zu berücksichtigen.[511] 326

Wichtige Anknüpfungspunkte für eine strafrechtliche Haftung sind somit neben seiner Rechtsstellung auch seine zugeteilten Aufgabengebiete und daraus resultierende Funktionen. 327

1. Der „Nur-Betriebsbeauftragte" (Stabsfunktion)

Die Grundkonstellation für die Bewertung der strafrechtlichen Haftung des Betriebsbeauftragten für Abfall stellt der sog. *„Nur-Betriebsbeauftragte"* dar. Es wurde bereits dargestellt, dass der *„Nur-Betriebsbeauftragte"* entweder ein extern bestellter Abfallbeauftragter oder im Regelfall ein betriebsangehöriger Abfallbeauftragter sein kann, der neben seinen aus der Beauftragung resultierenden Pflichten keine weiteren arbeitsvertraglichen Pflichten zu erfüllen hat und dem weder eine Entscheidungs- noch eine Anordnungsbefugnis zukommt.[512] 328

505 MK-*Radtke* § 14 Rn. 112 m.w.N.
506 MK-*Radtke* § 14 Rn. 112.
507 *Wendler* Die Haftung der Betriebsbeauftragten im Strafrecht S. 159.
508 Landmann/Rohmer/*Kersting* Umweltrecht KrWG § 60 Rn. 53.
509 Landmann/Rohmer/*Kersting* Umweltrecht KrWG § 60 Rn. 54.
510 *Wendler* Der Betriebsbeauftragte im Strafrecht S. 37.
511 *Wendler* Der Betriebsbeauftragte im Strafrecht S. 438.
512 *Kloepfer/Heger* Umweltstrafrecht Rn. 136 ff.; siehe dazu auch oben unter Rn. 196.

329 Der Abfallbeauftragte ist als *„Nur-Betriebsbeauftragter"* nicht Teil der Ausführungsebene, weshalb er die zur Straftat führende Handlung i.d.R. nicht selbst vornimmt.[514] Bereits vor diesem Hintergrund wird sich der *„Nur-Betriebsbeauftragte"* nicht dem Vorwurf eines aktiven Tuns ausgesetzt sehen. Fälle, in denen der Abfallbeauftragte selbst durch aktives Tun einen umweltrechtlichen Straftatbestand verwirklicht, weil er z.B. selbst Abwasser ungeklärt in ein Gewässer einleitet, sind zwar möglich, resultieren aber nicht aus seiner Stellung als Abfallbeauftragter.

330 Das praktisch relevante Haftungsrisiko des Abfallbeauftragten besteht deshalb im Unterlassen der zumutbaren und möglichen Erfüllung der Pflichten aus § 60 KrWG. Dem Abfallbeauftragten wird dann vorgeworfen, zur notwendigen Erfolgsabwendung trotz entsprechender Pflicht nicht selbst tätig geworden zur sein. Aus dem allgemeinen Rechtsgrundsatz, dass Unmögliches nicht Gegenstand einer rechtlichen Verpflichtung sein kann, folgt jedoch, dass die Handlungspflicht dann entfällt, wenn die Erfolglosigkeit der Tatbestandsverhinderung sicher vorhersehbar ist.[515] Strafbar ist der Garant dann, wenn die mögliche Handlung mit an Sicherheit grenzender Wahrscheinlichkeit den Erfolg verhindert hätte.[516] Anknüpfungspunkt für die Strafbarkeit des Abfallbeauftragten ist insoweit der Verstoß gegen eine gesetzliche Pflicht aus § 60 KrWG. Beispielsweise kann dies das Unterlassen einer Meldung oder Mängelanzeige sein. Dieser Pflichtverstoß muss zum tatbestandlichen Erfolg, also zur Verwirklichung eines die Umwelt schützenden Tatbestandes geführt haben. Das Unterlassen einer Pflicht aus § 60 KrWG ist jedoch lediglich dann schadensursächlich, wenn der tatbestandliche Erfolg entfallen wäre, wenn der Abfallbeauftragte seine Pflicht – bspw. einer Meldung etwaiger Defizite – ordnungsgemäß erfüllt hätte (sog. Quasi-Kausalität)[517]. Ein strafrechtlicher Vorwurf hängt zudem davon ab, dass die Verantwortlichen im Betrieb auch tätig geworden wären und der Erfolg durch das Ergreifen erforderlicher Maßnahmen hätte abgewendet werden können. Für die Kausalität reicht es jedoch aus, wenn ein ordentlicher Geschäftsführer entsprechende Maßnahmen veranlasst hätte.[518]

331 Voraussetzung für die strafbewehrte Pflicht zur Abwendung bzw. Verhinderung eines tatbestandlichen Erfolges ist zudem eine Garantenpflicht. Ebenso muss dem Garanten das Handeln zumutbar gewesen sein. Konnte der Garant aufgrund seiner Fähigkeiten den Erfolg verhindern und drohte eine besonders schwere Gefahr für ein hochrangiges Rechtsgut, wird von einer Zumutbarkeit ausgegangen.[519]

332 Die Garantenpflicht des Abfallbeauftragten resultiert aus seiner gesetzlich vorgesehenen Stellung als Betriebsbeauftragter für Abfall.[520] Deshalb bestimmt sich auch der Umfang der Garantenpflicht aus den gesetzlichen Vorschriften über die Pflichten des Beauftragten i.S.d. § 60 KrWG und nicht nach den Pflichten des Betriebsinhabers, der als Überwachungsgarant für sämtliche Gefahren, die von dem Unternehmen ausgehen, einzustehen hat.[521] Seine Garantenpflicht beinhaltet die ordnungsgemäße Erfüllung seiner ihm übertragenen Pflichten.[522] Die verwaltungsrechtliche Pflichtenstellung des Abfallbeauftragten lässt sich auf die öffentlich

514 *Salje* BB 1993, 2297, 2298.
515 *BGH* NStZ 2000, 414; BeckOK-StGB/*Heuchemer* § 13 Rn. 110.
516 *BGHSt* 6, 1, 2.
517 Kindhäuser/Neumann/Paeffgen/Saliger/*Gaede* § 13 Rn. 14.
518 Erbs/Kohlhaas/*Häberle* Strafrechtliche Nebengesetze KrWG § 60 Rn. 9.
519 BeckOK-StGB/*Heuchemer* § 13 Rn. 115.
520 *Böse* NStZ 2003, 636, 640.
521 *Böse* NStZ 2003, 636, 639.
522 *Wendler* Der Betriebsbeauftragte im Strafrecht S. 441.

rechtliche Verantwortlichkeit des Unternehmers als Beherrscher einer Gefahrenquelle zurückführen, die wiederum Ursprung dessen Garantenpflicht ist.[523]

Aufgrund seiner Pflichtenstellung hat der Abfallbeauftragte dafür einzustehen, dass Umweltschädigungen nicht deshalb eintreten, weil er seinen Pflichten aus § 60 KrWG, insbesondere der Kontroll- und Informationspflichten nicht nachkam.[524] Unterlässt es der Abfallbeauftragte also beispielsweise Kontrollen durchzuführen, festgestellte Mängel den Verantwortlichen mitzuteilen oder konkrete Vorschläge zur Mängelbeseitigung zu unterbreiten, kommt eine Strafbarkeit wegen Beihilfe durch Unterlassen in Betracht. Im Regelfall ist von einer Überwacher- und nicht von einer Beschützergarantenstellung des Abfallbeauftragten auszugehen.[525] 333

Es wird auch vertreten, dass sich allein aus der Bestellung zum Betriebsbeauftragten noch keine Garantenstellung ergebe. Vielmehr müssten für eine Garantenstellung zusätzliche Pflichtenstellungen hinzukommen.[526] Dem wird jedoch entgegengebracht, dass eine Garantenstellung nicht nur aus einer Entscheidungskompetenz und Weisungsbefugnis, sondern auch aus anderen Faktoren abgeleitet werden kann, die eine korrespondierende Herrschaftsmacht begründen können.[527] Ein erheblicher Wissensvorsprung, wie ihn der Abfallbeauftragte aufgrund seiner organisatorischen Verselbstständigung und der umfassenden Erhebungsbefugnisse hat, kann ebenso eine Herrschaft aufgrund der Informationsmacht über die Gefahrenquelle begründen.[528] Eine fehlende Weisungsbefugnis kann zwar den Pflichtenkreis begrenzen. Sie schließt allerdings nicht aus, die bestehenden Pflichten als Garantenpflichten aufzufassen.[529] 334

Beispiel: Das *OLG Frankfurt/Main*[530] nahm in seiner Entscheidung vom 22.5.1987 hinsichtlich des Abfallbeauftragten eine Beihilfe durch Unterlassen zu einer nachteiligen Veränderung des Gewässers nach § 324 Abs. 1 StGB an. Dieser habe es trotz Möglichkeit und Zumutbarkeit unterlassen, die Betriebsleitung dahingehend zu warnen, dass die Einhaltung der gesetzlichen Vorschriften gefährdet war bzw. die Genehmigungssituation über entsprechende Änderungsanträge an die Betriebspraxis hätte angepasst werden müssen. Das Gericht stellte fest, dass der Abfallbeauftragte dem Grunde nach nicht Schutz- sondern lediglich Überwachungsgarant sei. Er habe nicht für die Reinheit des Wassers einzustehen, sondern für die Erfüllung seiner gesetzlichen Kontroll-, Informations- und Initiativpflichten (aus dem WHG). Abhängig machte das Gericht im Ergebnis jedoch die Beihilfestrafbarkeit durch Unterlassen von einem Ursächlichkeitszusammenhang zwischen Pflichtverletzung und Verschmutzung des Mains. Könne nachgewiesen werden, dass der Taterfolg oder die Vollendung oder Fortsetzung der strafbaren Handlung durch das Einhalten der gesetzlichen Pflichten des Abfallbeauftragten erschwert worden wäre, sei von einer Strafbarkeit auszugehen. 335

---

523 *Böse* NStZ 2003, 636, 640.
524 *Wendler* Der Betriebsbeauftragte im Strafrecht S. 365.
525 *OLG Frankfurt* NJW 1987, 2753, 2756; *Amelung* Individuelle Verantwortung und Beteiligungsverhältnisse bei Straftaten in bürokratischen Organisationen des Staates, der Wirtschaft und der Gesellschaft, S. 89; *Dahs* NStZ 1986, 97, 100; *Wendler* Der Betriebsbeauftragte im Strafrecht S. 441; a.A. *Salje* BB 1993, 2297, 2299.
526 *Czychowski* ZfW 1980, 205, 206, *Nisipeanou* NuR 1990, 439, 455; *Truxa* ZfW 1980, 220, 224; *Wernicke* NStZ 1986, 223; *Böse* NStZ 2003, 636, 637.
527 *AG Frankfurt* NStZ 1986, 72, 75; *Dahs* NStZ 1986, 97, 100; *Böse* NStZ 2003, 636, 637.
528 *Böse* NStZ 2003, 636, 640.
529 *Amelung* Individuelle Verantwortung und Beteiligungsverhältnisse bei Straftaten in bürokratischen Organisationen des Staates, der Wirtschaft und der Gesellschaft S. 88.
530 *OLG Frankfurt* NJW 1987, 2753.

336 Wurden dem Abfallbeauftragte hingegen über die gesetzliche Grundkonstellation des § 60 KrWG hinaus zudem Entscheidungs- oder Anordnungsbefugnisse übertragen, so kann sich nach der Rechtsprechung auch eine sog. Beschützergarantenstellung ergeben, die zu einer Bestrafung als Täter führen kann.[531] Nach § 60 KrWG kommt dem *„Nur-Beauftragten"* keine solche Entscheidungs- oder Anordnungsbefugnis zu. Eine eigenständige Mängelbeseitigung ist nicht Teil seiner gesetzlichen Pflichten in seiner Funktion als Betriebsbeauftragter. Somit ist er im Grundsatz strafbar als Teilnehmer einer Umweltstraftat durch Unterlassen, wenn er pflichtwidrig Kontroll-, Initiativ- oder Informationspflichten verletzt, obwohl ihm deren Einhaltung möglich und zumutbar war.[532]

337 Eine Täterschaft i. S. einer mittelbaren Täterschaft soll nur in dem Ausnahmefall vorliegen, in dem sich der Betriebsinhaber oder das verantwortliche Organ (gutgläubig) auf den Abfallbeauftragten verlässt und der Abfallbeauftragte somit aufgrund seines Unterlassens die Entscheidung der Geschäftsleitung und die daraus resultierende Umweltschädigung in seiner Hand hält. In diesem Fall begeht der Abfallbeauftragte die Tat durch einen anderen.[533] Sind die Entscheidungsträger hingegen bösgläubig, scheidet eine Strafbarkeit des Abfallbeauftragten als mittelbarer Täter aus. Macht die Unternehmensleitung ihre Entscheidung nicht von dem unzutreffenden Rat oder Vorschlag des Abfallbeauftragten abhängig, ist lediglich eine Teilnahme denkbar.[534]

2. Der „Auch-Betriebsbeauftragte" (Linienverantwortung)

338 Während eine täterschaftliche Haftung des Abfallbeauftragten in der Konstellation des *„Nur-Beauftragten"* abgesehen von wenigen Ausnahmefälle grundsätzlich nicht in Betracht kommt, kann eine solche jedoch bei dem *„Auch-Betriebsbeauftragten"* bestehen.

339 Der *„Auch-Betriebsbeauftragte"* ist in das Unternehmen der Bestellverpflichteten in Linienverantwortung eingegliedert und nimmt zusätzlich zu seiner Stellung als Abfallbeauftragter weitere betriebliche Funktionen oder Verantwortungsbereiche wahr. Der *„Auch-Betriebsbeauftragte"* nimmt insofern eine Doppelstellung[535] ein.[536]

340 Die Täterqualität des Abfallbeauftragten kann sich in diesen Fällen aus der allgemeinen Verantwortlichkeit im Unternehmen ergeben. Für die individuelle strafrechtliche Haftung bedeutend sind somit für den Abfallbeauftragten neben seiner Bestellung nach §§ 59, 60 KrWG zudem Befugnisse, die sich aus seiner Eingliederung in die betriebliche Hierarchie ergeben können. Insoweit können dem Abfallbeauftragten nämlich die Entscheidungs- oder Anordnungsbefugnisse übertragen worden sein, die zu einer Beschützergarantenstellung und damit zu einer Bestrafung als Täter führen können.[537]

---

531 *OLG Frankfurt* NJW 1987, 2753, 2756.

532 *Kloepfer/Heger* Umweltrecht Rn. 136 ff.; *OLG Frankfurt* NJW 1987, 2753, 2756; Schönke/Schröder/*Heine/Schittenhelm* § 324 Rn. 17; *Salje* BB 1993, 2297; *Köhler* ZfW 1976, 323, 344; *Truxa* ZfW 1980, 224; *Sander* NuR 1985, 47, 54; Landmann/Rohmer/*Kersting* Umweltrecht KrWG § 60 Rn. 55 ff.

533 Schönke/Schröder/*Heine/Schittenhelm* § 326 Rn. 21 und § 324 Rn. 17; SSW/*Saliger* Vor § 324 Rn. 50; *Fischer* § 324 Rn. 9; *Kloepfer/Heger* Umweltstrafrecht Rn. 137.

534 *Wendler* Der Betriebsbeauftragte im Strafrecht S. 441.

535 *Böse* NStZ 2003, 636, 637; *Kloepfer* Umweltstrafrecht S. 679 Rn. 59; *Wendler* Die Haftung der Betriebsbeauftragten im Strafrecht S. 148.

536 Siehe dazu auch oben unter Rn. 197 ff.

537 *OLG Frankfurt* NJW 1987, 2753, 2756 und oben unter Rn. 328 ff.

3. Der Betriebsbeauftragte mit Entscheidungs- und/oder Anordnungsbefugnis

Wie bereits erörtert, resultieren aus dem gesetzlichen Pflichtenkatalog des § 60 KrWG für den „*Nur-Betriebsbeauftragten*" keine Entscheidungs- und Anordnungsbefugnisse. Anders verhält es sich bei dem „*Auch-Betriebsbeauftragten*", dem je nach Eingliederungsebene im Unternehmen eine Entscheidungs- und Anordnungskompetenz zukommen kann. Handelt es sich bei dem „*Auch-Betriebsbeauftragten*" allerdings um einen Mitarbeiter unterhalb der Führungsebene, kommt ihm allein aufgrund seiner Eingliederung im Unternehmen keine Entscheidungs- und Anordnungskompetenz zu. Diesem „*Auch-Betriebsbeauftragen*" können aber, ebenso wie dem „*Nur-Betriebsbeauftragten*", unabhängig von seiner Eingliederung in dem Betrieb zusätzlich Entscheidungs- und Anordnungsbefugnisse übertragen werden. 341

Werden dem „*Nur-*" oder „*Auch-Abfallbeauftragten*" im Einzelfall Entscheidungs- und/oder Anordnungsbefugnisse übertragen, die den Abfallbeauftragten in die Lage versetzen, die aus § 60 KrWG resultierenden Pflichten auch selbst umsetzen bzw. die Umsetzung selbst anordnen zu können, so kommt auch in Bezug für den „*Nur-Abfallbeauftragten*" eine Beschützergarantenstellung in Betracht, die zu einer Bestrafung als Täter führen kann.[538] 342

Eine Täterschaft durch aktives Tun kommt insoweit auch dann in Betracht, wenn der Abfallbeauftragte vorsätzlich seine Entscheidungs- und/oder Anordnungsbefugnisse missbraucht und es dadurch zu einer Verwirklichung eines umweltrechtlichen Tatbestandes kommt.[539] Eine Täterschaft durch Unterlassen kommt in Betracht, wenn der Abfallbeauftragte z.B. seine Entscheidungsbefugnisse verletzt, die aus einer betriebsinternen Übertragung resultieren. In diesem Fall hat der Abfallbeauftragte auch für das Unterlassen der Ausübung ihm zustehender Entscheidungs- und Anordnungsbefugnisse strafrechtlich einzustehen.[540] Erhält der Abfallbeauftragte Kenntnis von etwaigen Missständen oder Mängeln, die seinen Pflichtenkatalog aus § 60 KrWG betreffen und bleibt er trotz seiner Anordnungs- und Entscheidungsbefugnis untätig, kann sich der Abfallbeauftragte als Täter eines Unterlassungsdelikts strafbar machen. Insoweit besteht nicht nur eine strafrechtliche Verantwortlichkeit als Überwachungsgarant, sondern aufgrund seiner von der Stellung als Abfallbeauftragter unabhängigen Entscheidungs- und Anordnungskompetenz auch als Schutzgarant.[541] Aus der Schutzgarantenstellung wiederum resultiert die eine mögliche Bestrafung als Täter.[542] 343

4. Der Abfallbeauftragte als Aufsichtsperson i.S.v. § 130 OWiG

Erfüllt der Abfallbeauftragte die Anforderungen an eine Aufsichtsperson i.S.v. § 130 OWiG und verletzt er die auf ihn übertragene unternehmerische Aufsichtspflicht, kommt eine Verwirklichung des Bußgeldtatbestandes des § 130 OWiG in Betracht. 344

§ 130 OWiG

(1) Wer als Inhaber eines Betriebes oder Unternehmens vorsätzlich oder fahrlässig die Aufsichtsmaßnahmen unterlässt, die erforderlich sind, um in dem Betrieb oder Unternehmen Zuwiderhandlungen gegen Pflichten zu verhindern, die den Inhaber treffen und deren Verletzung mit Strafe oder Geldbuße bedroht ist, handelt ordnungswidrig, wenn eine solche Zuwiderhandlung

538 *OLG Frankfurt* NJW 1987, 2753, 2756 und oben unter Rn. 328 ff.
539 *Salje* BB 1993, 2297, 2301.
540 *Salje* BB 1993, 2297, 2301.
541 *OLG Frankfurt* NJW 1987, 2753, 2756.
542 *OLG Frankfurt* NJW 1987, 2753, 2756.

begangen wird, die durch gehörige Aufsicht verhindert oder wesentlich erschwert worden wäre. Zu den erforderlichen Aufsichtsmaßnahmen gehören auch die Bestellung, sorgfältige Auswahl und Überwachung von Aufsichtspersonen.

[...]

345 Normadressat des § 130 OWiG ist grundsätzlich der Betriebsinhaber („*Wer als Inhaber eines Betriebes oder Unternehmens*"). Die Inhaberschaft bestimmt sich danach, wem die jeweilige Pflichtenerfüllung tatsächlich obliegt. Der Betriebsinhaber handelt nach § 130 OWiG ordnungswidrig, wenn er Aufsichtsmaßnahmen unterlässt, die erforderlich sind, um Zuwiderhandlungen gegen Pflichten zu verhindern oder zu erschweren, die den Inhaber treffen. Nach § 130 Abs. 1 S. 2 OWiG gehört zu den erforderlichen Aufsichtsmaßnahmen des Betriebs- oder Unternehmensinhabers auch die Bestellung, sorgfältige Auswahl und Überwachung von Aufsichtspersonen.

346 § 9 Abs. 2 OWiG rechnet das besondere persönliche Merkmal der Stellung als Betriebsinhaber Beauftragten zu, die den Betrieb ganz oder zum Teil leiten (Nr. 1) oder in eigener Verantwortung Aufgaben wahrnehmen, die dem Inhaber des Betriebes obliegen (Nr. 2). Damit können sich z.B. auch Beauftragte i.S.d. § 9 Abs. 2 OWiG dem Vorwurf einer Aufsichtspflichtverletzung nach § 130 OWiG ausgesetzt sehen, soweit die Aufsichtspflichten auch ausdrücklich i.S.d. Vorschrift übertragen worden sind. § 9 OWiG entspricht der Vorschrift des § 14 StGB und weitet insofern den Normadressatenkreis im Recht der Ordnungswidrigkeiten aus. § 9 Abs. 2 OWiG (entspricht § 14 Abs. 2 StGB) regelt den Fall der gewillkürten Vertretung. So kann ein Beauftragter von dem Inhaber eines Betriebes gem. § 9 Abs. 2 S. 1 Nr. 1 OWiG (entspricht § 14 Abs. 2 S. 1 Nr. 1 StGB) entweder angewiesen werden, den Betrieb ganz oder zum Teil zu leiten oder gem. § 9 Abs. 2 S. 1 Nr. 2 OWiG (entspricht § 14 Abs. 2 S. 1 Nr. 2 StGB) ausdrücklich beauftragt werden, in eigener Verantwortung Aufgaben wahrzunehmen, die dem Inhaber des Betriebes obliegen.

347 Die Frage, ob auch der Abfallbeauftragte Aufsichtsperson i.S.d. § 130 OWiG sein kann, ihm also allein aufgrund seiner Stellung als Abfallbeauftragter Aufsichtspflichten zukommen, deren Verletzung nach § 130 OWiG geahndet werden können, wurde soweit ersichtlich bislang noch nicht diskutiert. Im Kern geht es bei der Frage, ob auch den Abfallbeauftragten die dem Inhaber eines Betriebes oder Unternehmens obliegenden Aufsichtspflichten treffen, zum einen um das bekannte Problem, ob der Abfallbeauftragte i.S.d. § 9 Abs. 2 S. 1 Nr. 2 OWiG ausdrücklich damit beauftragt ist, in eigener Verantwortung Aufgaben wahrzunehmen, die dem Inhaber des Betriebes obliegen.[543] Nur wenn der Abfallbeauftragte, in eigener Verantwortung Aufgaben wahrnimmt, die dem Betriebsinhaber obliegen, kann ihm die Unternehmer-Eigenschaft nach § 9 Abs. 2 S. 1 Nr. 2 OWiG zugerechnet werden. Streitpunkt ist, ob die in der Vorschrift geforderte Eigenverantwortlichkeit eine Entscheidungsbefugnis voraussetzt. Diese Frage wird uneinheitlich beantwortet. Insoweit wird im Rahmen des § 9 Abs. 2 OWiG die gleiche Diskussion geführt wie bei § 14 Abs. 2 StGB.

---

543 Siehe dazu bereits oben unter Rn. 311 ff.

Es wird vertreten, dass eine eigenverantwortliche Wahrnehmung eines Aufgabenbereichs auch eine Entscheidungskompetenz voraussetze, die dem Abfallbeauftragten jedenfalls in der Regel nicht zukomme.[544] Zu ergreifende Maßnahmen müssten von der Aufsichtsperson nicht nur vorgeschlagen, sondern tatsächlich und rechtlich ergriffen werden können. Der Abfallbeauftragte verfüge nicht über ausreichende Befugnisse, um eigenständig über die Umsetzung der vorgeschlagenen Maßnahmen zu entscheiden und diese ohne vorherige Zustimmung der Unternehmensleitung durchzuführen.[545] Eine Abhängigkeit von Weisungen des Betriebsinhabers oder sonst dazu befugter Personen schließe die Eigenverantwortlichkeit aus.[546] 348

Die andere Auffassung bejaht hingegen die Eigenverantwortlichkeit des Abfallbeauftragten zumeist schon im Hinblick auf die gesetzliche Aufgabenstellung des Betriebsbeauftragten.[547] Zwar komme dem *„Nur-Betriebsbeauftragten“* grundsätzlich keine Befugnis zu, unternehmens- oder betriebsbezogene Entscheidungen zu treffen, jedoch nehme er aufgrund seines Informationspotenzials Aufgaben wahr, die ursprünglich der Geschäftsleitung oblagen.[548] Dem Abfallbeauftragten würden bereits nach § 60 KrWG Überwachungs-, Informations- und Innovationsaufgaben zukommen, die eine gesetzlich zwingend vorgeschriebene Eigenverantwortlichkeit voraussetzten.[549] 349

Sind dem Abfallbeauftragten hingegen Entscheidungsbefugnisse übertragen worden, kommen alle Meinungen zu dem Ergebnis, dass der Abfallbeauftragte i.S.d. § 9 Abs. 2 S. 1 Nr. 2 OWiG bzw. i.S.d. § 14 Abs. 2 S. 1 Nr. 2 StGB beauftragt ist, in eigener Verantwortung Aufgaben wahrzunehmen, die dem Inhaber des Betriebes obliegen. 350

Zum anderen müssen dem Abfallbeauftragten auch Aufsichtspflichten i.S.d. § 130 OWiG ausdrücklich übertragen worden sein. Werden dem Abfallbeauftragten keine über den gesetzlich vorgeschriebenen Umfang hinausgehenden Pflichten übertragen (*„Nur-Betriebsbeauftragte“*), könnten sich übertragene Aufsichtspflichten nur aus dem gesetzlichen Pflichtenkatalog des Abfallbeauftragten aus § 60 KrWG ergeben. Art und Umfang der auf den Abfallbeauftragten durch die Bestellung übertragenen Aufsichtspflichten i.S.d. § 130 OWiG richten sich, soweit keine über den gesetzlich vorgeschriebenen Umfang hinausgehenden Aufsichtspflichten übertragen worden sind, nach dem gesetzlichen Pflichtenkatalog des Abfallbeauftragten aus § 60 KrWG. Nur die aus § 60 KrWG resultierenden Aufsichtspflichten wurden dem Abfallbeauftragten durch die Bestellung ausdrücklich und hinreichend konkret übertragen. Die Frage, ob Überwachungspflichten immer auch Aufsichtspflichten begründen, kann vorliegend dahinstehen, da jedenfalls die in § 60 Abs. 1 S. 1 Nr. 2 KrWG normierte Pflicht, die Einhaltung der Vorschriften des KrWG und der auf Grund des KrWG erlassenen Rechtsverordnungen sowie die Erfüllung erteilter Bedingungen und Auflagen zu überwachen, eine auf Personen bezogene Kontrollpflicht und damit eine Pflicht zur Beaufsichtigung von Personen darstellt. Werden 351

544 *OLG Düsseldorf* VRS 63/82, 135, 137; *OLG Hamm* MDR 1978, 598; MK-*Radtke* § 14 Rn. 102 f.; Schönke/Schröder/*Perron/Eisele* § 14 Rn. 35; SSW/*Bosch* § 14 Rn. 17; BeckOK-OWiG/*Valerius* § 9 Rn. 44; BeckOK-StGB/*Laudien/Momsen* § 14 Rn. 64; Salje BB 1993, 2287, 2301 f.; Krenberger/Krumm/*Krenberger/Krumm* § 9 Rn. 23.

545 MK-*Radtke* § 14 Rn. 103.

546 BeckOK-OWiG/*Valerius* § 9 Rn. 50.

547 *AG Frankfurt* NStZ 1986, 72, 75; Kindhäuser/Neumann/Paeffgen/Saliger/*Böse/Bülte* § 14 Rn. 43; LK-*Schünemann* § 14 Rn. 63; Amelung/*Kuhlen* Individuelle Verantwortung und Beteiligungsverhältnisse bei Straftaten in bürokratischen Organisationen des Staates, der Wirtschaft und der Gesellschaft S. 71, 92; *Böse* NStZ 2003, 636, 641.

548 *Wendler* Die Haftung der Betriebsbeauftragten im Strafrecht S. 420.

549 Vgl. LK-*Schünemann* § 14 Rn. 63.

dem Abfallbeauftragten hingegen zusätzlich weitere Aufsichtspflichten übertragen oder resultieren diese aus seiner Eingliederung in das Unternehmen („*Auch-Betriebsbeauftragte*“), so kommt auch insoweit eine Haftung wegen einer Aufsichtspflichtverletzung nach § 130 OWiG in Betracht, wenn durch vorsätzliches oder fahrlässiges Untätigbleiben im Betrieb eine Zuwiderhandlung durch einen Dritten begangen wird, die durch eine ordnungsgemäße Aufsicht verhindert oder wesentlich erschwert worden wäre. Beauftragungen i.S.d. § 9 Abs. 2 S. 1 Nr. 2 OWiG müssen ebenso wie i.R.d. § 14 Abs. 2 S. 1 Nr. 2 StGB ausdrücklich und hinreichend konkret erfolgen, damit für den Beauftragten das Ausmaß der von ihm zu erfüllenden Pflichten eindeutig erkennbar ist.[550]

352 Eine Haftung des Abfallbeauftragten nach § 130 OWiG wegen Verletzung der aus § 60 KrWG resultierenden Aufsichtspflicht kommt nach alledem dann in Betracht, wenn aufgrund des vorsätzlichen oder fahrlässigen Untätigbleibens durch einen Dritten eine die Umweltgüter verletzende Zuwiderhandlung begangen wird, die durch gehörige Aufsicht i.S.d. § 60 KrWG verhindert oder wesentlich erschwert worden wäre. Es bedarf also einer Verletzung der aus § 60 KrWG resultierenden Aufsichtspflicht durch den Abfallbeauftragten. Da sich die einzuhaltende Aufsichtspflicht des Abfallbeauftragten ohne gesonderte Übertragung nur aus § 60 KrWG ergeben kann und der Abfallbeauftragte mithin auch nur verpflichtet ist, von dem Unternehmen verursachte Beeinträchtigungen der Umweltgüter durch die Wahrnehmung seiner Pflichten aus § 60 KrWG zu verhindern, muss zum einen die verletzte Aufsichtspflicht dem Schutze der Umweltgüter dienen und zum anderen die begangene Zuwiderhandlung gerade die von dem Abfallbeauftragten zu schützenden Umweltgüter verletzen. Der Abfallbeauftragte ist aus § 60 KrWG heraus nicht dazu verpflichtet, Verletzungen sämtlicher Rechtsgüter zu verhindern. Die Rechtsfolgen einer Aufsichtspflichtverletzung regelt § 130 Abs. 3 OWiG.

353 Neben einer Geldbuße gegen den Aufsichtspflichtigen selbst kommt ferner eine Ahndung des Rechtsträgers des Unternehmens in Betracht, für den der Aufsichtspflichtige tätig wurde. § 130 OWiG eröffnet im Zusammenspiel mit § 9 OWiG und § 30 OWiG unabhängig von dem Sonderfall des Abfallbeauftragten als Aufsichtsperson für fast jede betriebs- oder unternehmensbezogene Ordnungswidrigkeit oder Straftat die Möglichkeit der Verhängung eines Bußgeldes gegen den Verband.

E. Einziehung

354 Auch im Bereich des Abfallstrafrechts kommt eine Einziehung des durch eine rechtswidrige Tat Erlangten in Betracht. Die Einziehung richtet sich im Grundsatz nach den §§ 73 ff. StGB. Für die speziellen Tatbestände des Umweltstrafrechts (§§ 326-329 StGB) sieht darüber hinaus § 330c StGB eine entsprechende Sonderregelung zur Einziehung vor. Mit ihr wird die Einziehung solcher Gegenstände ermöglicht, die durch eine Straftat nach den §§ 326, 327 Abs. 1 und 2, 328, 329 Abs. 1, 2 oder 3 (auch i.V.m. Abs. 5) oder Abs. 4 StGB (auch i.V.m. Abs. 6) unmittelbar hervorgebracht wurden (Tatprodukte), zu ihrer Begehung oder Vorbereitung dienten oder dazu bestimmt gewesen sind (Tatmittel). Diese Norm stellt eine besondere Vorschrift i.S.d. § 74 Abs. 2 StGB dar, die die allgemeinen Einziehungsvorschriften ergänzt und deren Anwendungsbereich ausdehnt.[551] Der Anwendungsbereich des § 74 Abs. 1 StGB wird

550 In Bezug auf § 14 Abs. 2 S. 1 Nr. 2 StGB *BGH* NJW 2012, 3385, 3387; *BGH* NStZ 2016, 460, 462.

551 Leipold/Tsambikakis/Zöller/*Szesny* Münchener AnwaltKommentar StGB § 330c Rn. 1; BeckOK-StGB/*Witteck* § 330c Rn. 2.

durch § 330c StGB auf die Einziehung von Tatobjekten als sog. Beziehungsgegenstände, auf Fahrlässigkeitstaten und auf täterfremde Sachen erweitert.[552] In Bezug auf die Vorsatztaten nach §§ 326 Abs. 1, 2, 327 Abs. 1, 328 Abs. 1, 2, 329 Abs. 1 bis 4 StGB wiederholt § 330 S. 1 Nr. 1 StGB nur, was bereits nach § 74 Abs. 1 StGB gilt.[553]

§ 330c StGB wurde durch das 18. StrÄndG (1. UKG) vom 28.3.1980[554] eingeführt. In der 355
Begründung wird unter anderem aufgeführt, dass auch die sog. Beziehungsgegenstände einzubeziehen sein sollen.[555] Beziehungsgegenstände sind solche, die nicht Werkzeuge oder Produkte der Tat, sondern der notwendige Gegenstand der Tat selbst sind.[556] In der Gesetzesbegründung zu § 330c StGB benennt der Gesetzgeber explizit Abfälle und Kernbrennstoffe als Beziehungsgegenstände. In der Literatur ist jedoch weitestgehend anerkannt, dass unter Beziehungsgegenstände i.S.d. § 330c StGB auch Tiere, Pflanzen oder Anlagen fallen.[557]

§ 330c StGB erfuhr seine erste Änderung durch das 31. StrÄndG (2. UKG)[558]. Diese Novellie- 356
rung hatte zur Folge, dass § 330c StGB nunmehr auch die Einziehung bei Fahrlässigkeitstaten ermöglicht, wodurch der Anwendungsbereich der Vorschrift und zugleich dessen praktische Bedeutung erheblich erweitert wurde. Dies betrifft zum jetzigen Gesetzesstand die Tatbestände des fahrlässigen unerlaubten Umgangs mit gefährlichen Abfällen (§ 326 Abs. 5 StGB), des fahrlässigen unerlaubten Umgangs mit radioaktiven Stoffen und anderen gefährlichen Stoffen und Gütern (§ 328 Abs. 5 StGB) und die fahrlässige Gefährdung schutzbedürftiger Gebiete (§ 329 Abs. 3 i.V.m. Abs. 5, Abs. 4 i.V.m. Abs. 6 StGB).[559] Durch das 45. Strafrechtsänderungsgesetz[560] wurde § 330c StGB auch auf die durch dieses Änderungsgesetz neu eingefügte artenschutzrechtliche Regelung des § 329 Abs. 4 StGB ergänzt, für die nach Abs. 6 der Bestimmung auch die leichtfertige Tatbegehung unter Strafe gestellt wurde.[561]

Damit die Voraussetzungen für die Einziehung erfüllt sind, muss ein einziehungsfähiger Gegen- 357
stand zwischen Versuchsbeginn und Vollendung mitgeführt oder verwendet worden sein. § 330c S. 1 Nr. 1 StGB legt fest, welche Gegenstände der Einziehung unterliegen: Darunter fallen zunächst Gegenstände, die unmittelbar durch die Tat hervorgebracht wurden (Tatprodukte).

Beispiel: Das *OLG Celle* hob in seinem Beschluss vom 2.11.2021[562] die Wichtigkeit des 358
erforderlichen Kausalzusammenhangs zwischen Tat und Vermögenszufluss hervor, indem es feststellte, dass die Einziehungsbeteiligte durch eine etwaige Straftat nicht den gesamten Werklohn für die Dacharbeiten, sondern nur die Vergütung für rechtswidrige Asbestarbeiten i.S.d. § 73 Abs. 1 StGB erlangt hätte. Die Vergütung für die übrigen, rechtmäßigen

552 MK-*Alt* § 330c Rn. 1; Leipold/Tsambikakis/Zöller/*Szesny* Münchener AnwaltKommentar StGB § 330c Rn. 1.
553 Schönke/Schröder/*Heine/Schittenhelm* § 330c Rn. 2; *Fischer* § 330c Rn. 2.
554 Achtzehntes Strafrechtsänderungsgesetz – Gesetz zur Bekämpfung der Umweltkriminalität (18. StrÄndG) v. 28.3.1980, BGBl. I, S. 373, in Kraft seit 1.7.1980.
555 BT-Drucks. 8/2382, S. 26.
556 *BGHSt* 10, 28 ff.
557 LK-*Möhrenschläger* § 330c Rn. 4; MK-*Alt* § 330c Rn. 4; *Michalke* Umweltstrafsachen Rn. 450.
558 Einunddreißigstes Strafrechtsänderungsgesetz – Zweites Gesetz zur Bekämpfung der Umweltkriminalität (31. StrÄndG – 2. UKG) v. 27.6.1994, BGBl. I, S. 1440, in Kraft seit 1.11.1994.
559 Leipold/Tsambikakis/Zöller/*Szesny* AnwaltKommentar StGB § 330c Rn. 2; *Michalke* Umweltstrafsachen Rn. 450.
560 Fünfundvierzigstes Strafrechtsänderungsgesetz zur Umsetzung der Richtlinie des Europäischen Parlaments und des Rates über den strafrechtlichen Schutz der Umwelt v. 6.12.2011, BGBl. I, S. 2557, in Kraft seit 14.12.2011.
561 *Michalke* Umweltstrafsachen Rn. 450.
562 *OLG Celle* Beschl. v. 2.11.2021 – 2 Ss 121/21, BeckRS 2021, 34013.

Arbeiten hätte die Einbeziehungsbeteiligte hingegen erst durch weitere, nicht tatbestandsmäßige Handlungen durch Neueindeckung des Daches verdient. Insoweit würde es an dem erforderlichen Kausalzusammenhang zwischen der Tat und dem Erlangten fehlen, so dass die entsprechende Vergütung nicht der Einziehung unterläge. Der Kausalzusammenhang sei nach ständiger Rechtsprechung des *BGH* nur dann gegeben, wenn der Vermögenszufluss auf der Verwirklichung des Tatbestandes beruhe.[563]

359 Ferner fallen darunter Gegenstände, die zur Begehung oder Vorbereitung der Tat dienten oder dazu bestimmt gewesen sind (Tatmittel). Ebenso unterliegen auch Tatobjekte nach § 330c S. 1 Nr. 2 StGB (Beziehungsgegenstände) der Einziehung.[564] Der Einziehung unterliegen also beispielsweise sowohl der Abfall als auch Kernbrennstoffe oder der regelmäßig zum illegalen Mülltransport eingesetzte LKW sowie der Bagger, mithilfe dessen illegal Abbrucharbeiten durchgeführt wurden.[565] § 330c StGB dehnt den § 74 StGB insofern aus, als dass auch täterfremde Gegenstände eingezogen werden können. Demnach ist auch nach den § 74 Abs. 2 Nr. 2 bzw. § 74a i.V.m. § 330c S. 1 Nr. 2 StGB eine Dritteinziehung möglich.[566]

360 Dem Gericht steht ein Ermessen dahingehend zu, ob § 330c StGB im konkreten Fall Anwendung findet („*so können [...] eingezogen werden*"). Insoweit ist der Verhältnismäßigkeitsgrundsatz nach § 74f StGB zu beachten.[567] Bereits im Ermittlungsverfahren kann eine Beschlagnahme des Einziehungsgegenstandes gem. § 111b StPO angeordnet werden.[568]

361 Bereits nach den Grundregeln zur Einziehung nach § 73 StGB können Taterträge eingezogen werden. Darunter fällt das, was der Beteiligte (Täter oder Teilnehmer) für die Tat oder aus der Tat erlangt hat.[569] Aus der Tat erlangt sind alle Vermögenswerte, die dem Täter unmittelbar aus der Verwirklichung des Tatbestandes zugeflossen sind. Für die Tat erlangt sind solche Vermögenswerte, die als Gegenleistung für das rechtswidrige Handeln gewährt werden. Ebenso können gezogene Nutzungen sowie Surrogate eingezogen werden. Die §§ 73a ff. StGB regeln darüberhinausgehend Spezialfälle.[570]

563 *BGH* Beschl. v. 15.12.2020 – 2 StR 476/19, BeckRS 2020, 42278.
564 BeckOK-StGB/*Witteck* § 330c Rn. 6.
565 BeckOK-StGB/*Witteck* § 330c Rn. 6.
566 Schönke/Schröder/*Heine/Schittenhelm* § 330c Rn. 4.
567 Matt/Renzikowski/*Rettenmaier/Gehrmann* § 330c Rn. 4; SSW-StGB/*Saliger* § 327 Rn. 2; Leipold/Tsambikakis/Zöller/*Szesny* AnwaltKommentar StGB § 330c Rn. 4.
568 SK-*Schall* § 330c Rn. 16.
569 BeckOK-StGB/*Heuchemer* § 73 Rn. 7.
570 BeckOK-StGB/*Heuchemer* § 73 Rn. 7 ff.

3. Kapitel
Besonderer Teil

362 Das nachfolgende Kapitel stellt die für das Abfallstrafrecht maßgeblichen Straftatbestände des Kernstrafrechts (§§ 324, 324a, 326, 327 StGB) sowie der einschlägigen Nebengesetze (§§ 18a, 18b AbfVerbrG; § 27 Abs. 1 Nr. 1 ChemG i.V.m. § 24 Abs. 2 Nr. 1 GefStoffV) dar. Die in abfallstrafrechtlich gelagerten Fällen regelmäßig mitverwirklichten sonstigen Straftatbestände des Wirtschaftsstrafrechts (Untreue, § 266; Betrug, § 263 StGB; Steuerhinterziehung, § 370 AO) sind nicht Gegenstand der nachfolgenden Ausführungen.

363 Die behandelten Straftatbestände sind gegliedert nach dem Umgang oder Wirtschaften mit Abfällen (A., Rn. 364 ff.), dem Verbringen von Abfällen (B., Rn. 457 ff.) sowie der abfallbedingten Gewässer- und Bodenverunreinigung (C., Rn. 501 ff.).

A. Umgang oder Wirtschaften mit Abfällen

364 Der unerlaubte Umgang oder das unerlaubte Wirtschaften mit Abfällen umfasst den unerlaubten Umgang mit Abfällen gem. § 326 StGB (I., Rn. 365 ff.), das unerlaubte Durchführen von Abbruch-, Sanierungs- oder Instandhaltungsarbeiten gem. § 27 Abs. 1 Nr. 1 ChemG i.V.m. § 24 Abs. 2 Nr. 1 GefStoffV (II., Rn. 404 ff.) und das unerlaubte Betreiben von Anlagen gem. § 327 StGB (III., Rn. 434 ff.).

I. Unerlaubter Umgang mit Abfällen, § 326 StGB

365 Der unerlaubte Umgang mit Abfällen ist in § 326 StGB geregelt. Die nachfolgenden Ausführungen beschränken sich zunächst auf das unerlaubte Wirtschaften mit Abfällen nach Abs. 1 StGB. Das unerlaubte Verbringen von Abfällen nach Abs. 2 wird in einem gesonderten Abschnitt behandelt.[1]

§ 326 StGB Unerlaubter Umgang mit Abfällen

(1) Wer unbefugt Abfälle, die

1. Gifte oder Erreger von auf Menschen oder Tiere übertragbaren gemeingefährlichen Krankheiten enthalten oder hervorbringen können,
2. für den Menschen krebserzeugend, fortpflanzungsgefährdend oder erbgutverändernd sind,
3. explosionsgefährlich, selbstentzündlich oder nicht nur geringfügig radioaktiv sind oder
4. nach Art, Beschaffenheit oder Menge geeignet sind,
   a) nachhaltig ein Gewässer, die Luft oder den Boden zu verunreinigen oder sonst nachteilig zu verändern oder
   b) einen Bestand von Tieren oder Pflanzen zu gefährden,

außerhalb einer dafür zugelassenen Anlage oder unter wesentlicher Abweichung von einem vorgeschriebenen oder zugelassenen Verfahren sammelt, befördert, behandelt, verwertet, lagert, ablagert, ablässt, beseitigt, handelt, makelt oder sonst bewirtschaftet, wird mit Freiheitsstrafe bis zu fünf Jahren oder mit Geldstrafe bestraft. […]

---

1 Siehe dazu unten unter Rn. 459 ff.

1. Allgemeines

366 § 326 StGB ist mit einem Anteil von knapp 70 % der verfolgten Delikte der wohl praktisch relevanteste Tatbestand des Abfall-/bzw. Umweltstrafrechts.[2] Im Jahr 2016 ist durch das Gesetz zur Änderung abfallverbringungsrechtlicher Vorschriften[3] unter anderem § 326 StGB dahingehend geändert worden, dass die Norm wieder, wie vor ihrer letzten Änderung im Jahr 2008, nur den Umgang mit gefährlichen Abfällen erfasst.[4] Der Straftatbestand des unerlaubten Umgangs mit gefährlichen Abfällen dient dem Schutz vor Gefahren, die mit einer umweltgefährdenden Abfallentsorgung einhergehen. Das *OLG Karlsruhe*[5] stellt klar, dass Rechtsgut des Tatbestandes des unerlaubten Umgangs mit gefährlichen Abfällen die Gesundheit von Menschen und die Reinheit der ökologischen Umwelt sind.[6] § 326 StGB hat den Schutzzweck, *„soweit wie möglich alle wirklich gefährlichen Fälle"* eines unzulässigen Umgangs mit Abfällen zu erfassen.[7]

367 Die in § 326 StGB beschriebenen Tatbestände sind als abstrakte Gefährdungsdelikte ausgestaltet, da es auf eine tatsächlich eintretende Gefährdung, Verunreinigung oder Veränderung der Umwelt nicht ankommt.[8]

368 § 326 Abs. 1 StGB umfasst in zwei Tatvarianten jeden Umgang mit gefährlichen Abfällen, wenn der Abfall *„außerhalb einer dafür zugelassenen Anlage"* (Variante 1) oder *„unter wesentlicher Abweichung von einem vorgeschriebenen oder zugelassenen Verfahren"* (Variante 2) bewirtschaftet wird.

369 § 326 Abs. 1 StGB sanktioniert den unbefugten Umgang mit Abfall, wobei der Abfall eine im Abs. 1 definierte Gefährlichkeit aufweisen muss. Handelt es sich nicht um gefährlichen Abfall i.S.d. § 326 Abs. 1 StGB, so kommt die Verwirklichung einer Ordnungswidrigkeit nach § 69 KrWG in Betracht.

2. Tatobjekt: Gefährlicher Abfall

370 Tatobjekt des § 326 Abs. 1 StGB ist seit Inkrafttreten des Gesetzes zur Änderung abfallverbringungsrechtlicher Vorschriften[9] wieder ausschließlich gefährlicher Abfall.[10] Was unter einem gefährlichen Abfall zu verstehen ist, wird im StGB und im KrWG uneinheitlich beurteilt.[11] Maßgeblich für die Bestimmung der strafrechtlichen Gefährlichkeit nach § 326 Abs. 1 StGB ist jedoch allein der strafrechtliche Begriff mit seinen eigenständigen tatbestandlichen Vorausset-

---

2 MK-*Alt* § 326 Rn. 6; Schönke/Schröder/*Heine/Schittenhelm* § 326 Rn. 1; *Pfohl* NuR 2012, 313.

3 Gesetz zur Änderung abfallverbringungsrechtlicher Vorschriften v. 1.11.2016, BGBl. I, S. 2452, in Kraft seit 10.11.2016.

4 Gesetz zur Änderung abfallverbringungsrechtlicher Vorschriften v. 1.11.2016, BGBl. I, S. 2455, in Kraft seit 10.11.2016.

5 *OLG Karlsruhe* NJW 2019, 2950; *Hecker/Lorenz* NStZ-RR 2020, 33, 35.

6 *OLG Karlsruhe* NJW 2019, 2950.

7 BT-Drucks. 8/2382, S. 17.

8 *BGHSt* 36, 255, 257; *BGH* NJW 1992, 122, 123; NStZ 1997, 189; *Michalke* Umweltstrafsachen Rn. 232; MK-Alt § 326 Rn. 5; Schönke/Schröder/*Heine/Schittenhelm* § 326 Rn. 1a; Leipold/Tsambikakis/Zöller/*Szesny* AnwaltKommentar StGB § 326 Rn. 1.

9 Gesetz zur Änderung abfallverbringungsrechtlicher Vorschriften v. 1.11.2016, BGBl. I, S. 2452, in Kraft seit 10.11.2016.

10 Siehe dazu im Einzelnen bereits oben unter Rn. 61 ff.

11 *BGH* Urt. v. 30.7.2020 – 4 StR 419/19, BeckRS 2020, 20424; *Michalke* Umweltstrafsachen Rn. 265.

zungen in § 326 Abs. 1 Nr. 1-4 StGB.[12] § 326 Abs. 1 Nr. 1-3 StGB benennt insoweit Abfälle als gefährlich, die aufgrund ihrer Eigenschaften generell Gefahrstoffe darstellen oder enthalten, namentlich Gift oder Erreger von gemeingefährlichen Krankheiten (Nr. 1), krebserregende, fortpflanzungsgefährdende oder erbgutverändernde Abfälle (Nr. 2) und explosionsgefährliche, selbstentzündliche oder radioaktive Abfälle (Nr. 3).[13] Die Vorschrift des § 326 Abs. 1 Nr. 4 StGB hingegen erfasst gefährliche Abfälle, die nach ihrer Art, Beschaffenheit oder Menge geeignet sind, die dort aufgeführten Umweltgüter nachhaltig zu verunreinigen (Gewässer, Luft und Boden) oder sonstig nachhaltig zu verändern oder zu gefährden (Bestand von Tieren oder Pflanzen).[14]

3. Tatvarianten: Verstoß gegen Verwaltungsrecht

Die Tathandlung muss unter Verstoß gegen das Verwaltungsrecht, also entweder außerhalb einer dafür zugelassenen Anlage oder unter wesentlicher Abweichung von einem vorgeschriebenen oder zugelassenen Verfahren, erfolgt sein.[15] An dieser Stelle verweist das Strafrecht unmittelbar auf die verwaltungsrechtlichen Bestimmungen über den geordneten Umgang mit Abfall.[16] 371

a) Tatvariante 1: Außerhalb einer dafür zugelassenen Anlage

Die erste Tatvariante des § 326 Abs. 1 StGB erfordert, dass der Abfall außerhalb einer dafür zugelassenen Anlage bewirtschaftet wird. Der Begriff der Anlage wird strafrechtlich und verwaltungsrechtlich nicht einheitlich definiert.[17] Zur Begriffsbestimmung im Rahmen des § 326 StGB wird auf die Ausführungen zum Anlagenbegriff nach § 325 StGB zurückgegriffen.[18] Nach h.M. muss es sich bei einer Anlage um eine Einrichtung von nicht ganz unerheblichem Ausmaß handeln, die auf gewisse Dauer angelegt ist und als Funktionseinheit organisiert ist. Die Einrichtung muss darüber hinaus der Verwirklichung beliebiger Zwecke dienen und ihr Betrieb muss sich auf die Umgebung auswirken können.[19] 372

Die Anlage ist zugelassen, sofern alle nach dem Verwaltungsrecht erforderlichen Genehmigungen, Erlaubnisse und Planfeststellungen vorliegen.[20] Für die Annahme einer Strafbarkeit muss die Tathandlung räumlich außerhalb der zugelassenen Anlage erfolgt sein.[21] 373

Diese Tatvariante des Wirtschaftens mit Abfällen außerhalb einer dafür zugelassenen Anlage gilt auch als erfüllt, wenn eine Anlage grundsätzlich genehmigt ist, aber die Erlaubnis nicht Art und Menge des betroffenen Abfalls erfasst.[22] 374

---

12 Siehe dazu oben unter Rn. 61 ff. sowie *Hecker/Lorenz* NStZ-RR 2021, 65, 66.
13 Dazu bereits oben unter Rn. 65 ff., 77 ff. und 84 ff.
14 Dazu bereits oben unter Rn. 89 ff.
15 Leipold/Tsambikakis/Zöller/*Szesny* AnwaltKommentar StGB § 326 Rn. 57; *Michalke* Umweltstrafsachen Rn. 280.
16 Leipold/Tsambikakis/Zöller/*Szesny* AnwaltKommentar StGB § 326 Rn. 57; *Michalke* Umweltstrafsachen Rn. 280.
17 *Michalke* Umweltstrafsachen Rn. 281.
18 Schönke/Schröder/*Heine/Schittenhelm* § 326 Rn. 12 mit Verweis auf § 325 Rn. 4.
19 BT-Drucks. 7/1513, S. 2 zu § 325 StGB a.F.; Lackner/Kühl/Heger/*Heger* § 325 Rn. 2; *Michalke* Umweltstrafsachen Rn. 177; MK-*Alt* § 325 Rn. 14; NK-*Ransiek* § 325 Rn. 8; *Pfeiffer* Verunreinigung der Luft, 1996, S. 18.
20 Lackner/Kühl/Heger/*Heger* § 326 Rn. 8; Leipold/Tsambikakis/Zöller/*Szesny* AnwaltKommentar StGB § 326 Rn. 58.
21 Lackner/Kühl/Heger/*Heger* § 326 Rn. 8; *Michalke* Umweltstrafsachen Rn. 282; MK-*Alt* § 326 Rn. 65.
22 *BGHSt* 43, 219, 221 f.; Lackner/Kühl/Heger/*Heger* § 326 Rn. 8; *Michalke* Umweltstrafsachen Rn. 283.

375 Der Tatbestand ist ebenfalls erfüllt, wenn entsprechende Anlagen oder vorgeschriebene Verfahren fehlen, bspw. aufgrund mangelnder technischer Entwicklung oder rechtlicher Durchsetzbarkeit.[23]

376 Unter den Begriff der Anlage fallen sowohl ortsfeste Anlagen zur Lagerung oder Behandlung von Abfällen, die einer immissionsschutzrechtlichen Genehmigung (§ 28 Abs. 1 S. 2 KrWG i.V.m. § 4 Abs. 1 BImSchG) bedürfen, als auch Anlagen zur Ablagerung von Abfällen (§ 3 Abs. 27 KrWG).[24] Ebenso erfasst sind bewegliche Anlagen und Untertagedeponien, die unter § 35 Abs. 1 KrWG fallen.[25] Auch Abwasseranlagen, Kohlendioxid-Speicheranlagen, bergrechtliche Anlagen, Misthaufen und Anlagen zur Entsorgung von Tierkörpern und Erzeugnissen von Tieren fallen unter den Begriff der Abfallbeseitigungsanlage. Für diese gelten gesonderte Regelungen in den jeweiligen Verwaltungsgesetzen.[26]

b) Tatvariante 2: Unter wesentlicher Abweichung von einem vorgeschriebenen oder zugelassenen Verfahren

377 Nach § 326 Abs. 1 Var. 2 StGB macht sich strafbar, wer Abfall unter einer wesentlichen Abweichung von einem vorgeschriebenen oder zugelassenen Verfahren entsorgt. Vorgeschrieben oder zugelassen wird ein Verfahren durch Rechtsvorschrift oder einen Verwaltungsakt der Behörde.[27]

378 Der zweite Strafsenat des *BGH*[28] entschied im Hinblick auf das Tatbestandsmerkmal der wesentlichen Abweichung i.S.d. § 326 Abs. 1 StGB, dass dieses insbesondere dann erfüllt ist, wenn von dem durch den staatlichen Hoheitsträger in einer Genehmigung oder durch Auflagen und Anordnungen zugelassenen Verfahren derart abgewichen wird, dass auch nach einer Behandlung noch gefährliche Wirkungen des Abfalls für Mensch oder Umwelt vorhanden sind.[29] Insoweit kommt es darauf an, ob gegen jene Vorgaben verstoßen wurde, deren Einhaltung gerade zur Beseitigung des Gefahrenpotenzials des Abfalls hätte führen sollen.[30] Ausgehend vom Schutzzweck der Norm muss eine solche Bestimmung verletzt worden sein, die dem Schutz der Umwelt dient.[31]

379 Darüber hinaus stellte der Senat klar, dass § 326 Abs. 1 StGB auch in der Tatvariante des wesentlichen Abweichens von einem zugelassenen Verfahren ein abstraktes Gefährdungsdelikt darstellt.[32] Eine wesentliche Abweichung setzt nach dem Wortlaut der Norm, der Gesetzeshistorie und der Gesetzessystematik den Eintritt einer konkreten Gefährdung für Mensch oder Umwelt nicht voraus.[33] Das Tatbestandsmerkmal „*wesentlich*" bezieht sich auf den Grad der

---

23 BeckOK-StGB/*Witteck* § 326 Rn. 28; *OLG Oldenburg* NJW 1998, 2391, 2392; *OLG Düsseldorf* NStZ 1991, 335, 336.

24 *Michalke* Umweltstrafsachen Rn. 281.

25 *Michalke* Umweltstrafsachen Rn. 281.

26 MK-*Alt* § 326 Rn. 66.

27 Schönke/Schröder/*Heine/Schittenhelm* § 326 Rn. 12; Leipold/Tsambikakis/Zöller/*Szesny* AnwaltKommentar StGB § 326 Rn. 59.

28 *BGH* NJW 2021, 3735, 3736; *Hecker/Lorenz* NStZ-RR 2022, 65, 66.

29 BT-Drucks. 8/2382, S. 19.

30 Schönke/Schröder/*Heine/Schittenhelm* § 326 Rn. 12; SSW-StGB/*Saliger* § 326 Rn. 40; MK-*Alt* § 326 Rn. 69.

31 *BGH* NJW 2021, 3735, 3736; NK-StGB/Ransiek § 326 Rn. 45; Matt/Renzikowski/*Rettenmaier/Gehrmann* § 326 Rn. 19.

32 *BGH* NJW 2021, 3735, 3736.

33 *BGHSt* 36, 255, 257; *BGH* NJW 2021, 3735, 3736; SSW-StGB/*Saliger*-StGB § 326 Rn. 2; LK-*Möhrenschlager* § 326 Rn. 2; Schönke/Schröder/*Heine/Schittenhelm* § 326 Rn. 12; a.A. BeckOK-StGB/*Witteck* § 326 Rn. 31.

Abweichung von dem zugelassenen Verfahren und ist als Synonym für *„grob"* oder *„erheblich"* zu verstehen. Insoweit soll es Bagatellen von der Tatbestandsmäßigkeit ausschließen.[34]

Der *BGH* hat der teilweise vertretenen Auffassung eine Absage erteilt, wonach die Tatvariante der wesentlichen Abweichung von einem vorgeschriebenen oder zugelassenen Verfahren nur bei Tathandlungen außerhalb von zugelassenen Anlagen zur Anwendung kommen soll.[35] Der *BGH* begründet seine Auffassung im Einklang mit der herrschenden Meinung damit, dass Wortlaut, Normzweck und Gesetzeshistorie für eine solche Beschränkung des Anwendungsbereichs der Vorschrift keinen Raum bieten.[36] Die Verfahrensabweichung ist damit unabhängig davon unter Strafe gestellt, wo die Beseitigung erfolgt.[37] 380

Beispiele: Das *OLG Celle*[38] hat das Urteil des *AG Celle* mit den Feststellungen aufgehoben und in Bezug auf das wesentliche Abweichen von einem vorgeschriebenen oder zugelassenen Verfahren i.S.d. § 326 Abs. 1 StGB ausgeführt, dass sich das vorgeschriebene Verfahren für die Demontage asbesthaltiger Dachplatten aus den Vorschriften zum Schutz gegen Gefährdung durch Asbest, die in Nr. 2 des Anhangs I zur GefStoffV und den Technischen Regeln für Gefahrstoffe (TRGS) 519 niedergelegt sind, ergeben kann. Für die Annahme einer solchen Abweichung genüge es, dass nur der Betriebsleiter nicht über einen Sachkundenachweis verfügt. Denn den maßgeblichen Vorschriften könnte bereits Genüge getan sein, wenn die Arbeiten von sachkundigen Personen vorgenommen würden (Nr. 2.4.2 III S. 2 Anhang I zur GefStoffV). Allerdings begründe es eine wesentliche Abweichung von dem vorgeschriebenen Verfahren, wenn die personelle Ausstattung des Betriebes insgesamt nicht für die vorschriftenkonforme Durchführung der Asbestarbeiten geeignet wäre (Nr. 2.4.2 III S. 1 Anhang I zur GefStoffV, Nr. 5 TRGS 519). Der Betriebsleiter der Einziehungsbeteiligten hatte nach den Feststellungen der Vorinstanz im Rahmen eines Dachdeckerauftrags durch Angestellte asbesthaltige Platten abmontieren und entsorgen lassen, ohne dass eine behördliche Genehmigung und der erforderliche Sachkundenachweis vorlagen. 381

Der *BGH*[39] urteilte über einen Anlageninhaber, der eine Anlage zur Behandlung sog. künstlicher Mineralfaserabfälle (KMF) betrieb, denen ähnliche technische Eigenschaften zukommen wie Asbest. In kritischen Abmessungen können diese, sofern sie biobeständig sind, Krebs auslösen. Als gefährlicher Abfall müssen diese auf Deponien ordnungsgemäß entsorgt werden. Um dies zu umgehen und den Abfall wiederverwertbar zu machen, sollte aus dem gefährlichen Abfall durch Beimengung von Ton, Gelatine und Wasser ein vermarktbares Ziegelprodukt werden. Das zuständige Regierungspräsidium erlaubte dies, jedoch unter der Voraussetzung der Einhaltung eines speziellen Mischverhältnisses zur Beseitigung des Gefahrenpotenzials des Abfalls. Dieses wurde jedoch von dem Angeklagten nicht eingehalten, weil die Maschinenanlage technisch dazu nicht in der Lage war. Stattdessen fand eine Vermischung der zerkleinerten gefährlichen Abfälle mit den übrigen Stoffen nach grober Mengeneinschätzung statt. Infolgedessen kam es auf der Anlage und bei dem Transport zur 382

34 *BGH* NJW 2021, 3735, 3736.
35 *OLG Düsseldorf* NVwZ-RR 1990, 11; *Michalke* Umweltstrafsachen Rn. 275.
36 *BGH* NJW 2021, 3735, 3737; *OLG Karlsruhe* NStZ 1990, 128; LK-*Möhrenschlager* § 326 Rn. 94; Schönke/Schröder/*Heine/Schittenhelm* § 326 Rn. 12; MK-*Alt* § 326 Rn. 73; SK-StGB/*Schall* § 326 Rn. 121; *Fischer* § 326 Rn. 42; *Rogall* NStZ 1992, 561, 563; *Krell* NuR 2011, 487, 489.
37 *BGH* NJW 2021, 3735, 3737; *OLG Karlsruhe* NStZ 1990, 128.
38 *OLG Celle* Beschl. v. 2.11.2021 – 2 Ss 121/21, BeckRS 2021, 34013.
39 *BGH* NJW 2021, 3725.

Freisetzung von Stoffen, die im Verdacht stehen, krebserregend zu sein. Der *BGH* kam zu dem Ergebnis, dass die wesentliche Abweichung von dem durch das Regierungspräsidium vorgeschriebenen Mischverhältnis der einzelnen Komponenten das Tatbestandsmerkmal der wesentlichen Abweichung vom zugelassenen Verfahren nach § 326 Abs. 1 Nr. 2 Var. 2 StGB erfüllt.

4. Tathandlungen

383 § 326 Abs. 1 StGB erfasst als Oberbegriff die Bewirtschaftung von Abfällen und zählt als mögliche Tathandlungen das Sammeln, Befördern, Behandeln, Verwerten, Lagern, Ablagern, Ablassen, Beseitigen, Handeln, Makeln oder sonst Bewirtschaften des Abfalls auf. Die meisten dieser Begrifflichkeiten entsprechen denen des § 3 KrWG.

a) Sammeln

384 Der Begriff des Sammelns umfasst laut § 3 Abs. 15 KrWG das Einsammeln von Abfällen, einschließlich deren vorläufiger Sortierung und (insoweit überschneidend mit der Variante des Lagerns) die vorläufige Lagerung zum Zweck der Beförderung zu einer Abfallbehandlungsanlage.[40] Teilweise wird vertreten, dass auch außerhalb gewerblicher Zwecke liegendes Sammeln von Abfällen in den Anwendungsbereich fallen sollte,[41] schon vor dem Hintergrund des mit § 326 StGB erstrebten Rechtsgüterschutzes und weil auch das KrWG das gemeinnützige Sammeln regele.[42] Eine solche Ausdehnung der Strafbarkeit wäre jedoch mit dem Wortlaut der Norm nicht mehr vereinbar. Zum einen stellt die Formulierung *„sonst bewirtschaften"* als Oberbegriff der Tathandlungen und Auffangtatbestand im Abs. 1 klar, dass nur gewerbliche oder wirtschaftliche Tätigkeiten erfasst sein sollen.[43] Zum anderen spricht auch die Formulierung i.R.d. Vorschrift des § 3 Abs. 10 KrWG für das Fordern eines gewerblichen Zwecks[44]:

„Sammler von Abfällen [...] ist jede natürliche oder juristische Person, die gewerbsmäßig oder im Rahmen wirtschaftlicher Unternehmen, das heißt, aus Anlass einer anderweitigen gewerblichen oder wirtschaftlichen Tätigkeit, die nicht auf die Sammlung von Abfällen gerichtet ist, Abfälle sammelt."

b) Befördern

385 Die in Umsetzung der Richtlinie 2008/99/EG[45] durch das 45. StrÄndG[46] erfolgte Aufnahme der Tathandlungsvariante des Beförderns umfasst jede transportierende Tätigkeit i. S. einer Ortsveränderung mit Hilfe eines Verkehrsträgers, wobei es auf das Beförderungsmittel nicht

---

40 Schönke/Schröder/*Heine/Schittenhelm* § 326 Rn. 10; BeckOK-StGB/*Witteck* § 326 Rn. 22; Leipold/Tsambikakis/Zöller/*Szesny* AnwaltKommentar StGB § 326 Rn. 49.

41 SK-*Schall* § 326 Rn. 92; SSW-StGB/*Saliger* § 326 Rn. 37; MK-*Alt* § 326 Rn. 50; *Pfohl* ZHW 2013, 95, 98.

42 Schönke/Schröder/*Heine/Schittenhelm* § 326 Rn. 10.

43 Dazu auch unten unter Rn. 401 ff.

44 Leipold/Tsambikakis/Zöller/*Szesny* AnwaltKommentar StGB § 326 Rn. 49.

45 Richtlinie 2008/99/EG des Europäischen Parlaments und des Rates v. 19.11.2008 über den strafrechtlichen Schutz der Umwelt, ABl. 2008 L 328/28 v. 6.12.2008, S. 28.

46 Fünfundvierzigstes Strafrechtsänderungsgesetz zur Umsetzung der Richtlinie des Europäischen Parlaments und des Rates über den strafrechtlichen Schutz der Umwelt v. 6.12.2011, BGBl. I, S. 2557, in Kraft seit 14.12.2011.

ankommt.[47] So ist etwa auch der Transport in einer Rohrleitung erfasst.[48] Im Gegensatz zu § 326 Abs. 2 StGB erfasst das Befördern i.S.d. Abs. 1 auch den innerstaatlichen Transport.[49] Der grenzüberschreitende Transport wird von § 326 Abs. 2 StGB erfasst.

Das Beladen des Verkehrsträgers oder vergleichbare im Zusammenhang mit dem Transport von gefährlichen Abfällen stehende Tätigkeiten können unter Umständen den Eintritt in das Versuchsstadium (§ 326 Abs. 4 StGB) begründen.[50] 386

c) Behandeln

Die Tathandlungsvariante des Behandelns erfasst als tatsächliches Einwirken auf die Sachsubstanz im Rahmen eines Verwertungs- oder Beseitigungsverfahrens quantitative oder qualitative Veränderungen der Abfälle, einschließlich der Vorbereitung hierzu.[51] Behandeln kann z.B. Aufbereiten, Zerkleinern, Kompostieren, Verbrennen, Verdichten, Vermischen, Entwässern, Sortieren oder Ausschlachten von Autowracks sein.[52] Auch die Beseitigung der Gefährlichkeit, wie der Vorgang des Entgiftens, kann hierunter fallen.[53] Behandeln setzt ein zielgerichtetes Einwirken auf den Abfall voraus, weshalb schlichtes Liegenlassen kein Behandeln ist.[54] 387

d) Verwerten

Die Tathandlung des Verwertens umfasst Tätigkeiten, durch die Abfälle einem sinnvollen Zweck zugeführt werden, indem sie etwa andere Materialien ersetzen, die Vorbereitung zur Wiederverwertung, das Recycling oder das Verfüllen.[55] Die Abgrenzung von Abfällen zur Verwertung und Abfällen zur Beseitigung hat Auswirkungen auf die Prüfung der Verwaltungsrechtswidrigkeit in Abs. 1, auf Ausfuhrverbote oder Notifizierungspflichten in Abs. 2 sowie die §§ 18a, 18b AbfVerbrG.[56] 388

e) Beseitigen

Das Beseitigen von Abfall wird in § 3 Abs. 26 KrWG lediglich negativ als Verfahren definiert, das keine Verwertung ist. Beseitigen ist auf eine dauerhafte Entfernung oder Vernichtung gerichtet.[57] Auch wenn als Nebenfolge des Verfahrens Stoffe oder Energie zurückgewonnen werden oder die Wiedereinführung in den Wirtschaftskreislauf erfolgt, kann es sich um ein Beseitigen i.S.d. § 326 Abs. 1 StGB handeln.[58] Gemäß der nicht abschließenden Aufzählung in Anlage 1 des KrWG ist Beseitigen z.B. die Behandlung im Boden, das Verpressen, das Verbrennen oder das Einleiten in 389

---

47 Schönke/Schröder/*Heine/Schittenhelm* § 326 Rn. 10; BeckOK-StGB/*Witteck* § 326 Rn. 22; SK-*Schall* § 326 Rn. 93; MK-*Alt* § 326 Rn. 51; *Fischer* § 326 Rn. 29.

48 *Fischer* § 326 Rn. 29; *Saliger* Umweltstrafrecht Rn. 311; MK-*Alt* § 326 Rn. 51.

49 BT-Drucks. 17/5391, S. 18.

50 Vgl. Schönke/Schröder/*Heine/Schittenhelm* § 326 Rn. 10; SK-*Schall* § 326 Rn. 159; *Kloepfer/Heger* Umweltstrafrecht Rn. 298.

51 SK-*Schall* § 326 Rn. 95; MK-*Alt* § 326 Rn. 52; Leipold/Tsambikakis/Zöller/*Szesny* AnwaltKommentar StGB § 326 Rn. 45.

52 *BGHSt* 37, 21, 28; *BayObLG*St 1998, 60, 61; *OLG Köln* NJW 1986, 1117, 1118; *OLG Zweibrücken* NStZ 1986, 411; *LG Stuttgart* NStZ 2006, 291, 292.

53 LK-*Heghmanns* § 326 Rn. 76; MK-*Alt* § 326 Rn. 52.

54 MK-*Alt* § 326 Rn. 52.

55 *Fischer* § 326 Rn. 31; MK-*Alt* § 326 Rn. 26; Schönke/Schröder/*Heine/Schittenhelm* § 326 Rn. 10.

56 MK-*Alt* § 326 Rn. 26.

57 MK-*Alt* § 326 Rn. 26; Schönke/Schröder/*Heine/Schittenhelm* § 326 Rn. 10; *Fischer* § 326 Rn. 35.

58 *BGHSt* 43, 231 f.; *OLG Köln* NJW 1986, 1119; *OLG Düsseldorf* wistra 1994, 73 f.; *Fischer* § 326 Rn. 35; MK-*Alt* § 326 Rn. 26; Schönke/Schröder/*Heine/Schittenhelm* § 326 Rn. 10.

Gewässer. In den Anwendungsbereich fällt auch, wenn Abfälle endgültig der Natur überlassen werden.[59] Mit Blick auf die im KrWG geregelten Pflichten des Abfallbesitzers ist Voraussetzung, dass Abfälle der gesetzlich vorgesehenen Entsorgung entzogen sind und deswegen die Gefahr erhöht wird, dass Schadstoffe unkontrolliert freigesetzt werden.[60] Als Beseitigung zur Verwertung werden auch Tätigkeiten erfasst, die Abfälle nach der Entsorgung als Stoffe ganz oder teilweise wieder dem Wirtschaftskreislauf zuführen sollen.[61]

f) Lagern

390 Der Begriff des Lagerns erfasst das vorübergehende Aufbewahren einschließlich der Zwischenlagerung zum Zwecke der späteren Verwendung, Weitergabe oder der endgültigen Beseitigung, aber auch, wenn der Gegenstand ganz oder zum Teil wieder dem Wirtschaftskreislauf zugeführt werden soll.[62] Das Lagern muss von gewisser Dauerhaftigkeit sein.[63] Daher genügt es grundsätzlich nicht, wenn Abfall lediglich für die Zeit von wenigen Tagen angesammelt oder nur gelegentlich abgestellt wird.[64] Lagern ist auch das Zwischenlagern, wenn Abfall entgegengenommen, vorbereitend behandelt oder für die weitere Entsorgung zusammengestellt wird.[65]

391 Ein Bereitstellen zum Abtransport und damit kein (Zwischen-)Lagern liegt vor, wenn Abfälle typischerweise im Vorfeld der Überlassung an den Entsorgungsträger bereitgestellt, gesammelt, angesammelt oder eingesammelt werden und diese Abfälle innerhalb von vierundzwanzig Stunden oder am darauf folgenden Tag abtransportiert werden.[66] Für die Abgrenzung zwischen Bereitstellen zum Abtransport und Zwischenlagern ist die Dauer der Aufbewahrung von Abfallstoffen ebenso von Bedeutung wie die Frage, ob bereits ein Abnehmer oder Entsorgungspflichtiger vorhanden und dessen Erscheinen alsbald gesichert ist.[67]

392 Nach herrschender Meinung handelt es sich beim Lagern nicht um ein Dauerdelikt, weshalb ein Umlagern i. S. eines weiteren Niederlegens des Abfalls, grundsätzlich als neue Tathandlung angesehen wird, selbst wenn die Umlagerung keine Steigerung der Gefahr für die geschützten Umweltgüter zur Folge haben sollte.[68]

393 **Beispiel:** Das *LG Braunschweig* hatte in einem Fall entschieden, dass ein Bereitstellen von Kesselwagen gefüllt mit Pyrolyseöl zum Transport und zur beabsichtigten Weiterverwertung nicht als *„Lagern"* anzusehen sei. Diese Entscheidung verwarf der *BGH*[69] mit der Begründung, dass der Begriff des *„Lagerns"* auch vorübergehende Aufbewahrungen erfasse wie insbesondere die Zwischenlagerung mit dem Ziel einer anderweitigen Beseitigung. Ent-

---

59 Schönke/Schröder/*Heine/Schittenhelm* § 326 Rn. 10; *Fischer* § 326 Rn. 35.
60 *OLG Düsseldorf* wistra 1994, 73 f.; *Heine* NJW 1998, 3666.
61 *BGHSt* 37, 333, 337; Schönke/Schröder/*Heine/Schittenhelm* § 326 Rn. 10.
62 *BGHSt* 36, 255, 258; 37, 333, 337; 40, 79, 81; *OLG Düsseldorf* NVwZ 1999, 571, 572; *Cramer* NStZ 1995, 186; MK-*Alt* § 326 Rn. 54.
63 MK-*Alt* § 326 Rn. 54; Schönke/Schröder/*Heine/Schittenhelm* § 326 Rn. 10a; Leipold/Tsambikakis/Zöller/*Szesny* AnwaltKommentar StGB § 326 Rn. 46.
64 LK-*Heghmanns* § 326 Rn. 78; MK-*Alt* § 326 Rn. 54; Schönke/Schröder/*Heine/Schittenhelm* § 326 Rn. 10a; *OLG Köln* NStZ 1987, 461 462; *Heine* NJW 1998, 3665, 3669; *Mann* NuR 1998, 405, 409.
65 *Beckmann/Wittman* UPR 2007, 247; SK-*Schall* § 326 Rn. 98.
66 *OLG Düsseldorf* NVwZ 1982, 526; MK-*Alt* § 326 Rn. 55.
67 *BGH* NStZ 1991, 282, 283; BeckOK-StGB/*Witteck* § 326 Rn. 24 m.w.N.
68 *BGHSt* 40, 79, 80 f.; MK-*Alt* § 326 Rn. 56; *Fischer* § 326 Rn. 32; Schönke/Schröder/*Heine/Schittenhelm* § 326 Rn. 10a; LK-*Heghmanns* § 326 Rn. 79, 83; SK-*Schall* § 326 Rn. 100; NK-*Ransiek* § 326 Rn. 37; *Saliger* Umweltstrafrecht Rn. 311.
69 *BGH* NStZ 1991, 282.

scheidend sei nicht, dass die Abfallstoffe nach der vorübergehenden Aufbewahrung auch endgültig beseitigt werden sollen. Ausreichend sei, wenn die Abfallstoffe ganz oder teilweise dem Wirtschaftskreislauf wieder zugeführt werden können. Ob es sich lediglich um ein *„Bereitstellen zum Abtransport“* oder vielmehr um ein Zwischenlagern handele, müsse im Einzelfall anhand der Dauer entschieden werden sowie anhand der Tatsache, ob bereits ein Abnehmer oder Entsorgungspflichtiger gefunden werden konnte.[70]

g) Ablagern

Ablagern bezeichnet ein Beseitigen oder dauerhaftes Lagern von Abfall mit dem Ziel, sich die- 394
sem endgültig zu entledigen und zwar unter Ausschluss einer Wiederverwertung.[71] Schlichtes Liegenlassen stellt nur bei Vorliegen einer Garantenstellung gem. § 13 StGB strafbares Ablagern dar.[72]

h) Ablassen

Der Begriff des Ablassens bezieht sich auf Flüssigkeiten oder Gase und erfasst deren Ausfließenlas- 395
sen ohne Rücksicht auf die Ursache.[73] Ein Ablassen ist weder grund- noch zweckgebunden.[74]

i) Handeln

Im Gegensatz zu den Handlungsvarianten Sammeln, Behandeln, Befördern, Verwerten, Besei- 396
tigen, Lagern, Ablagern und Ablassen verlangt die Variante des Handelns (und auch die des Makelns) kein tatsächliches Einwirken auf die Abfälle.[75] Handeln umfasst jede gewerbliche oder gewerbsmäßige Tätigkeit, die den Kauf und Verkauf von Abfällen in eigener Verantwortung zum Gegenstand hat.[76] Eine physische Inbesitznahme i. S. einer tatsächlichen Erlangung der Sachherrschaft ist ebenso wenig erforderlich wie eine Ortsveränderung des gehandelten Abfalls.[77] Für eine Vollendung des Handelns muss es tatsächlich zu einem An- oder Verkaufsgeschäft gekommen sein; das bloße Bemühen um solche Geschäfte oder lediglich vorbereitende Tätigkeiten genügen nicht.[78] Voraussetzung ist, dass der jeweilige Kaufvertrag geschlossen wurde und feststeht, um welche Abfälle es sich dabei genau handelt, weil sonst deren Gefährlichkeit nicht hinreichend bestimmt werden kann.[79]

---

70 *BGH* NStZ 1991, 282, 283.

71 BT-Drucks. 8/2382, S. 18; *Fischer* § 326 Rn. 33; Schönke/Schröder/*Heine/Schittenhelm* § 326 Rn. 10a; LK-*Heghmanns* § 326 Rn. 83; SK-*Schall* § 326 Rn. 101; Leipold/Tsambikakis/Zöller/*Szesny* AnwaltKommentar StGB § 326 Rn. 47.

72 Schönke/Schröder/*Heine/Schittenhelm* § 326 Rn. 10a.

73 BT-Drucks. 8/2382, S. 18; *Fischer* § 326 Rn. 34; Schönke/Schröder/*Heine/Schittenhelm* § 326 Rn. 10a; BeckOK-StGB/*Witteck* § 326 Rn. 25.

74 *Pfohl* wistra 1994, 6, 8.

75 Schönke/Schröder/*Heine/Schittenhelm* § 326 Rn. 10b.

76 *Fischer* § 326 Rn. 36; Schönke/Schröder/*Heine/Schittenhelm* § 326 Rn. 10b; MK-*Alt* § 326 Rn. 59; BeckOK-StGB/*Witteck* § 326 Rn. 22.

77 Schönke/Schröder/*Heine/Schittenhelm* § 326 Rn. 10b; *Fischer* § 326 Rn. 36.

78 *Fischer* § 326 Rn. 36; SSW-StGB/*Saliger* § 326 Rn. 38.

79 NK-*Ransiek* § 326 Rn. 36.

397 **Beispiel:** Das *LG Essen*[80] hatte über einen Fall zu entscheiden, in dem es im Zusammenhang mit dem Handel und der Entsorgung von Quecksilber zu Unregelmäßigkeiten in einem Recyclingunternehmen gekommen war. Das Gericht sah es als erwiesen an, dass die Angeklagten die Umwandlung in Quecksilbersulfid von zu diesem Zwecke von dem Recyclingunternehmen übernommenem Quecksilber nur vorgespiegelt und anstatt des roten Quecksilbersulfids zunächst Glasbruch und später rote Tennisplatzasche untertägig in verschlossenen Fässern deponiert haben. Das elementare Quecksilber wurde lediglich in größere Behälter umgefüllt und zum Zwecke der Tarnung mit einer Erdschicht bedeckt, ohne dass eine Vermischung des elementaren Quecksilbers mit der Erdschicht eingetreten ist. Die präparierten Behälter wurden so – entgegen dem bestehenden Exportverbot – per Lkw in die Schweiz oder über die Niederlande und Griechenland aus der Europäischen Union transportiert. Das Gericht nahm aufgrund des Verkaufs des Abfallquecksilbers ein unerlaubtes Bewirtschaften von Abfällen an.

j) Makeln

398 Makler sind Personen bzw. Unternehmen, die Handelsgeschäfte vermitteln, indem sie für die Verwertung oder die Beseitigung von Abfällen für andere sorgen.[81] Auf eine physische Inbesitznahme kommt es weder beim Makler noch beim Händler an.[82]

k) Sonst Bewirtschaften

399 Das sonst Bewirtschaften fungiert als Oberbegriff und Auffangtatbestand i.R.d. § 326 Abs. 1 StGB und umfasst jede sonstige Tätigkeit im gesamten Bereich der Abfallverwertung und -beseitigung sowie vor- und nachgeschaltete Tätigkeiten (z.B. Bereitstellen, das Überlassen, Sammeln, Befördern, Verwerten, Beseitigen, die Überwachung der Bewirtschaftungsverfahren sowie die Nachsorge von Beseitigungsanlagen), die eine Bewirtschaftung von Abfällen zum Gegenstand hat.[83] Erfasst werden letztlich alle entsorgungsrelevanten Tätigkeiten, egal ob sie mittelbar oder unmittelbar geschehen.[84] Auch das Sonst- Bewirtschaften setzt voraus, dass der gegenständliche Abfall der gesetzlich vorgeschriebenen Abfallentsorgung durch den Täter entzogen wird und dadurch eine Gefahr für die Umwelt entsteht oder zumindest erhöht wird.[85]

400 **Beispiel:** Das *OLG Celle*[86] hat mit dem bereits dargestellten Beschluss vom 2.11.2021 ausgeführt, dass die Tatbestandsvariante des *„sonstigen Bewirtschaftens"* i.S.d. Vorschrift des § 326 Abs. 1 StGB verwirklicht wird, wenn die Demontage der erste Schritt zu einer unerlaubten Beförderung oder Entsorgung der Asbestplatten gewesen sein sollte, die Asbestplatten dadurch der gesetzlichen Abfallentsorgung entzogen werden sollten und die Gefahr eines unkontrollierten Freisetzens von Schadstoffen gesteigert worden wäre.[87]

---

80 *LG Essen* Urt. v. 21.12.2016 – 35 KLs 35 Js 162/13 – 26/16; *LG Essen* Urt. v. 23.1.2017 – 35 KLs 35 Js 162/13 – 13/15.

81 *Fischer* § 326 Rn. 37; Schönke/Schröder/*Heine/Schittenhelm* § 326 Rn. 10b; MK-*Alt* § 326 Rn. 59.

82 MK-*Alt* § 326 Rn. 59; Schönke/Schröder/*Heine/Schittenhelm* § 326 Rn. 10b.

83 MK-*Alt* § 326 Rn. 60 f.; *Fischer* § 326 Rn. 38; Schönke/Schröder/*Heine/Schittenhelm* § 326 Rn. 10b; Leipold/Tsambikakis/Zöller/*Szesny* AnwaltKommentar StGB § 326 Rn. 55.

84 *Fischer* § 326 Rn. 38; Schönke/Schröder/*Heine/Schittenhelm* § 326 Rn. 10b.

85 *OLG Düsseldorf* wistra 1994, 76; *Heine* NJW 1998, 3669; *Fischer* § 326 Rn. 38; Schönke/Schröder/*Heine/Schittenhelm* § 326 Rn. 10b.

86 *OLG Celle* NStZ-RR 2022, 66.

87 Vgl. Schönke/Schröder/*Heine/Schittenhelm* § 326 Rn. 10 m.w.N.

5. Gewerbliches oder sonstiges wirtschaftliches Betätigen erforderlich

Die Tathandlungen müssen gewerbsmäßig oder im Rahmen eines wirtschaftlichen Unternehmens verwirklicht werden. Aus dem Charakter des sonstigen Bewirtschaftens als Oberbegriff der spezielleren Tathandlungen lässt sich ableiten, dass die anderen Varianten des Abs. 1 als Unterfälle zumindest in einem wirtschaftlichen Kontext stehen müssen.[88] **401**

Dieses Verständnis wird von den Gesetzesmaterialien gestützt, wonach die Tathandlungen des § 326 Abs. 1 StGB der Begriffsdefinition von Abfallbewirtschaftung der Abfallrahmenrichtlinie[89] entsprechen.[90] *„Abfallbewirtschaftung"* umfasst nach Art. 3 Nr. 9 der Abfallrahmenrichtlinie die Sammlung, den Transport, die Verwertung und die Beseitigung von Abfällen, einschließlich der Überwachung dieser Verfahren sowie der Nachsorge von Beseitigungsanlagen einschließlich der Handlungen, die von Händlern oder Maklern vorgenommen werden. Der europäische Gesetzgeber sieht die genannten Handlungsvarianten in einem unternehmerischen/wirtschaftlichen Bezug, wenn er eine betriebliche Überwachung sämtlicher Tathandlungen einschließt. Hinzu kommt, dass bei den durch das 45. StrÄndG[91] ergänzten Tathandlungen des Sammelns, Beförderns, Handelns und Makelns auf Begriffe in § 3 Abs. 10 bis 13 KrWG zurückgegriffen wird und diese Handlungen dort auf gewerbsmäßige bzw. wirtschaftliche Betätigungen begrenzt werden (*„die gewerbsmäßig oder im Rahmen wirtschaftlicher Unternehmen"*). **402**

Ein Teil der Literatur lehnt eine solche Restriktion des Tatbestandes durch das Erfordernis einer gewerbsmäßigen oder im Rahmen eines wirtschaftlichen Unternehmens erfolgenden Tathandlung ab, teilweise sogar in Bezug auf die Handlungsvarianten des Handelns und Makelns, wo es um den Erwerb oder die Weiterveräußerung von gefährlichem Abfall und daran anknüpfend die Vermittlung solcher Geschäfte geht.[92] Es wird vertreten, dass diese Tätigkeiten in jedem sonstigen Kontext stehen, also auch außerhalb einer gewerblichen oder sonstigen wirtschaftlichen Betätigung stattfinden könnten.[93] Zur Begründung wird vorgebracht, dass die Beschränkung in § 3 Abs. 10-13 KrWG nicht deckungsgleich in § 326 Abs. 1 StGB eingeflossen sei.[94] Das hätte unter anderem zur Folge, dass auch das gemeinnützige Sammeln von gefährlichem Abfall tatbestandsmäßig sei. Die Vertreter dieser Ansicht argumentieren in erster Linie mit dem von § 326 StGB erstrebten Rechtsgüterschutz (Menschen, Tiere und die Umweltmedien Gewässer, Luft und Boden), der nahe lege, auch privaten Umgang in den Anwendungsbereich einzuschließen.[95] Gerade auch der unprofessionelle Umgang mit Abfällen sei gefährlich und solle strafrechtlich verboten sein.[96] **403**

---

88 Vgl. Lackner/Kühl/Heger/*Heger* § 326 Rn. 7.

89 Richtlinie 2008/98/EG des Europäischen Parlaments und des Rates v. 19.11.2008 über Abfälle und zur Aufhebung bestimmter Richtlinien.

90 BT-Drucks. 17/5391, S. 18.

91 Fünfundvierzigstes Strafrechtsänderungsgesetz zur Umsetzung der Richtlinie des Europäischen Parlaments und des Rates über den strafrechtlichen Schutz der Umwelt v. 6.12.2011, BGBl. I, S. 2557, in Kraft seit 1.4.1998.

92 *Pfohl* ZWH 2013, 95, 98; *Börner* Umweltstrafrecht § 14 Rn. 22; MK-*Alt* § 326 Rn. 59; BeckOK-StGB/*Witteck* § 326 Rn. 22; *Fischer* § 326 Rn. 36.

93 *Fischer* § 326 Rn. 36.

94 MK-*Alt* § 326 Rn. 49; *Pfohl* ZWH 2013, 95, 98.

95 *Pfohl* ZWH 2013, 95, 98.

96 *Pfohl* ZWH 2013, 95, 98; Lackner/Kühl/Heger/*Heger* § 326 Rn. 7c.

II. Unerlaubtes Durchführen von Abbruch-, Sanierungs- oder Instandhaltungsarbeiten mit Asbest, § 27 Abs. 1 Nr. 1 ChemG i.V.m. § 24 Abs. 2 Nr. 1 GefStoffV

404 Das unerlaubte Durchführen von Abbruch-, Sanierungs- oder Instandhaltungsarbeiten mit Asbest ist in § 27 Abs. 1 Nr. 1 ChemG i.V.m. § 24 Abs. 2 Nr. 1 GefStoffV geregelt.

§ 27 ChemG – Strafvorschriften

(1) Mit Freiheitsstrafe bis zu zwei Jahren oder mit Geldstrafe wird bestraft, wer

1. einer Rechtsverordnung nach § 17 Absatz 1 Nummer 1 Buchstabe a, Nummer 2 Buchstabe b oder Nummer 3, jeweils auch in Verbindung mit Absatz 2, 3 Satz 1, Absatz 4 oder 6 über das Herstellen, das Inverkehrbringen oder das Verwenden dort bezeichneter Stoffe, Gemische, Erzeugnisse, Biozid-Wirkstoffe oder Biozid-Produkte zuwiderhandelt, soweit sie für einen bestimmten Tatbestand auf diese Strafvorschrift verweist,
[…]

§ 24 GefStoffV

[…]

(2) Nach § 27 Absatz 1 Nummer 1, Absatz 2 bis 4 des Chemikaliengesetzes wird bestraft, wer vorsätzlich oder fahrlässig

1. entgegen § 8 Absatz 8 in Verbindung mit Anhang I Nummer 2.4.2 Absatz 3 Satz 1 oder Absatz 4 Satz 1 Abbruch-, Sanierungs- oder Instandhaltungsarbeiten durchführt,

[…]

Anhang I Nr. 2.4.2 Abs. 3 S. 1 GefStoffV

[…]

(3) Abbruch-, Sanierungs- und Instandhaltungsarbeiten mit Asbest dürfen nur von Fachbetrieben durchgeführt werden, deren personelle und sicherheitstechnische Ausstattung für diese Tätigkeiten geeignet ist. […]

Anhang I Nr. 2.4.2 Abs. 4 S. 1 GefStoffV

[…]

(4) Abbruch- und Sanierungsarbeiten bei Vorhandensein von Asbest in schwach gebundener Form dürfen nur von Fachbetrieben durchgeführt werden, die von der zuständigen Behörde zur Ausführung dieser Tätigkeiten zugelassen worden sind. […]

1. Allgemeines

405 Die Vorschrift des § 27 Abs. 1 Nr. 1 ChemG enthält einen Blankettstraftatbestand,[97] der für Zuwiderhandlungen gegen eine darin genannte Rechtsverordnung eine Freiheitsstrafe bis zu zwei Jahren oder eine Geldstrafe vorsieht. Die Strafbestimmung im Hinblick auf das unerlaubte Durchführen von Abbruch-, Sanierungs- oder Instandhaltungsarbeiten mit Asbest ergibt sich aus § 24 Abs. 2 Nr. 1 GefStoffV, der auf § 27 Abs. 1 Nr. 1 ChemG und § 8 Abs. 8 GefStoffV verweist. § 24 Abs. 2 Nr. 1 GefStoffV begrenzt die Strafbarkeit auf Abbruch-, Sanie-

97 Erbs/Kohlhaas/*Häberle* Strafrechtliche Nebengesetze ChemG § 27 Rn. 1.

rungs- oder Instandhaltungsarbeiten mit Asbest, da § 24 Abs. 2 Nr. 1 GefStoffV nicht nur auf § 8 Abs. 8, sondern auch auf Anhang I Nr. 2.4.2 Abs. 3 S. 1 und Abs. 4 S. 1 verweist, die ausschließlich Abbruch-, Sanierungs- und Instandhaltungsarbeiten mit (schwach gebundenem) Asbest erfassen. Darüber hinaus legt § 24 Abs. 2 Nr. 1 GefStoffV fest, dass in Bezug auf Abbruch-, Sanierungs- oder Instandhaltungsarbeiten mit Asbest die nach § 8 Abs. 8 GefStoffV *„betreffenden Vorschriften des Anhangs I Nummer 2 bis 5"* ausschließlich die Nr. 2.4.2. Abs. 3 S. 1 und Abs. 4 S. 1 (*„entgegen § 8 Absatz 8 in Verbindung mit Anhang I Nummer 2.4.2 Absatz 3 Satz 1 oder Absatz 4 Satz 1 Abbruch-, Sanierungs- oder Instandhaltungsarbeiten durchführt"*) sind. Damit ist nicht jede Verletzung einer Pflicht aus Anhang I Nrn. 2 bis 5 zur GefStoffV strafbewehrt, sondern ausschließlich die Nr. 2.4.2. Abs. 3 S. 1 und Abs. 4 S. 1. Hinzu kommen nach § 8 Abs. 8 GefStoffV die einschlägigen Pflichten aus den Vorschriften der §§ 6 bis 18 GefStoffV.

Werden die einschlägigen Pflichten aus den Vorschriften der §§ 6 bis 18 GefStoffV sowie aus Anhang I Nr. 2.4.2. Abs. 3 S. 1 oder Abs. 4 S. 1 zur GefStoffV nicht eingehalten, liegt eine unerlaubte Durchführung von Abbruch-, Sanierungs- und Instandhaltungsarbeiten mit Asbest vor. 406

Immer wieder sehen sich Verweisungsregelungen mittels Blankettvorschriften dem Vorwurf der Verfassungswidrigkeit ausgesetzt, weil es an der Bestimmtheit der Norm fehlen soll. Für den Normadressaten sei das strafbare Handeln aufgrund der zahlreichen Verweise nicht erkennbar.[98] In einer Entscheidung des *BVerfG* zum Rindfleischetikettierungsgesetz wurde jedoch die Zulässigkeit von Blankettstrafnormen angenommen in Fällen, in denen das Blankettstrafgesetz hinreichend klar erkennen lässt, worauf sich die Verweisung bezieht.[99] Dazu muss die Blankettnorm die Regelungen, die zu ihrer Ausfüllung in Betracht kommen und dann durch sie bewehrt werden, deren Inhalt und Gegenstand hinreichend deutlich bezeichnen und abgrenzen.[100] Diese Voraussetzungen sind bei § 27 ChemG gewahrt. 407

2. Tathandlung: Unerlaubtes Durchführen von Abbruch-, Sanierungs- oder Instandhaltungsarbeiten mit Asbest

Als Tathandlung setzt § 24 Abs. 2 Nr. 1 GefStoffV das unerlaubte (*„entgegen § 8 Absatz 8 in Verbindung mit Anhang I Nummer 2.4.2 Absatz 3 Satz 1 oder Absatz 4 Satz 1"*) Durchführen von Abbruch-, Sanierungs- oder Instandhaltungsarbeiten mit Asbest voraus. § 8 Abs. 8 GefStoffV legt fest, dass der Arbeitgeber bei Tätigkeiten mit Gefahrstoffen nach Anhang I Nr. 2 bis 5 sowohl die §§ 6 bis 18 als auch die betreffenden Vorschriften des Anhangs I Nr. 2 bis 5 zu beachten hat. Anhang I enthält besondere Vorschriften für bestimmte Gefahrstoffe und Tätigkeiten. Nr. 2 umfasst alle Tätigkeiten mit Exposition gegenüber allen alveolengängigen und einatembaren Stäuben und damit Asbest. Nr. 3 ist weggefallen, Nr. 4 umfasst Biozid-Produkte und Begasung mit Biozid-Produkten oder Pflanzen und Nr. 5 umfasst das Lagern, Abfüllen und innerbetriebliche Befördern von Ammoniumnitrat und ammoniumnitrathaltigen Gemischen, weshalb die Nrn. 4 und 5 für die Durchführen von Abbruch-, Sanierungs- oder Instandhaltungsarbeiten mit Asbest keine Regelungen enthalten. 408

98 *AG Potsdam* Aussetzungs- und Vorlagebeschl. v. 29.3.2017 – 86 Ds 75/16, BeckRS 2017, 119329 sowie dazu *BVerfG* Beschl. v. 19.7.2017 – 2 BvL 4/17, BeckRS 2017, 119328.
99 *BVerfG* NJW 2016, 3648.
100 *BVerfGE* 23, 265, 269.

409 Bei vorsätzlicher oder fahrlässiger Nichtbeachtung dieser Pflichten im Zusammenhang mit der Durchführung von Abbruch-, Sanierungs- oder Instandhaltungsarbeiten mit Asbest droht eine Bestrafung nach § 27 Abs. 1 S. 1 ChemG i.V.m. § 24 Abs. 2 Nr. 1 GefStoffV i.V.m. § 8 Abs. 8 GefStoffV. Die Strafandrohung bei einer Vorsatztat beträgt Freiheitsstrafe bis zu zwei Jahren oder Geldstrafe, bei Fahrlässigkeit Freiheitsstrafe bis zu einem Jahr oder Geldstrafe.

a) Pflicht zur Gefährdungsbeurteilung und Vornahme von Schutzmaßnahmen, §§ 6 ff. GefStoffV

410 Neben die Pflicht zur Gefährdungsbeurteilung (§ 6 GefStoffV) treten gewisse Grundpflichten (§ 7 GefStoffV), ebenso die Pflicht zur Vornahme von Schutzmaßnahmen (§§ 8 ff. GefStoffV).

aa) Unterlassene oder fehlerhafte Gefährdungsbeurteilung und Missachtung von Grundpflichten, §§ 6, 7 GefStoffV

411 **(1) § 6 GefStoffV** § 6 GefStoffV beinhaltet sowohl die Pflicht des Arbeitgebers zur Informationsermittlung sowie zur Gefährdungsbeurteilung seiner Arbeitnehmer. Nach § 6 Abs. 1 S. 1 GefStoffV hat der Arbeitgeber im Rahmen einer Gefährdungsbeurteilung als Bestandteil der Beurteilung der Arbeitsbedingungen nach § 5 ArbSchG festzustellen, ob die Beschäftigten Tätigkeiten mit Gefahrstoffen ausüben oder ob bei Tätigkeiten Gefahrstoffe entstehen oder freigesetzt werden können. Die für die Gefährdungsbeurteilung notwendigen Informationen hat sich der Arbeitgeber beim Lieferanten oder aus anderen, ihm mit zumutbarem Aufwand zugänglichen Quellen zu beschaffen (§ 6 Abs. 2 S. 1 GefStoffV). Mitumfasst davon ist die Pflicht zum Einholen einer Gefährdungsbeurteilung vom Inverkehrbringer, Dokumentationspflichten, die Pflicht zur fachkundigen Durchführung und die Pflicht zum Anfertigen eines Verzeichnisses der im Betrieb verwendeten Gefahrstoffe.

412 Insoweit sind die Technischen Regeln für Gefahrstoffe 400 (TRGS 400) relevant, die den Stand der Technik, Arbeitsmedizin und Arbeitshygiene sowie sonstige gesicherte arbeitswissenschaftliche Erkenntnisse für Tätigkeiten mit Gefahrstoffen, einschließlich deren Einstufung und Kennzeichnung, wiedergeben. Sie werden vom Ausschuss für Gefahrstoffe (AGS) ermittelt bzw. angepasst und vom Bundesministerium für Arbeit und Soziales bekannt gegeben. Die TRGS konkretisieren im Rahmen ihres Anwendungsbereichs Anforderungen der GefStoffV. Bei Einhaltung der Technischen Regeln für Gefahrstoffe kann der Arbeitgeber insoweit davon ausgehen, dass die entsprechenden Anforderungen der Verordnung erfüllt sind. Weicht der Arbeitgeber hingegen von den TRGS ab, muss er damit mindestens die gleiche Sicherheit und den gleichen Gesundheitsschutz für die Beschäftigten erreichen.[101]

413 **(2) § 7 GefStoffV** § 7 GefStoffV statuiert für den Arbeitgeber Grundpflichten beim Umgang mit Asbest. Nach § 7 Abs. 1 GefStoffV darf der Arbeitgeber eine Tätigkeit z.B. mit Asbest erst aufnehmen lassen, nachdem eine Gefährdungsbeurteilung nach § 6 GefStoffV durchgeführt und die erforderlichen Schutzmaßnahmen nach Abschnitt 4 ergriffen worden sind. Neben der Pflicht zur Beurteilung der Gefährdung vor Aufnahme der Tätigkeit (§ 6 GefStoffV) hat der Arbeitgeber die erforderlichen Maßnahmen nach dem Arbeitsschutzgesetz und die zusätzlich nach der GefStoffV erforderlichen Maßnahmen zu ergreifen. Ferner hat er auf Grundlage des Ergebnisses der Substitutionsprüfung nach § 6 Abs. 1 S. 2 Nr. 4 GefStoffV vorrangig eine Substitution durchzuführen. Dem Verbot einer Gefährdung seiner Beschäftigten hat der Arbeitge-

101 TRGS 400 GMBl 2017 S. 638 Nr. 36 v. 8.9.2017.

ber durch geeignete Schutzmaßnahmen zu entsprechen. Dabei hat er potenzielle Schädigungen zu minimieren und die Rangfolge der in § 6 Abs. 4 GefStoffV genannten Schutzmaßnahmen einzuhalten. Beschäftigten müssen persönliche Schutzausrüstungen zur Verfügung gestellt werden (§ 7 Abs. 4 GefStoffV), ebenso sind Wirksamkeitsüberprüfungen der Schutzmaßnahmen (§ 7 Abs. 7 GefStoffV) sowie Arbeitsplatzmessungen von Gefahrstoffen (§ 7 Abs. 8 GefStoffV) vorzunehmen.

bb) Unterlassene oder fehlerhafte Vornahme von Schutzmaßnahmen, §§ 8-13 GefStoffV

(1) § 8 GefStoffV Bei Abbruch-, Sanierungs- und Instandhaltungsarbeiten mit Asbest hat der Arbeitgeber gem. § 8 Abs. 1 GefStoffV z.B. folgende Schutzmaßnahmen vorzunehmen: geeignete Gestaltung des Arbeitsplatzes und geeignete Arbeitsorganisation (Nr. 1), Bereitstellung geeigneter Arbeitsmittel und geeignete Wartungsverfahren (Nr. 2), Begrenzung der Anzahl der Beschäftigten, die Gefahrstoffen ausgesetzt sind oder ausgesetzt sein können (Nr. 3), Begrenzung der Dauer und der Höhe der Exposition (Nr. 4), angemessene Hygienemaßnahmen (Nr. 5), Begrenzung der am Arbeitsplatz vorhandenen Gefahrstoffe (Nr. 6), geeignete Arbeitsmethoden und Verfahren, einschließlich Vorkehrungen für die sichere Handhabung, Lagerung und Beförderung von Gefahrstoffen und Abfällen, die Gefahrstoffe enthalten (Nr. 7). **414**

Neben den in Abs. 1 enthaltenen Schutzmaßnahmen treffen den Arbeitgeber unter anderem innerbetriebliche Kennzeichnungspflichten (Abs. 2) sowie besondere Aufbewahrungs-, Handhabungs- und Lagerpflichten von Gefahrstoffen (Abs. 4 bis 7). **415**

§ 8 Abs. 8 GefStoffV legt fest, dass der Arbeitgeber bei Tätigkeiten mit Gefahrstoffen nach Anhang I Nr. 2 bis 5 sowohl die §§ 6 bis 18 als auch die betreffenden Vorschriften des Anhangs I Nr. 2 bis 5 zu beachten hat. **416**

Werden Pflichten aus § 8 GefStoffV oder die Vorschriften des Anhangs I Nr. 3 bis 5 zur GefStoffV verletzt, so kommt eine Strafbarkeit gem. § 27 Abs. 1 Nr. 1 ChemG i.V.m. § 24 Abs. 2 Nr. 1 GefStoffV i.V.m. § 8 Abs. 8 GefStoffV i.V.m. § 8 GefStoffV in Betracht. **417**

(2) § 9 GefStoffV Reichen allgemeine Schutzmaßnahmen nach § 8 GefStoffV nicht aus, Gefährdungen durch Einatmen, Aufnahme über die Haut oder Verschlucken entgegenzuwirken, trifft den Arbeitgeber bei Abbruch-, Sanierungs- und Instandhaltungsarbeiten mit Asbest gem. § 9 Abs. 1 S. 1 GefStoffV die Pflicht, die in § 9 Abs. 2 bis 7 GefStoffV genannten zusätzliche Schutzmaßnahmen zu ergreifen. In diesem Fall müssen unter anderem Gefahrstoffe in einem geschlossenen System verwendet werden (Abs. 2). **418**

Bei Überschreitung eines Arbeitsplatzgrenzwerts ist der Arbeitgeber gem. § 9 Abs. 3 S. 1 GefStoffV zu einer erneuten Gefährdungsbeurteilung verpflichtet. Darüber hinaus muss er ggf. zusätzliche Schutzmaßnahmen ergreifen, um den Arbeitsplatzgrenzwert einzuhalten. Ist dies nicht möglich, ist eine persönliche Schutzausrüstung zur Verfügung zu stellen, § 9 Abs. 3 S. 2, Abs. 4 GefStoffV. Unter Umständen sind zusätzliche Hygienemaßnahmen notwendig sowie Zutrittsbeschränkungen oder Gewährleistung einer Aufsicht, § 9 Abs. 6 GefStoffV. **419**

Verletzt der Arbeitgeber Pflichten aus § 9 GefStoffV, kommt eine Strafbarkeit gem. § 27 Abs. 1 Nr. 1 ChemG i.V.m. § 24 Abs. 2 Nr. 1 GefStoffV i.V.m. § 8 Abs. 8 GefStoffV i.V.m. § 9 GefStoffV in Betracht. **420**

421 **(3) § 10 GefStoffV** Da es sich bei Asbest um einen krebserzeugenden Gefahrstoff der Kategorie 1A handelt,[102] kann sich der Arbeitgeber bei Abbruch-, Sanierungs- und Instandhaltungsarbeiten mit Asbest gem. § 27 Abs. 1 Nr. 1 ChemG i.V.m. § 24 Abs. 2 Nr. 1 GefStoffV i.V.m. § 8 Abs. 8 GefStoffV i.V.m. § 10 GefStoffV strafbar machen, sofern er nicht zusätzlich die Bestimmungen nach § 10 Abs. 3 bis 5 GefStoffV oder des Anhangs II Nr. 6 beachtet. Dies können unter anderem Arbeitsplatzmessungen (Abs. 3 Nr. 1), die Abgrenzung von Gefahrenbereichen (Abs. 3 Nr. 2), die Begrenzung der Exposition, Ausschöpfung technischer Schutzmaßnahmen und Pflicht zum Tragen von Schutzausrüstung (Abs. 4), sowie das Verbot der Rückführung abgesaugter Luft (Abs. 5) sein.

422 **(4) § 11 GefStoffV** Eine Strafbarkeit des Arbeitgebers kommt bei Abbruch-, Sanierungs- und Instandhaltungsarbeiten mit Asbest gestützt auf § 11 GefStoffV auch dann in Betracht, wenn er die Pflicht zum Treffen besonderer Schutzmaßnahmen gegen physikalisch-chemische Einwirkungen, insbesondere gegen Brand- und Explosionsgefährdungen, missachtet. Der Arbeitgeber hat in Bezug auf physikalisch-chemische Einwirkungen gem. § 11 Ab. 1 GefStoffV auf der Grundlage der Gefährdungsbeurteilung und unter Beachtung von Anhang I Nr. 1 und 5 zur GefStoffV Maßnahmen zum Schutz der Beschäftigten und anderer Personen zu ergreifen. Die Maßnahmen hat der Arbeitgeber so festzulegen und deren Rangfolge gem. Abs. 2 zu beachten, dass Brand- und Explosionsgefährdungen vermieden oder so weit wie möglich verringert werden.

423 Ebenso muss er dafür Sorge tragen, dass Brand- und Explosionsgefahren dadurch vorgebeugt werden, dass Arbeitsbereiche, Arbeitsplätze, Arbeitsmittel und deren Verbindungen entsprechend sicher konstruiert, errichtet, zusammengebaut, installiert, verwendet und instandgehalten werden (Abs. 3). Bei der Tätigkeit mit organischen Peroxiden treffen den Arbeitgeber über die Bestimmungen der Abs. 1 und 2 sowie des Anhangs I Nr. 1 hinausgehende gesonderte Pflichten nach Abs. 4, wobei er auch Anhang III zur GefStoffV zu beachten hat.

424 Verletzt der Arbeitgeber Pflichten aus § 11 GefStoffV, besteht das Risiko einer Strafbarkeit gem. § 27 Abs. 1 Nr. 1 ChemG i.V.m. § 24 Abs. 2 Nr. 1 GefStoffV i.V.m. § 8 Abs. 8 GefStoffV i.V.m. § 11 GefStoffV.

425 **(5) § 13 GefStoffV** § 13 GefStoffV enthält die strafbewehrte Pflicht des Arbeitgebers im Zusammenhang mit Abbruch-, Sanierungs- und Instandhaltungsarbeiten mit Asbest, die Gesundheit und Sicherheit seiner Beschäftigten bei Betriebsstörungen, Unfällen oder Notfällen zu schützen, indem er rechtzeitig Notfallmaßnahmen festlegt und bei Eintritt eines solchen Ereignisses die festgelegten Maßnahmen umgehend ergreift.

426 Der Arbeitgeber hat Arbeitnehmern, die im Gefahrenbereich tätig werden, unter anderem geeignete Schutzkleidung und persönliche Schutzausrüstung sowie gegebenenfalls erforderliche spezielle Sicherheitseinrichtungen und besondere Arbeitsmittel ebenso bereitzustellen (Abs. 3) wie Warn- und sonstige Kommunikationssysteme, die eine erhöhte Gefährdung der Gesundheit und Sicherheit anzeigen (Abs. 4). Abs. 5 statuiert Informations- und Dokumentationspflichten.

---

102 Asbest ist in Anhang VI Teil 3 Tabelle 3 der GHS-Verordnung in die Kategorie 1A der karzinogenen (krebserzeugenden) Stoffe eingestuft (früher: Anhang 1 der Richtlinie 67/548/EWG).

Verletzt der Arbeitgeber Pflichten aus § 13 GefStoffV, besteht das Risiko einer Strafbarkeit gem. § 27 Abs. 1 Nr. 1 ChemG i.V.m. § 24 Abs. 2 Nr. 1 GefStoffV i.V.m. § 8 Abs. 8 GefStoffV i.V.m. § 13 GefStoffV. 427

cc) Unterlassene oder fehlerhafte Unterrichtung der Behörden, § 18 GefStoffV

Den Arbeitgeber trifft im Zusammenhang mit Abbruch-, Sanierungs- oder Instandhaltungsarbeiten mit Asbest ferner die strafbewehrte Pflicht zur Unterrichtung der Behörden im Falle eines Unfalls oder einer Betriebsstörung, die bei Tätigkeiten mit Asbest zu einer ernsten Gesundheitsschädigung von Beschäftigten geführt haben (Abs. 1 Nr. 1), ebenso bei Krankheits- oder Todesfällen, bei denen die Annahme naheliegt, dass diese durch die Tätigkeit mit den Gefahrstoffen verursacht wurden (Abs. 1 Nr. 2). Weitere Vorlage- und Mitteilungspflichten gegenüber der zuständigen Behörde ergeben sich aus den Abs. 2 und 3. 428

b) Anhang I Nr. 2.4.2 GefStoffV

aa) Durchführung nur von Fachbetrieben, deren personelle und sicherheitstechnische Ausstattung für die Tätigkeit geeignet ist, Anhang I Nr. 2.4.2 Abs. 3 S. 1 GefStoffV

Abbruch-, Sanierungs- und Instandhaltungsarbeiten mit Asbest dürfen gem. Anhang I Nr. 2.4.2 Abs. 3 S. 1 GefStoffV nur von Fachbetrieben durchgeführt werden, deren personelle und sicherheitstechnische Ausstattung für diese Tätigkeiten geeignet ist. 429

Erfolgt eine Durchführung ohne entsprechende Zertifizierung als Fachbetrieb oder ohne die geforderte personelle oder sicherheitstechnische Geeignetheit, kommt eine Strafbarkeit gem. § 27 Abs. 1 Nr. 1 ChemG i.V.m. § 24 Abs. 2 Nr. 1 GefStoffV i.V.m. § 8 Abs. 8 GefStoffV i.V.m. Anhang I Nr. 2.4.2 Abs. 3 S. 1 GefStoffV in Betracht. 430

Beispiel: Das *OLG Celle*[103] hat entschieden, dass im Zusammenhang mit der Demontage asbesthaltiger Dachplatten neben einem wesentlichen Abweichen von einem vorgeschriebenen oder zugelassenen Verfahren nach § 326 Abs. 1 StGB, auch der Straftatbestand der unerlaubten Durchführung von Abbruch-, Sanierungs- oder Instandhaltungsarbeiten nach § 27 Abs. 1 Nr. 1 ChemG i.V.m. § 24 Abs. 2 Nr. 1 GefStoffV erfüllt ist, wenn die Dacharbeiten zwar von sachkundigem Personal durchgeführt wurden, die personelle Aufstellung im Betrieb insgesamt aber nicht den Ansprüchen einer vorschriftsmäßigen Durchführung im Umgang mit Asbest genügten. 431

Nach § 27 Abs. 1 Nr. 1 ChemG i.V.m. § 24 Abs. 2 Nr. 1 GefStoffV wird mit Freiheitsstrafe bis zu zwei Jahren oder mit Geldstrafe bestraft, wer entgegen § 8 Abs. 8 GefStoffV i.V.m. Anhang I Nr. 2.4.2 Abs. 3 S. 1 oder Abs. 4 S. 1 GefStoffV Abbruch-, Sanierungs- oder Instandhaltungsarbeiten durchführt. 432

bb) Durchführung nur von Fachbetrieben, die von der zuständigen Behörde zur Ausführung der Tätigkeit zugelassen sind, Anhang I Nr. 2.4.2 Abs. 4 S. 1 GefStoffV

Ist Asbest in schwach gebundener Form vorhanden, dürfen Abbruch-, Sanierungs- oder Instandhaltungsarbeiten nur von Fachbetrieben durchgeführt werden, die von der zuständigen Behörde zur Ausführung dieser Tätigkeiten zugelassen worden sind. 433

103 *OLG Celle* Beschl. v. 2.11.2021 – 2 Ss 121/21, BeckRS 2021, 34013.

III. Unerlaubtes Betreiben von genehmigungsbedürftigen oder sonstigen Anlagen i.S.d. BImSchG, Rohrleitungs-, Abfallentsorgungs- und Abwasserbehandlungsanlagen, § 327 Abs. 2 StGB

434 Das unerlaubte Betreiben von genehmigungsbedürftigen Anlagen i.S.d. BImSchG, Rohrleitungs-, Abfallentsorgungs- und Abwasserbehandlungsanlagen ist in § 327 Abs. 2 StGB geregelt. § 327 Abs. 1 S. 1 StGB regelt das unerlaubte Betreiben von kerntechnischen Anlagen (Abs. 1 Nr. 1) und das wesentliche Ändern von Betriebsstätten, in denen Kernbrennstoffe verwendet werden (Abs. 1 Nr. 2).

§ 327 StGB Unerlaubtes Betreiben von Anlagen

(1) Wer ohne die erforderliche Genehmigung oder entgegen einer vollziehbaren Untersagung

1. eine kerntechnische Anlage betreibt, eine betriebsbereite oder stillgelegte kerntechnische Anlage innehat oder ganz oder teilweise abbaut oder eine solche Anlage oder ihren Betrieb wesentlich ändert oder

2. eine Betriebsstätte, in der Kernbrennstoffe verwendet werden, oder deren Lage wesentlich ändert,

wird mit Freiheitsstrafe bis zu fünf Jahren oder mit Geldstrafe bestraft. [...]

(2) Mit Freiheitsstrafe bis zu drei Jahren oder mit Geldstrafe wird bestraft, wer

1. eine genehmigungsbedürftige Anlage oder eine sonstige Anlage im Sinne des Bundes-Immissionsschutzgesetzes, deren Betrieb zum Schutz vor Gefahren untersagt worden ist,

2. eine genehmigungsbedürftige Rohrleitungsanlage zum Befördern wassergefährdender Stoffe im Sinne des Gesetzes über die Umweltverträglichkeitsprüfung,

3. eine Abfallentsorgungsanlage im Sinne des Kreislaufwirtschaftsgesetzes oder

4. eine Abwasserbehandlungsanlage nach § 60 Absatz 3 des Wasserhaushaltsgesetzes

ohne die nach dem jeweiligen Gesetz erforderliche Genehmigung oder Planfeststellung oder entgegen einer auf dem jeweiligen Gesetz beruhenden vollziehbaren Untersagung betreibt. Ebenso wird bestraft, wer ohne die erforderliche Genehmigung oder Planfeststellung oder entgegen einer vollziehbaren Untersagung eine Anlage, in der gefährliche Stoffe oder Gemische gelagert oder verwendet oder gefährliche Tätigkeiten ausgeübt werden, in einem anderen Mitgliedstaat der Europäischen Union in einer Weise betreibt, die geeignet ist, außerhalb der Anlage Leib oder Leben eines anderen Menschen zu schädigen oder erhebliche Schäden an Tieren oder Pflanzen, Gewässern, der Luft oder dem Boden herbeizuführen. [...]

1. Allgemeines

435 Die Vorschrift des § 327 StGB bestraft den unerlaubten Anlagenbetrieb, dessen Tatbestände bis zum Inkrafttreten des 18 StrÄndG (1. UKG)[104] im Verwaltungsrecht geregelt waren.[105]

436 Die von § 327 Abs. 2 S. 1 StGB erfassten Straftatbestände des unerlaubten Betreibens von genehmigungsbedürftigen oder sonstigen Anlagen i.S.d. BImSchG (Abs. 2 Nr. 1) sowie Rohrleitungs- (Abs. 2 Nr. 2), Abfallentsorgungs- (Abs. 2 Nr. 3) und Abwasserbehandlungsanlagen (Abs. 2 Nr. 4) sind als abstrakte Gefährdungsdelikte ausgestaltet, die keinen Erfolg i. S. einer

---

104 Achtzehntes Strafrechtsänderungsgesetz – Gesetz zur Bekämpfung der Umweltkriminalität (18. StrÄndG) v. 28.3.1980, BGBl. I 373, in Kraft seit 1.7.1980.

105 Schönke/Schröder/*Heine/Schittenhelm* § 327 Rn. 1.

Verletzung oder tatsächlichen Gefährdung von Umweltgütern oder Personen voraussetzen.[106] § 327 Abs. 2 S. 2 StGB sanktioniert das Betreiben einer Anlage ohne Genehmigung, Planfeststellung oder entgegen einer Untersagung in einem anderen Mitgliedstaat der Europäischen Union. Der Tatbestand setzt voraus, dass der Anlagenbetrieb die Eignung zur Schädigung von Leib oder Leben eines anderen Menschen, Tieren, Pflanzen, Gewässern, Luft oder Boden besitzt und stellt dementsprechend ein potenzielles Gefährdungsdelikt dar.[107]

§ 327 StGB schützt die behördliche Prüfungs- und Entscheidungskompetenz bei der Zulassung **437** und Überwachung potenziell umweltgefährdender Anlagen auch bereits gegen bloßen Verwaltungsungehorsam.[108] Es geht primär um administrative Kontroll- und Überwachungsinteressen zur Gefahrenvermeidung.[109]

2. Betreiberdelikte sind Sonderdelikte

Abfallstrafrechtliche Tatbestände weisen häufig Sonderdeliktsmerkmale auf. Dazu gehört ins- **438** besondere die Stellung des Täters als Abfallanlagenbetreiber nach § 327 Abs. 2 S. 1 Nr. 3 StGB.[110] Darüber hinaus kann auch das Innehaben einer verwaltungsrechtlichen Pflicht ein Sonderdeliktsmerkmal sein.[111] Sonderdelikte zeichnen sich durch besondere Statusmerkmale aus, die nicht jeder aufweist und insofern eine gewisse wirtschaftliche Sonderrolle begründen bzw. um Sonderpflichten, die bestimmte Personen treffen.[112] Wer die Sondereigenschaft nicht erfüllt, oder nicht Inhaber einer Pflicht ist, deren Verletzung für die Strafbarkeit vorausgesetzt wird, kann sich täterschaftlich nicht wegen des betreffenden Sonderdelikts strafbar machen.[113]

Umweltstraftaten werden nicht selten aus Unternehmen heraus begangen, weil Anlagenbetrei- **439** ber und Adressaten von verwaltungsrechtlichen (Sonder-)Pflichten i.d.R. juristische Personen sind.[114] Juristische Personen sind jedoch im deutschen Strafrecht (noch) nicht schuld- bzw. deliktsfähig.[115] Eine zentrale Rolle spielt hierbei die o.g. Zurechnungsnorm des § 14 StGB. Sie gilt für Delikte, die für bestimmte natürliche oder juristische Personen Sonderpflichten begründen und dehnt den Anwendungsbereich von Straftatbeständen, die sich an bestimmte Adressaten richten, auf deren Vertreter für den Fall aus, dass diese für den eigentlichen Adressaten der Norm handeln.[116]

---

106 *Fischer* § 327 Rn. 2; Schönke/Schröder/*Heine/Schittenhelm* § 327 Rn. 1; Leipold/Tsambikakis/Zöller/*Szesny* AnwaltKommentar StGB § 327 Rn. 1.

107 MK-*Alt* § 327 Rn. 2; *Fischer* § 327 Rn. 15; BeckOK-StGB/*Witteck* § 327 Rn. 6; Leipold/Tsambikakis/Zöller/*Szesny* AnwaltKommentar StGB § 327 Rn. 1

108 *Fischer* § 327 Rn. 2; *Horn* NJW 1988, 2335, 2337.

109 *Breuer* NJW 1988, 2072, 2083.

110 Lackner/Kühl/Heger/*Heger* § 327 Rn. 6a; *Schall* NStZ 1997, 577, 580; Leipold/Tsambikakis/Zöller/*Szesny* AnwaltKommentar StGB § 327 Rn. 2; a.A. LK-*Schünemann* § 14 Rn. 23, 68; NK-*Ransiek* § 327 Rn. 5; *Ransiek* FS Widmaier, S. 730 ff. sehen in § 327 StGB ein Allgemeindelikt; zur vergleichbaren Problematik im Hinblick auf § 325 StGB siehe überblickartig MK-*Alt* § 325 Rn. 65 f. m.w.N. und dem dargestellten Streitentscheid: Nach h.M. wird § 325 Abs. 1 und 2 StGB, der die Luftverunreinigung, die durch den Betrieb der Anlage hervorgerufen wird, sanktioniert, als Sonderdelikt eingestuft. Täter sei demnach der Anlagenbetreiber; a.A. sieht in dem Merkmal *„beim Betrieb einer Anlage"* hingegen eine eingrenzende Beschreibung der Tathandlung, nicht jedoch eine Beschreibung einer besonderen Pflichtenstellung. Es handele sich demnach, genau wie bei § 325 Abs. 3 auch bei Abs. 1 und 2 um ein Allgemeindelikt.

111 *Börner* Umweltstrafrecht § 5 Rn. 10.

112 *Hellmann* Wirtschaftsstrafrecht Rn. 1021.

113 Vgl. BeckOK-StGB/*Witteck* § 325 Rn. 32.

114 *Krell* Umweltstrafrecht Rn. 16.

115 Leipold/*Tsambikakis*/Zöller/*Kretschmer* AnwK-StGB § 14 Rn. 2.

116 LPK-StGB/*Hilgendorf* § 14 Rn. 1.

440 Normadressat des § 327 StGB ist der Anlagenbetreiber. Ist der Anlagenbetreiber eine juristische Person, kann diese juristische Person als Normadressat die tatbestandliche Handlung im Gegensatz zu deren Vertretern oder Beauftragten nicht selbst vornehmen. Den Vertretern oder Beauftragten würde für eine täterschaftliche Verantwortlichkeit jedoch die besondere Eigenschaft als Anlagenbetreiber fehlen. Handelt es sich bei den Vertretern hingegen um solche des § 14 Abs. 1 StGB und erfüllen die Beauftragten die Voraussetzungen des § 14 Abs. 2 StGB, so werden auf diese die besonderen persönlichen Merkmale, die in den Sonderdelikten die Strafbarkeit begründen, übertragen.[117] § 14 Abs. 1 StGB regelt eine solche Zurechnung für vertretungsberechtigte Organe einer juristischen Person, wie den Vorstand einer AG, für vertretungsberechtigte Gesellschafter einer rechtsfähigen Personengesellschaft, sowie für gesetzliche Vertreter. § 14 Abs. 2 StGB erfasst z.B. Betriebsleiter (Abs. 2 Nr. 1) oder die Betriebsbeauftragten für Abfall, Gewässer- und Immissionsschutz (Abs. 2 Nr. 2).[118] Betriebsbeauftragte für Abfall, Gewässer- und Immissionsschutz sind i.S.d. § 14 Abs. 2 Nr. 2 StGB ausdrücklich beauftragt, in eigener Verantwortung Aufgaben wahrzunehmen, die dem Betriebsinhaber obliegen.

3. Betreiben sonstiger Anlagen, § 327 Abs. 2 StGB

441 Die Straftatbestände des § 327 Abs. 2 S. 1 StGB betreffen das Betreiben von genehmigungsbedürftigen oder sonstigen Anlagen i.S.d. BImSchG, Rohrleitungs-, Abfallentsorgungs- und Abwasserbehandlungsanlagen. Strafbar ist das unerlaubte Betreiben einer auf deutschem Hoheitsgebiet befindlichen Anlage. Ein davon abtrennbarer Erfolg – eine Verletzung oder Gefährdung von Umweltgütern oder Personen – wird nicht vorausgesetzt.[119] § 327 Abs. 2 S. 2 StGB sanktioniert das Betreiben einer Anlage ohne Genehmigung, Planfeststellung oder entgegen einer Untersagung in einem anderen Mitgliedstaat der Europäischen Union.

442 **Beispiel:** In einem Fall, mit dem sich das *VG Regensburg*[120] zu beschäftigen hatte, wurde ohne entsprechenden Antrag und ohne Genehmigung eine Gesamtmenge nicht gefährlicher überwiegend gewerblich gemischter Siedlungsabfälle mit Folien, anderen Kunststoffen und Verpackungen, Kartonagen und Holz von 150 Tonnen gelagert. Das Genehmigungserfordernis ergab sich aus der zeitweiligen Lagerung nicht gefährlicher Abfälle mit einer Gesamtlagerkapazität von 100 Tonnen oder mehr. Zwar wurden die Errichtung zweier Hallen und Aufschüttungen genehmigt, allerdings mit der Auflage, die Bagatellgrenzen der 4. BImSchV einzuhalten, die vorschreibt, dass eine Gesamt-Input-Lagermenge an nicht gefährlichen Abfällen 99 Tonnen nicht überschreiten darf. Im Ausgangsfall wurden jedoch 150 Tonnen ohne entsprechenden Antrag gelagert, sodass das *VG Regensburg* von der formellen Illegalität der Anlage ausging. Der Betrieb einer nach dem BImSchG genehmigungsbedürftigen Anlage ohne vorherige Überprüfung durch die zuständige Behörde sei nach Annahme des Gerichts stets als erhebliche Gefahrenquelle anzusehen und somit als potenziell gefährliche Anlage einzustufen.[121]

117 MK-*Radtke* § 14 Rn. 48, 54.
118 Siehe dazu oben unter Rn. 308 ff.
119 *OLG Köln* wistra 1991, 74, 75; BeckOK-StGB/*Witteck* § 327 Rn. 6; *Rogall* NStZ 1992, 561, 564.
120 *VG Regensburg* Beschl. v. 14.3.2019 – RO 7 S 18.2145, BeckRS 2019, 3486.
121 *Hecker/Lorenz* NStZ-RR 2020, 33, 34.

a) Tatobjekte

§ 327 Abs. 2 S. 1 StGB nennt als Tatobjekte sowohl die genehmigungsbedürftigen oder sonstigen Anlagen i.S.d. BImSchG, als auch genehmigungsbedürftige Rohrleitungsanlagen zum Befördern wassergefährdender Stoffe i.S.d. UVPG, Abfallentsorgungsanlagen i.S.d. KrWG und Abwasserbehandlungsanlagen nach dem WHG. 443

aa) Anlagen i.S.d. BImSchG, § 327 Abs. 2 S. 1 Nr. 1 StGB

Tatgegenstand des § 327 Abs. 2 S. 1 Nr. 1 StGB ist eine inländische genehmigungsbedürftige Anlage i.S.v. § 4 BImSchG, wie Lageranlagen für Abfälle bzw. für Eisen- und Nichteisenschrotte[122], Autolagerplätze[123] oder Windfarmen[124]. Nach § 4 BImSchG fallen darunter alle die in der 4. BImSchV vom 2.5.2013[125] genannten Anlagen. Diese Aufzählung ist insoweit abschließend.[126] Durch Art. 6 Nr. 1 des Investitionserleichterungs- und WohnbaulandG vom 22.4.1993 – IWG[127] sind mit Ausnahme der Deponien auch sämtliche bislang unter Nr. 3 fallende Abfallentsorgungsanlagen dem immissionsschutzrechtlichen Genehmigungsverfahren unterworfen worden.[128] § 35 Abs. 1 KrWG regelt, dass die Errichtung und der Betrieb von Anlagen, in denen eine Entsorgung von Abfällen durchgeführt wird, sowie die wesentliche Änderung einer solchen Anlage oder ihres Betriebes der Genehmigung nach den Vorschriften des BImSchG bedürfen. 444

Mit sonstigen Anlagen meint das Gesetz nichtgenehmigungsbedürftige Anlagen i.S.v. § 22 BImSchG, sofern der Betrieb der Anlage nach § 22 BImSchG zum Schutz vor schädlichen Umwelteinwirkungen untersagt worden ist.[129] 445

Beispiel: Nach Auffassung des *VG Kassel*[130] stelle eine Lageranlage für Abfälle bzw. für Eisen- und Nichteisenschrotte eine nach dem BImSchG genehmigungsbedürftige Anlage dar, bei deren illegalem Betrieb eine Strafbarkeit nach § 327 Abs. 2 StGB gegeben sei. 446

bb) Rohrleitungsanlagen, § 327 Abs. 2 S. 1 Nr. 2 StGB

§ 327 Abs. 2 S. 1 Nr. 2 StGB erfasst inländischen Rohrleitungsanlagen, die der Beförderung von wassergefährdenden Stoffen nach § 62 Abs. 3 WHG, § 66 Abs. 6 S. 7 UVPG dienen. Eine Rohrleitung ist ein umschlossener Hohlraum, durch den ein Stoff fließen kann.[131] Der Begriff der Rohrleitungsanlagen umfasst die Rohrleitungen sowie die zugehörigen Pump-, Abzweig-, Übergabe- und Sicherheitsstationen und das sonstige Zubehör wie Messeinrichtungen oder Sicherheitstanks.[132] Erfasst sind auch solche Rohrleitungen, die zwar innerhalb eines Werksgeländes verlaufen, aber von außen kommen oder nach außen geführt werden und zu einer 447

---

122 *VG Kassel* Beschl. v. 9.7.2021 – 4 L 940/21.KS, BeckRS 2021, 18847.

123 *BayObLG* NStZ 1998, 465; *OLG Braunschweig* NStZ-RR 1998, 175.

124 *BVerwG* NVwZ 2004, 1235.

125 Verordnung zur Umsetzung der Richtlinie über Industrieemissionen, zur Änderung der Verordnung über Immissionsschutz- und Störfallbeauftragte und zum Erlass einer Bekanntgabeverordnung v. 2.5.2013, BGBl. I, S. 973, in Kraft seit 2.5.2013.

126 LK-*Heghmanns* § 327 Rn. 21

127 Gesetz zur Erleichterung von Investitionen und der Ausweisung und Bereitstellung von Wohnbauland (Investitionserleichterungs- und Wohnbaulandgesetz) v. 22.4.1993, BGBl. I, S.466, 482, in Kraft seit 1.5.1993.

128 Schönke/Schröder/*Heine/Schittenhelm* § 327 Rn. 15.

129 *Fischer* § 327 Rn. 9; SSW-StGB/*Saliger* § 327 Rn. 4.

130 *VG Kassel* Beschl. v. 9.7.2021 – 4 L 940/21.KS, BeckRS 2021, 18847.

131 Siehe Nr. 19.3 der Anlage 1 zum UVPG; MK-*Alt* § 327 Rn. 26.

132 NK-*Ransiek* § 327 Rn. 12; Leipold/Tsambikakis/Zöller/*Szesny* AnwaltKommentar StGB § 327 Rn. 19.

anderen Anlage gehören.[133] Abwasserleitungen sind nicht erfasst.[134] Wassergefährdende Stoffe sind feste, flüssige und gasförmige Stoffe, die geeignet sind, dauernd oder in einem nicht nur unerheblichen Ausmaß nachteilige Veränderungen der Wasserbeschaffenheit herbeizuführen (§ 62 Abs. 3 WHG).

cc) Abfallentsorgungsanlagen, § 327 Abs. 2 S. 1 Nr. 3 StGB

448 § 327 Abs. 2 S. 1 Nr. 3 StGB erfasst Abfallentsorgungsanlagen i.S.d. KrWG. Seit Inkrafttreten des IWG[135] erfasst § 327 Abs. 2 S. 1 Nr. 3 StGB nach h.M.[136] nur noch die nach dem KrWG zulassungspflichtigen Anlagen, weil seit Inkrafttreten des IWG die bislang unter Nr. 3 fallenden Abfallentsorgungsanlagen einer Genehmigung nach dem BImSchG bedürfen.[137] § 35 Abs. 1 KrWG regelt, dass die Errichtung und der Betrieb von Anlagen, in denen eine Entsorgung von Abfällen durchgeführt wird, sowie die wesentliche Änderung einer solchen Anlage oder ihres Betriebes der Genehmigung nach den Vorschriften des BImSchG bedürfen.

449 Die für die Strafbarkeit nach § 327 Abs. 2 Nr. 3 StGB relevante Genehmigungs- bzw. Planfeststellungsbedürftigkeit ist im KrWG jedoch nur für Deponien normiert (§ 35 Abs. 2 S. 1, Abs. 3 S. 2 KrWG). § 35 Abs. 3 S. 2 KrWG legt insoweit fest, dass eine Plangenehmigung nach S. 1 Nr. 1 nicht erteilt werden kann für Deponien zur Ablagerung von gefährlichen Abfällen (Nr. 1) und für Deponien zur Ablagerung von nicht gefährlichen Abfällen mit einer Aufnahmekapazität von 10 Tonnen oder mehr pro Tag oder mit einer Gesamtkapazität von 25.000 Tonnen oder mehr, was wiederum nicht für Deponien für Inertabfälle gilt (Nr. 2).

450 Mit anderen Worten sind also Abfallentsorgungsanlagen i.S.d. KrWG nur Deponien, weshalb die h.M. das Tatobjekt des § 327 Abs. 2 Nr. 3 StGB auf Deponien beschränkt[138] und über diesen Begriff auch die Abgrenzung zu ortsfesten Abfallentsorgungsanlagen nach § 327 Abs. 2 Nr. 1 StGB und zum unbefugten Ablagern gefährlicher Abfälle nach § 326 StGB vornimmt.

451 Der Begriff der Deponie ist in § 3 Abs. 27 KrWG legaldefiniert. Nach § 3 Abs. 27 KrWG sind Deponien Beseitigungsanlagen zur Ablagerung von Abfällen oberhalb der Erdoberfläche (oberirdische Deponien) oder unterhalb der Erdoberfläche (Untertagedeponien). Zu den Deponien zählen nach dieser Vorschrift auch betriebsinterne Abfallbeseitigungsanlagen für die Ablagerung von Abfällen, in denen ein Erzeuger von Abfällen die Abfallbeseitigung am Erzeugungsort vornimmt. Ausschlaggebend für den Deponiebegriff ist die Endgültigkeit des Ablagerns, weshalb der vorübergehende Umgang mit Abfällen nicht in den Anwendungsbereich fällt.[139] Wenn die Ablagerung der Stoffe deren Verwertung dient, handelt es sich nicht um ein taugliches Tatobjekt i.S.d. § 327 Abs. 2 Nr. 3 StGB,[140] obwohl der Begriff der Abfallentsorgung im KrWG die Abfallverwertungs- und Abfallbeseitigungsverfahren, einschließlich der Vorbereitung vor der Verwertung oder Beseitigung erfasst (§ 3 Abs. 22 KrWG).

---

133 MK-*Alt* § 327 Rn. 26.

134 MK-*Alt* § 327 Rn. 26.

135 Gesetz zur Erleichterung von Investitionen und der Ausweisung und Bereitstellung von Wohnbauland (Investitionserleichterungs- und Wohnbaulandgesetz) v. 22.4.1993, BGBl. I, S.466, 482, in Kraft seit 1.5.1993.

136 *BGHS*t 59 50; Schönke/Schröder/*Heine/Schittenhelm* § 327 Rn. 17; *Krell* NZWiSt 2014, 14 ff.

137 Schönke/Schröder/*Heine/Schittenhelm* § 327 Rn. 15, 17.

138 *Fischer* § 327 Rn. 11; LK-*Heghmanns* § 327 Rn. 37; Lackner/Kühl/Heger/*Heger* § 327 Rn. 3; Leipold/Tsambikakis/Zöller/*Szesny* AnwaltKommentar StGB § 327 Rn. 20; Müller-Gugenberger/*Pfohl* Kap. 54 Rn. 251; *Rogall* FS Boujong, S. 815; *Saliger* Umweltstrafrecht Rn. 327; *Krell* Umweltstrafrecht Rn. 190.

139 LK-*Heghmanns* § 327 Rn. 39; vgl. auch Art. 2 lit. g RL 1991/31/EG v. 26.4.1999.

140 Schönke/Schröder/*Heine* § 327 Rn. 17.

Als Deponien können auch Grundstücke in den Anwendungsbereich des § 327 Abs. 2 Nr. 3 StGB fallen, wenn die Nutzung des Grundstücks zu Abfallentsorgungszwecken ein typisches und prägendes Merkmal der Grundstücksfläche bildet,[141] bzw. wenn es als sachliche Funktionseinheit aus Sicht eines durchschnittlichen Betrachters zur zeitlich unbegrenzten Ablagerung von quantitativ nicht unbeachtlichen Abfällen genutzt werden soll.[142] 452

Zum Begriff der Anlage kann sich an § 3 Abs. 5 BImSchG orientiert werden, da der Wortlaut des § 327 Abs. 2 Nr. 3 StGB zwar von Abfallentsorgungsanlagen i.S.d. KrWG spricht, das KrWG den Begriff der Anlage aber nicht definiert. Nach § 3 Abs. 5 BImSchG sind Anlagen Betriebsstätten und sonstige ortsfeste Einrichtungen (Nr. 1), Maschinen, Geräte und sonstige ortsveränderliche technische Einrichtungen sowie Fahrzeuge, soweit sie nicht der Vorschrift des § 38 BImSchG unterliegen (Nr. 2) und Grundstücke, auf denen Stoffe gelagert oder abgelagert oder Arbeiten durchgeführt werden, die Emissionen verursachen können, ausgenommen öffentliche Verkehrswege. 453

dd) Abwasserbehandlungsanlagen, § 327 Abs. 2 S. 1 Nr. 4 StGB

§ 327 Abs. 2 S. 1 Nr. 4 StGB erfasst ausschließlich Abwasserbehandlungsanlagen i.S.d. § 60 Abs. 3 WHG und damit nur solche Abwasserbehandlungsanlagen, für deren Errichtung, Betrieb und wesentliche Änderung es einer Genehmigung bedarf. Gemäß § 60 Abs. 3 S. 1 Nr. 1 WHG bedürfen die Errichtung, der Betrieb und die wesentliche Änderung einer Abwasserbehandlungsanlage einer Genehmigung, wenn für die Anlage nach dem UVPG eine Verpflichtung zur Durchführung einer Umweltverträglichkeitsprüfung besteht (§ 60 Abs. 3 S. 1 Nr. 1 WHG i.V.m. § 6 UVPG, Anlage 1 Nr. 13 UVPG). Nach § 60 Abs. 3 S. 1 Nr. 2 WHG besteht die Genehmigungspflicht auch dann, wenn in der Anlage Abwasser behandelt wird, das aus Anlagen nach § 3 der 4. BImSchV[143] stammt, deren Genehmigungserfordernis sich nicht auf die Abwasserbehandlungsanlage erstreckt und es sich nicht um häusliches Abwasser nach der Richtlinie 91/271/EWG handelt. Genehmigungspflichtig ist eine Abwasserbehandlungsanlage nach § 60 Abs. 3 S. 1 Nr. 3 WHG schließlich auch dann, wenn in der Anlage Abwasser behandelt wird, das aus Deponien mit einer Aufnahmekapazität von mindestens 10 Tonnen pro Tag oder mit einer Gesamtkapazität von mindestens 25.000 Tonnen, ausgenommen Deponien für Inertabfälle, stammt, sofern sich die Zulassung der Deponie nicht auf die Anlage erstreckt, und es sich wiederum nicht um häusliches Abwasser nach der Richtlinie 91/271/EWG handelt. 454

Vor allem durch die erforderliche UVP-Pflicht nach § 60 Abs. 3 S. 1 Nr. 3 WHG unterfallen bestimmte Abwasserbehandlungsanlagen nicht dem Begriff in § 60 Abs. 3 WHG.[144] Abwasserbehandlungsanlage haben den Zweck, die schädlichen Wirkungen von verschmutztem Abwasser durch physikalische, biologische oder chemische Verfahren zu verringern oder zu beseitigen.[145] Mangels UVP-Pflicht unterfallen z.B. Vorbereitungsanlagen oder Anlagen, die ausschließlich der Niederschlagswasserbehandlung oder -rückhaltung dienen, wie etwa Regenüberlauf- und Regenrückhaltebecken, nicht dem Anwendungsbereich des § 327 Abs. 2 S. 1 Nr. 4 StGB.[146] 455

141 *OLG Stuttgart* NStZ 1991, 590; *OLG Zweibrücken* NJW 1992, 2841, 2842.

142 Schönke/Schröder/*Heine* § 327 Rn. 17; *Fischer* § 327 Rn. 11; BeckOK-StGB/*Witteck* § 327 Rn. 221; MK-*Alt* § 327 Rn. 39; MK-*Alt* § 325 Rn. 14-19.

143 Vierte Verordnung zur Durchführung des Bundes-Immissionsschutzgesetzes v. 2.5.2013, BGBl. I 978.

144 BeckOK-UmweltR/*Schulz* WHG § 60 Rn. 30.

145 *Breuer/Gärditz* Öffentliches und privates Wasserrecht Rn. 357; BeckOK-UmweltR/*Schulz* WHG § 60 Rn. 30.

146 *Czychowski/Reinhardt* WHG § 60 Rn. 37; BeckOK-UmweltR/*Schulz* WHG § 60 Rn. 31 f.

b) Tathandlung

456 Nach § 327 Abs. 2 StGB wird bestraft, wer eine dort bezeichnete Anlage ohne die nach dem jeweiligen Gesetz erforderliche Genehmigung oder Planfeststellung oder entgegen einer auf dem jeweiligen Gesetz beruhenden vollziehbaren Untersagung betreibt. Tathandlung ist demnach das Betreiben ohne Genehmigung oder Planfeststellung oder entgegen einer vollziehbaren Untersagung. Nach dem Willen des Gesetzgebers soll der Tatbestand weit ausgelegt werden und jegliches Betreiben der dort genannten Anlagen ohne die erforderliche Genehmigung erfassen.[147] In der Rechtsprechung und Literatur wird hingegen vertreten, dass nur das Betreiben i. S. einer bestimmungsgemäßen Nutzung der Anlage erfasst sein soll.[148] Das unerlaubte Errichten, Abbauen, Innehaben oder wesentliche Verändern wird von § 327 Abs. 2 StGB nicht erfasst.[149]

B. Verbringen von Abfällen

457 Neben dem unerlaubten Umgang oder Wirtschaften mit Abfällen ist auch die unerlaubte Abfallverbringung unter Strafe gestellt. Strafbewehrt ist diese jedoch erst seit Inkrafttreten des 31. StrÄndG (2. UKG) am 1.11.1994.[150] Zuvor wurde das unerlaubte Verbringen von Abfällen lediglich mit einem Bußgeld geahndet. Mit dem 2. UKG wurde erstmalig der Straftatbestand des § 326 Abs. 2 StGB eingeführt, der die unerlaubte Ein-, Aus- und Durchfuhr gefährlicher Abfälle unter Strafe stellte.[151] Seither unterlag dieser Tatbestand vielfältigen Veränderungen. Nachdem zunächst § 326 Abs. 2 StGB durch das 45. StrÄndG[152] auf ungefährliche Abfälle in nicht unerheblicher Menge erweitert wurde, wurde er aufgrund erheblicher Kritik an der Bestimmtheit und Anwendbarkeit durch das Gesetz zur Änderung der abfallverbringungsrechtlichen Vorschriften vom 1.11.2016[153] wieder in die ursprüngliche Fassung vor dem 45. StrÄndG zurückversetzt.[154] Im Zuge dessen wurde auch der Straftatbestand des illegalen Verbringens von Abfällen i.S.d. Art. 2 Nr. 35 der Abfallverbringungsverordnung 1013/2006/EG[155] (Abfallverbringungsverordnung) in das AbfVerbrG verlagert und zwei neue Straftatbestände für die unerlaubte Verbringung von gefährlichen (§ 18a AbfVerbrG) und nicht gefährlichen (§ 18b AbfVerbrG) Abfällen geschaffen.

---

147 BT-Drucks. 8/3633, S. 30 f.

148 *BayObLG* NStZ 1998,465; Schönke/Schröder/*Heine/Schittenhelm* § 327 Rn. 14.

149 Matt/Renzikowski/*Rettenmaier/Gehrmann* § 327 Rn. 7; *Börner* wistra 2006, 7, 10.

150 Einunddreißigstes Strafrechtsänderungsgesetz – Zweites Gesetz zur Bekämpfung der Umweltkriminalität (31. StrÄndG – 2. UKG) v. 27.6.1994, BGBl. I 1994, S. 1440; Schönke/Schröder/*Heine/Schittenhelm* § 326 Rn. 1; Matt/Renzikowski/*Rettenmaier/Gehrmann* § 326 Rn. 1.

151 Einunddreißigstes Strafrechtsänderungsgesetz – Zweites Gesetz zur Bekämpfung der Umweltkriminalität (31. StrÄndG – 2. UKG) v. 27.6.1994, BGBl. I 1994, S. 1440, 1441; Schönke/Schröder/*Heine/Schittenhelm* § 326 Rn. 1.

152 Fünfundvierzigstes Strafrechtsänderungsgesetz zur Umsetzung der Richtlinie des Europäischen Parlaments und des Rates über den strafrechtlichen Schutz der Umwelt v. 6.12.2011, BGBl. I 2011, S. 2557.

153 Gesetz zur Änderung der abfallverbringungsrechtlichen Vorschriften v. 1.11.2016, BGBl. I 2016, S. 2452.

154 Schönke/Schröder/*Heine/Schittenhelm* § 326 Rn. 1.

155 Verordnung (EG) Nr. 1013/2006 des Europäischen Parlaments und des Rates v. 14.6.2006 über die Verbringung von Abfällen, ABl. L 190, S. 1.

Sowohl § 18a AbfVerbrG als auch § 326 Abs. 2 StGB haben nun die grenzüberschreitende illegale Verbringung gefährlicher Abfälle zum Gegenstand, wobei § 18a AbfVerbrG lex specialis zu § 326 Abs. 2 StGB ist.[156] 458

I. Unerlaubte Verbringung von Abfällen, § 326 Abs. 2 StGB

Nach § 326 Abs. 2 StGB wird bestraft, wer gefährliche Abfälle entgegen einem Verbot oder ohne die erforderliche Genehmigung in den, aus dem oder durch den Geltungsbereich dieses Gesetzes verbringt. 459

§ 326 Unerlaubter Umgang mit Abfällen

(1) Wer unbefugt Abfälle, die

1. Gifte oder Erreger von auf Menschen oder Tiere übertragbaren gemeingefährlichen Krankheiten enthalten oder hervorbringen können,
2. für den Menschen krebserzeugend, fortpflanzungsgefährdend oder erbgutverändernd sind,
3. explosionsgefährlich, selbstentzündlich oder nicht nur geringfügig radioaktiv sind oder
4. nach Art, Beschaffenheit oder Menge geeignet sind,
   a) nachhaltig ein Gewässer, die Luft oder den Boden zu verunreinigen oder sonst nachteilig zu verändern oder
   b) einen Bestand von Tieren oder Pflanzen zu gefährden,

außerhalb einer dafür zugelassenen Anlage oder unter wesentlicher Abweichung von einem vorgeschriebenen oder zugelassenen Verfahren sammelt, befördert, behandelt, verwertet, lagert, ablagert, ablässt, beseitigt, handelt, makelt oder sonst bewirtschaftet, wird mit Freiheitsstrafe bis zu fünf Jahren oder mit Geldstrafe bestraft.

(2) Ebenso wird bestraft, wer Abfälle im Sinne des Absatzes 1 entgegen einem Verbot oder ohne die erforderliche Genehmigung in den, aus dem oder durch den Geltungsbereich dieses Gesetzes verbringt. […]

1. Allgemeines

Eingefügt wurde § 326 Abs. 2 StGB durch das 18 StrÄndG (1. UKG)[157] im Jahr 1980 mit der Zielsetzung, jegliche Formen illegaler Geschäfte mit Abfall in Europa zu verhindern und den „*Mülltourismus*" zu bekämpfen.[158] Seither wurde § 326 Abs. 2 StGB mehrfach abgeändert: So durch das 31. StrÄndG[159] vom 27.6.1994 und das 45. StrÄndG[160] vom 6.12.2011.[161] § 326 Abs. 2 StGB bezieht sich in seiner heutigen Form ausschließlich auf die in § 326 Abs. 1 StGB aufgeführten gefährlichen Abfälle und erfasst damit auch Abfälle außerhalb des Anwendungsbereichs der Abfallverbringungsverordnung 1013/2006/EG wie z.B. radioaktive Abfälle.[162] 460

---

156 BT-Drucks. 18/8961, S. 18.

157 Achtzehntes Strafrechtsänderungsgesetz – Gesetz zur Bekämpfung der Umweltkriminalität (18. StrÄndG) v. 28.3.1980, BGBl. I, S. 373, in Kraft seit 1.7.1980.

158 *Michalke* Umweltstrafsachen Rn. 287.

159 Einunddreißigstes Strafrechtsänderungsgesetz – Zweites Gesetz zur Bekämpfung der Umweltkriminalität (31. StrÄndG – 2. UKG) v. 27.6.1994, BGBl. I 1994, S. 1440.

160 Fünfundvierzigstes Strafrechtsänderungsgesetz zur Umsetzung der Richtlinie des Europäischen Parlaments und des Rates über den strafrechtlichen Schutz der Umwelt v. 6.12.2011, BGBl. I 2011, S. 2557.

161 Überblickartig Matt/Renzikowski/*Rettenmaier/Gehrmann* § 326 Rn. 1 f.

162 BT-Drucks. 18/8961, S. 18, 19; *Hecker/Lorenz* NStZ-RR 2017, 33.

461 Ebenso wie § 326 Abs. 1 StGB schützt auch § 326 Abs. 2 StGB neben den Umweltmedien das menschliche Leben und die Gesundheit.[163]

462 Der Straftatbestand des unerlaubten Verbringens von Abfällen nach § 326 Abs. 2 StGB ist als Tätigkeitsdelikt ausgestaltet.[164] Zur Verwirklichung des Tatbestandes ist somit kein tatbestandlicher Erfolg, sondern lediglich eine dort genannte Handlung erforderlich.[165] In der Folge wird das unerlaubte Verbringen von Abfällen nach § 326 Abs. 2 StGB als potenzielles Gefährdungsdelikt eingestuft, bei dem ausschließlich die generelle Gefährlichkeit der Handlung positiv festgestellt werden muss.[166] Die Verbringungshandlung – der unerlaubte Transport gefährlicher Abfälle – muss demnach geeignet sein, eine Gefahr für die von dem Tatbestand geschützten Rechtsgüter hervorzurufen.

463 Die Norm des § 326 Abs. 2 StGB tritt hinter den neu eingeführten § 18a AbfVerbrG als lex specialis zurück.[167] Während § 18a Abs. 1 AbfVerbrG ausschließlich gefährliche Abfälle i.S.d. Art. 3 Nr. 2 der Abfallrahmenrichtlinie 2008/98/EG[168] erfasst, ist der Anwendungsbereich des § 326 Abs. 2 StGB über die von § 326 Abs. 1 StGB erfassten gefährlichen Abfälle begrenzt.

464 § 326 Abs. 4 StGB sieht eine Versuchsstrafbarkeit auch für Fälle des § 326 Abs. 2 StGB vor. Die fahrlässige Verbringung von gefährlichen Abfällen ist durch § 326 Abs. 5 Nr. 1 StGB unter Strafe gestellt.

2. Tatobjekt: Gefährlicher Abfall i.S.d. § 326 Abs. 1 StGB

465 Als Tatobjekt ist entsprechend zu § 326 Abs. 1 StGB wie vor dem Inkrafttreten des 45. StrÄndG nunmehr nur noch gefährlicher Abfall erfasst.[169] Bezugspunkt für das Tatobjekt ist somit § 326 Abs. 1 StGB.[170] Die vorstehenden[171] Ausführungen zu dem Abfallbegriff in § 326 Abs. 1 StGB finden entsprechend Anwendung auf Abs. 2.[172] Von § 326 Abs. 2 StGB erfasst sind aufgrund des Spezialitätsverhältnisses zu § 18a AbfVerbrG jedoch lediglich solche Abfälle, die nicht in den Anwendungsbereich von § 18a AbfVerbrG fallen.[173] Da die §§ 18a Abs. 1, 18b Abs. 1 AbfVerbrG für den Begriff der illegalen Verbringung auf die Abfallverbringungsverordnung 1013/2006/EG[174] verweisen und Art. 1 Abs. 3 dieser Verordnung Abfallarten von dem Anwendungsbereich ausnimmt, fallen die ausgenommenen Abfälle wiederum in den Anwendungsbereich des § 326 Abs. 2 StGB, sofern diese Abfälle ein Gefährlichkeitsmerkmal des § 326 Abs. 1 Nr. 1 bis 4 StGB erfüllen.[175] Dies sind z.B. Abfälle aus tierischen Nebenprodukten, mineralische Abfälle und Abwasser.[176]

---

163 LK-*Heghmanns* § 326 Rn. 5; Matt/Renzikowski/*Rettenmaier/Gehrmann* § 326 Rn. 5; *Michalke* Umweltstrafsachen Rn. 232; MK-*Alt* § 326 Rn. 1.

164 MK-*Alt* § 326 Rn. 5.

165 MK-*Alt* § 326 Rn. 5.

166 Schönke/Schröder/*Heine/Schittenhelm* § 326 Rn. 1a; Matt/Renzikowski/*Rettenmaier/Gehrmann* § 326 Rn. 4; MK-*Alt* § 326 Rn. 5.

167 BT-Drucks. 18/8961, S. 18, 20; *BGH* NStZ-RR 2018, 359; *Hecker/Lorenz* NStZ-RR 2019, 65, 67; *Michalke* Umweltstrafsachen Rn. 288.

168 Richtlinie 2008/98/EG des Europäischen Parlaments und des Rates v. 19.11.2008 über Abfälle und zur Aufhebung bestimmter Richtlinien, ABl. L 312 v. 22.11.2008, S. 3.

169 MK-*Alt* § 326 Rn. 82; Schönke/Schröder/*Heine/Schittenhelm* § 326 Rn. 12b.

170 MK-*Alt* § 326 Rn. 82; Schönke/Schröder/*Heine/Schittenhelm* § 326 Rn. 12b.

171 Rn. 370.

172 MK-*Alt* § 326 Rn. 82.

173 Schönke/Schröder/*Heine/Schittenhelm* § 326 Rn. 12a, b; MK-*Alt* § 326 Rn. 81.

174 Verordnung (EG) Nr. 1013/2006 des Europäischen Parlaments und des Rates v. 14.6.2006 über die Verbringung von Abfällen, Abl. L 190 v. 15.7.2006, S. 1.

175 MK-*Alt* § 326 Rn. 137.

176 Im Einzelnen MK-*Alt* § 326 Rn. 137.

3. Unerlaubtes Verbringen

§ 326 Abs. 2 StGB stellt das unerlaubte Verbringen von Abfall i.S.d. § 326 Abs. 1 StGB in den, aus dem oder durch den Geltungsbereich des Gesetzes unter Strafe. Unerlaubt ist die Verbringung, sofern sie entgegen einem Verbot oder ohne erforderliche Genehmigung erfolgt. 466

Diese Abfallverbringung, die sowohl die Einfuhr, die Durchfuhr und Ausfuhr umfasst, muss mit einer Überschreitung der Bundesgrenze verbunden sein („*in dem, aus dem oder durch den Geltungsbereich dieses Gesetzes*") und umfasst jede Beförderung i. S. einer Ortsveränderung.[177] Es ist in Bezug auf die konkrete Abfallverbringungshandlung ein physischer Kontakt des Abfalls mit dem Bundesgebiet erforderlich, weshalb z.B. nur der inländische Aufenthaltsort einer Person, die über die Abfallverbringung entscheidet, nicht ausreichend ist. Damit eine Durchfuhr angenommen werden kann, darf der Abfall zwischen der Verbringung nach Deutschland und seinem Verlassen dem Durchführenden nicht zur Verfügung gestanden haben. Der Aufenthalt im Inland darf ferner nicht länger dauern, als es zur Durchfuhr nötig ist.[178] 467

Als „*Vollzugshilfe zur Abfallverbringung*" bzw. „*Vollzugshilfe zur Verordnung (EG) Nr. 1013/2006 des Europäischen Parlaments und des Rates vom 14. Juni 2006 über die Verbringung von Abfällen (VVA) und zum Abfallverbringungsgesetz vom 19. Juli 2007 (AbfVerbrG)*" dient die „*Mitteilung der Bund/Länder-Arbeitsgemeinschaft Abfall (LAGA) 25*". Der LAGA 25 kommt zwar ausweislich des dortigen Disclaimers „*keinerlei rechtliche Verbindlichkeit zu*" und es handelt sich „*auch nicht um Innenrecht der Verwaltung*". Vor diesem Hintergrund statuiert die LAGA 25 auch keine eigenen verwaltungsrechtlichen Pflichten i.S.d. § 330d StGB, deren Verstoß über die einschlägigen Umweltstraftatbestände unmittelbar strafbewehrt wäre. Dennoch dient die LAGA 25 als „*sach- und fachkundige Konkretisierung der Bestimmungen zur Verbringung von Abfällen*" und kann dann haftungsrechtliche Dimensionen bekommen, wenn aufgrund deren Nichtbeachtung nicht erkannt wird, dass verwaltungsrechtliche Pflichten i.S.d. § 330d StGB verletzt werden. Das Außerachtlassen dieser sach- und fachkundigen Konkretisierung könnte insoweit sorgfaltswidrig sein, was bei einer darauf beruhenden Verletzung einer umweltschützenden verwaltungsrechtlichen Pflicht i.S.d. § 330d StGB zu einer strafbaren fahrlässigen Verbringung von Abfällen (§ 326 Abs. 2, Abs. 5 Nr. 1 StGB) führen könnte. 468

Die Verbringung ist nur dann unerlaubt, wenn sie entgegen einem Verbot oder ohne erforderliche verwaltungsrechtliche Genehmigung erfolgt. Es handelt sich um ein verwaltungsakzessorisches Merkmal.[179] Auch hier hängt die Strafbarkeit maßgeblich davon ab, ob das Handeln verwaltungsrechtlich erlaubt ist oder nicht. 469

Die erforderliche Genehmigung muss speziell für die grenzüberschreitende Abfallverbringung vorgesehen sein und deren Notifizierung oder Zustimmung durch die zuständigen Behörden erfolgen. Eine Genehmigung, die bei der Behörde durch unrichtige oder unvollständige Angaben erschlichen wurde, steht einer fehlenden Genehmigung gleich (§ 330d Abs. 1 Nr. 5 StGB) und führt zu keinem Ausschluss der Strafbarkeit. Nicht erheblich ist, ob die Genehmigung von einer deutschen oder ausländischen Behörde erteilt wird, solange sie zuständig ist.[180] 470

---

177 *OLG Hamburg* NZWiSt 2016, 146; BeckOK-StGB/*Witteck* § 326 Rn. 33; MK-*Alt* § 326 Rn. 81; Schönke/Schröder/*Heine/Schittenhelm* § 326 Rn. 12c; Leipold/Tsambikakis/Zöller/*Szesny* AnwaltKommentar StGB § 327 Rn. 62.

178 *BGH* NStZ-RR 2017, 359.

179 Siehe dazu oben unter Rn. 119 ff.

180 Leipold/Tsambikakis/Zöller/*Szesny* AnwK-StGB § 326 Rn. 63.

471 Während nach § 326 Abs. 2 StGB die Vollendung erst mit Grenzübertritt erfolgt, verweisen die §§ 18a, 18b AbfVerbrG auf einen davon abweichenden Verbringungsbegriff des Art. 2 Nr. 34 Abfallverbringungsverordnung 1013/2006/EG[181]. Dieser umfasst nicht nur das *„erfolgte"* Verbringen, sondern auch ein Verbringen, das erst *„erfolgen soll"*. Ausweislich der Gesetzesbegründung fallen unter die Formulierung *„erfolgen soll"* Handlungen, *„die hinreichend konkret auf die tatbestandliche Unternehmung gerichtet sind; darunter können u. a. folgende Handlungen fallen: die Beförderung auf einem Grundstück (also noch nicht z. B. auf der Straße), die Beladung des Transportmittels, der Abschluss eines Vertrags (z. B. Vertrag mit einem Empfänger, einer Entsorgungsanlage oder einem Beförderer), im Fall der Ausfuhr aus der EU die Durchführung der Zollanmeldung und im Fall von Artikel 2 Nummer 35 Buchstabe f auch der Transport bis zur EU-Außengrenze"*.[182] Insoweit ist der Anwendungsbereich der §§ 18a, b AbfVerbrG weiter als bei § 326 Abs. 2 StGB.[183]

II. Illegale Verbringung gefährlicher Abfälle, § 18a AbfVerbrG

472 Die illegale Verbringung gefährlicher Abfälle ist darüber hinaus auch in § 18a AbfVerbrG geregelt.

§ 18a AbfVerbrG – Strafvorschriften im Fall illegaler Verbringungen gefährlicher Abfälle

(1) Mit Freiheitsstrafe bis zu fünf Jahren oder mit Geldstrafe wird bestraft, wer eine illegale Verbringung im Sinne des Artikels 2 Nummer 35 […]

von gefährlichen Abfällen im Sinne des Artikels 3 Nummer 2 der Richtlinie 2008/98/EG durchführt.

(2) Ebenso wird bestraft, wer durch eine in § 18 Absatz 2 Nummer 1 bezeichnete vorsätzliche Handlung Leben oder Gesundheit eines anderen, Tiere oder Pflanzen, Gewässer, die Luft oder den Boden oder fremde Sachen von bedeutendem Wert gefährdet.

(3) Mit Freiheitsstrafe von sechs Monaten bis zu fünf Jahren wird bestraft, wer

1. eine in Absatz 1 bezeichnete Handlung beharrlich wiederholt oder
2. in den Fällen des Absatzes 1 aus Gewinnsucht handelt.

(4) Mit Freiheitsstrafe von einem Jahr bis zu zehn Jahren wird bestraft, wer in den Fällen des Absatzes 1 einen anderen Menschen in die Gefahr des Todes oder einer schweren Gesundheitsschädigung oder eine große Zahl von Menschen in die Gefahr einer Gesundheitsschädigung bringt.

(5) In minder schweren Fällen des Absatzes 4 ist die Strafe Freiheitsstrafe von sechs Monaten bis zu fünf Jahren.

(6) Mit Freiheitsstrafe nicht unter drei Jahren wird bestraft, wer in den Fällen des Absatzes 1 den Tod eines anderen Menschen verursacht.

(7) In minder schweren Fällen des Absatzes 6 ist die Strafe Freiheitsstrafe von einem Jahr bis zu zehn Jahren.

181 Verordnung (EG) Nr. 1013/2006 des Europäischen Parlaments und des Rates v. 14.6.2006 über die Verbringung von Abfällen, Abl. L 190 v. 15.7.2006, S. 1.

182 BT-Drucks. 18/8961, S. 19.

183 *Michalke* Umweltstrafsachen Rn. 288; Schönke/Schröder/*Heine/Schittenhelm* § 326 Rn. 12a.

(8) Handelt der Täter in den Fällen des Absatzes 1 oder 2 fahrlässig, so ist die Strafe Freiheitsstrafe bis zu drei Jahren oder Geldstrafe.

(9) Das Gericht kann in den Fällen der Absätze 1, 2 und 8 die Strafe nach § 49 Absatz 2 des Strafgesetzbuches mildern oder von Strafe absehen, wenn der Täter freiwillig die Gefahr abwendet oder den von ihm verursachten Zustand beseitigt, bevor ein erheblicher Schaden entsteht. Wird ohne Zutun des Täters die Gefahr abgewendet oder der rechtswidrig verursachte Zustand beseitigt, so genügt ein freiwilliges und ernsthaftes Bemühen, dieses Ziel zu erreichen.

(10) Die Tat ist nicht nach den Absätzen 1 bis 8 strafbar, wenn die Handlung eine unerhebliche Menge von gefährlichen Abfällen betrifft.

1. Allgemeines

Aufgenommen wurde der Tatbestand der illegalen Verbringung gefährlicher Abfälle nach § 18a **473** AbfVerbrG in das AbfVerbrG durch das Gesetz zur Änderung der abfallverbringungsrechtlichen Vorschriften vom 1.11.2016.[184]

Als Schutzgut nennt § 18a Abs. 2 AbfVerbrG mittelbar das Leben, die Gesundheit anderer Per- **474** sonen, Tiere, Pflanzen, Gewässer, die Luft, den Boden und fremde Sachen. Da es sich um ein Allgemeindelikt handelt, kann jedermann Täter sein.[185]

Auch bei § 18a AbfVerbrG handelt es sich – wie bei § 326 Abs. 2 StGB – um ein Tätigkeitsdelikt.[186] **475**

Bei der Strafnorm in § 18a Abs. 1 AbfVerbrG handelt es ich um ein Blankettgesetz.[187] Zur **476** Bestimmung, wann eine illegale Verbringung gefährlicher Abfälle nach § 18a Abs. 1 Nr. 1 AbfVerbrG vorliegt, verweist die Norm auf Art. 2 Nr. 35 lit. a, b, c, g Ziff. i oder Ziff. ii der Abfallverbringungsverordnung 1013/2006/EG. Zur Bestimmung, wann eine solche nach Abs. 1 Nr. 2 vorliegt, wird auf Art. 2 Nr. 35 lit. f der Abfallverbringungsverordnung 1013/2006/EG abgestellt, die entweder i.V.m. Art. 34 Abs. 1 oder 3, Art. 39, Art. 40 Abs. 1, Art. 41 Abs. 1 Hs. 1 oder Art. 43 Abs. 1 der Abfallverbringungsverordnung 1013/2006/EG zu lesen ist oder i.V.m. Art. 36 Abs. 1 und Art. 40 Abs. 2 gleichnamiger Verordnung.

Zur Bestimmung des gefährlichen Abfalls verweist § 18a Abs. 1 AbfVerbrG auf Art. 3 Nr. 2 der **477** Abfallrahmenrichtlinie 2008/98/EG. Die deutsche Norm ist somit immer im Zusammenspiel mit der Abfallverbringungsverordnung 1013/2006/EG sowie der europäischen Abfallrahmenrichtlinie 2008/98/EG zu lesen und daher maßgeblich durch das Europarecht geprägt.[188] Der Verweis auf die oben genannte Verordnung ist statisch.[189] Erfolgt somit eine Veränderung in der Verordnung, wird eine Anpassung des StGB notwendig. Eine statische Verweisung birgt das Risiko, dass eine Anpassung der nationalen Vorschrift nicht rechtzeitig erfolgt, die nationale Norm somit ins Leere verweist und Ahndungslücken denkbar sein können.[190]

184 Gesetz zur Änderung der abfallverbringungsrechtlichen Vorschriften v. 1.11.2016, BGBl. I 2016, S. 2452.
185 Erbs/Kohlhaas/*Häberle* Strafrechtliche Nebengesetze AbfVerbrG § 18a Rn. 2.
186 *Stein* wistra 2021, 53; die Ausführungen unter Rn. 466 ff. gelten entsprechend, auch i.B.a. die dortigen Ausführungen zum Verhältnis zwischen § 18a AbfVerbrG und § 326 Abs. 2 StGB.
187 Vgl. MK-*Alt* § 326 Rn. 137.
188 Vgl. *Michalke* Umweltstrafsachen Rn. 288.
189 *Müller-Gugenberger/Pfohl* Wirtschaftsstrafrecht Schutz der Umwelt Kap. 54 Rn. 249.
190 *Müller-Gugenberger/Pfohl* Wirtschaftsstrafrecht Schutz der Umwelt Kap. 54 Rn. 249.

478 § 18a Abs. 2 AbfVerbrG ist als konkretes Gefährdungsdelikt ausgestaltet und stellt vorsätzliche illegale Verbringungen i.S.d. § 18 Abs. 2 Nr. 1 AbfVerbrG unter Strafe, die zu einer Gefährdung von Leben oder Gesundheit eines anderen, einzelner Umweltgüter oder fremder Sachen von bedeutendem Wert führen.

479 Die Straftaten der illegalen Verbringung gefährlicher Abfälle nach § 18a Abs. 1 und 2 AbfVerbrG sind als Vergehen mit einer Freiheitsstrafe bis zu fünf Jahren oder mit Geldstrafe bedroht. In Bezug auf diese beiden Absätze ist auch eine fahrlässige Verwirklichung strafbar (§ 18a Abs. 8 AbfVerbrG). In den Fällen von Fahrlässigkeit beträgt der Strafrahmen Freiheitsstrafe bis zu drei Jahren oder Geldstrafe.

480 Die § 18a Abs. 3, 4 und 6 AbfVerbrG enthalten Qualifikationstatbestände. Eine Strafschärfung und somit einen erhöhten Strafrahmen sieht § 18a Abs. 3 AbfVerbrG für eine Handlung nach § 18a Abs. 1 AbfVerbrG vor, die beharrlich wiederholt wird (Nr. 1) oder aus Gewinnsucht erfolgt (Nr. 2). Auch § 18a Abs. 4 AbfVerbrG sieht eine Strafschärfung für Fälle des § 18a Abs. 1 AbfVerbrG vor, in denen ein anderer Mensch in die Gefahr des Todes oder einer schweren Gesundheitsschädigung oder eine große Zahl von Menschen in die Gefahr einer Gesundheitsschädigung gebracht wird.

481 § 18a Abs. 6 AbfVerbrG sieht (wie auch § 330 Abs. 2 Nr. 2 StGB) einen ebenfalls erhöhten Strafrahmen (nicht unter drei Jahren) für die Fälle vor, in denen die Handlung nach § 18a Abs. 1 AbfVerbrG zum Tod eines anderen Menschen führt. § 18a Abs. 5 und 7 AbfVerbrG regeln minder schwere Fälle. Dabei bezieht sich § 18a Abs. 5 AbfVerbrG (Freiheitsstrafe von sechs Monaten bis zu fünf Jahren) auf einen minder schweren Fall des § 18a Abs. 4 AbfVerbrG; § 18a Abs. 7 AbfVerbrG (Freiheitsstrafe von einem Jahr bis zu zehn Jahren) auf einen minder schweren Fall des § 18a Abs. 6 AbfVerbrG.

482 § 18a Abs. 9 S. 1 AbfVerbrG normiert die Möglichkeit zur Strafmilderung und des Absehens von Strafe in den Fällen der Absätze 1, 2 oder 8, wenn der Täter freiwillig die Gefahr abwendet oder den von ihm verursachten Zustand beseitigt, bevor ein erheblicher Schaden entsteht. Wird die Gefahr ohne Zutun des Täters abgewendet oder der rechtswidrig verursachte Zustand beseitigt, so wird dem Täter die Bestleistung in Gestalt eines freiwilligen und ernsthaften Bemühens abverlangt, § 18a Abs. 9 S. 2 AbfVerbrG.

483 § 18a Abs. 10 AbfVerbrG enthält eine sog. Minima-Klausel, nach der eine Tat nach § 18a Abs. 1 bis 8 AbfVerbrG nicht strafbar ist, wenn sie sich auf eine unerhebliche Menge von Abfällen bezieht. Der Begriff der unerheblichen Menge ist gesetzlich nicht definiert und nach den jeweiligen Umständen des Einzelfalls zu beurteilen.[191] Es kommt lediglich auf die Menge des Abfalls an und nicht auf die Größe des Gefährdungspotenzials.[192] Die Obergrenze wird in der Literatur unterschiedlich bestimmt (von 20 kg[193] über eine Lastwagenmenge bis zur Größe eines Seecontainers[194]). Die Gesetzesentwurfsbegründung enthält die Vorgabe, dass *„zumindest eine Menge ab der Ladung eines Seecontainers oder ab einer Lastwagenladung eine nicht unerhebliche Menge darstellt“*.[195]

191 Erbs/Kohlhaas/*Häberle* AbfVerbrG § 18a Rn. 13.
192 MK-*Alt* § 326 Rn. 138.
193 SK-*Schall* § 326 Rn. 132.
194 Schönke/Schröder/*Heine*/*Schittenhelm* § 326 Rn. 12b.
195 BR-Drucks. 239/16, S. 20.

Im Hinblick auf § 18b AbfVerbrG unterscheiden sich beide Strafvorschriften lediglich in Bezug auf das Tatobjekt und den eröffneten Strafrahmen. Ansonsten sind die Strafbestimmungen der §§ 18a, 18b AbfVerbrG gleichartig ausgestaltet.[196] 484

2. Tatobjekt: Gefährlicher Abfall i.S.d. § 18a AbfVerbrG

§ 18a AbfVerbrG bezieht sich – ebenso wie § 326 Abs. 2 StGB – auf das Tatobjekt des gefährlichen Abfalls.[197] Jedoch wird zur Definition der gefährlichen Abfälle i.R.d. § 18a AbfVerbrG nicht auf § 326 Abs. 1 StGB, sondern auf die Bestimmung in Art. 3 Nr. 2 der Abfallrahmenrichtlinie 2008/98/EG zurückgegriffen. 485

Artikel 3

Begriffsbestimmungen

Im Sinne dieser Richtlinie bezeichnet der Ausdruck

1. *„Abfall" jeden Stoff oder Gegenstand, dessen sich sein Besitzer entledigt, entledigen will oder entledigen muss;*
2. *„gefährlicher Abfall" Abfall, der eine oder mehrere der in Anhang III aufgeführten gefährlichen Eigenschaften aufweist; […].*

Nach Art. 3 Nr. 1 der Abfallrahmenrichtlinie 2008/98/EG bezeichnet *„‚Abfall' jeden Stoff oder Gegenstand, dessen sich sein Besitzer entledigt, entledigen will oder entledigen muss"*. Als *„gefährlich"* definiert Art. 3 Nr. 2 der Abfallrahmenrichtlinie 2008/98/EG Abfall, *„der eine oder mehrere der in Anhang III aufgeführten gefährlichen Eigenschaften aufweist"*. Erfasst ist somit Abfall, der explosiv, brandfördernd, entzündbar, reizend, akut toxisch, karzinogen, ätzend, infektiös, reproduktionstoxisch, mutagen, sensibilisierend oder ökotoxisch ist. Ferner fällt darunter auch jeder Abfall, der eine spezifische Zielorgan-Toxizität oder Aspirationsgefahr aufweist oder bei Berührung mit Wasser oder einer Säure akut toxische Gase freisetzt oder solcher Abfall, der eine der o.g. gefahrrelevanten Eigenschaften entwickeln kann, die der ursprüngliche Abfall nicht unmittelbar aufweist. 486

Beispiel: Das *LG Essen*[198] entschied in dem bereits geschilderten Fall[199], dass es sich bei dem Quecksilber, welches nicht mehr in der Chloralkaliindustrie, der Erdgasreinigung und Förderung von Nichteisenmetallen und Verhüttungstätigkeiten verwendet wird, nach der Verordnung (EG) Nr. 1102/2008 um sog. Zwangsabfall handelt. Darüber hinaus erfülle das Quecksilber die gefährlichen Eigenschaften der Toxizität (H 6 *„Stoffe und Zubereitungen [einschließlich hochgiftiger Stoffe und Zubereitungen], die bei Einatmung, Einnahme oder Hautdurchdringung schwere, akute oder chronische Gesundheitsgefahren oder sogar den Tod verursachen können"*) und der Reproduktionstoxizität (H 10 *„Stoffe und Zubereitungen, die bei Einatmung, Einnahme oder Hautdurchdringung nichterbliche angeborene Missbildungen hervorrufen oder deren Häufigkeit erhöhen können"*).[200] 487

196 Erbs/Kohlhaas/*Häberle* AbfVerbrG § 18a Rn. 1.
197 Erbs/Kohlhaas/*Häberle* AbfVerbrG § 18a Rn. 3.
198 *LG Essen* Urt. v. 21.12.2016 – 35 KLs 35 Js 162/13 – 26/16, BeckRS 2016, 124836 und Urt. v. 23.1.2017 – 35 KLs 35 Js 162/13 – 13/15, BeckRS 2017, 119538.
199 Dazu oben unter Rn. 397.
200 *Hecker/Lorenz* NStZ-RR 2018, 65, 66.

488 **Beispiel:** Ein aus quecksilberhaltigen Bau- und Abbruchabfällen bestehende Haufwerk qualifizierte der *VGH Bayern*[201] unter Heranziehung der Nr. 17 09 01 Anhang V Teil 2 AVV als gefährlichen Abfall.

3. Illegale Verbringung

489 Das Tatbestandsmerkmal der *„illegalen Verbringung"* wird näher in Art. 2 Nr. 34 und 35 der Abfallverbringungsverordnung 1013/2006/EG definiert. Art. 2 Nr. 34 der Abfallverbringungsverordnung 1013/2006/EG enthält die Begriffsdefinition zum *„Verbringen"*; Art. 2 Nr. 35 der Abfallverbringungsverordnung 1013/2006/EG bestimmt, wann dieses Verbringen *„illegal"* ist.

Artikel 2

Begriffsbestimmungen

Im Sinne dieser Verordnung bezeichnet der Ausdruck

[…]

34. „Verbringung" den Transport von zur Verwertung oder Beseitigung bestimmten Abfällen, der erfolgt oder erfolgen soll:
   a) zwischen zwei Staaten oder
   b) zwischen einem Staat und überseeischen Ländern und Gebieten oder anderen Gebieten, die unter dem Schutz dieses Staates stehen, oder
   c) zwischen einem Staat und einem Landgebiet, das völkerrechtlich keinem Staat angehört, oder
   d) zwischen einem Staat und der Antarktis oder
   e) aus einem Staat durch eines der oben genannten Gebiete oder
   f) innerhalb eines Staates durch eines der oben genannten Gebiete und der in demselben Staat beginnt und endet, oder
   g) aus einem geografischen Gebiet, das nicht der Gerichtsbarkeit eines Staates unterliegt, in einen Staat;

35. „illegale Verbringung" jede Verbringung von Abfällen, die
   a) ohne Notifizierung an alle betroffenen zuständigen Behörden gemäß dieser Verordnung erfolgt oder
   b) ohne die Zustimmung der betroffenen zuständigen Behörden gemäß dieser Verordnung erfolgt oder 12.7.2006 DE Amtsblatt der Europäischen Union L 190/7
      (1) ABl. L 302 vom 19.10.1992, S. 1. Zuletzt geändert durch die Verordnung (EG) Nr. 648/2005 des Europäischen Parlaments und des Rates (ABl. L 117 vom 4.5.2005, S. 13).
      (2) ABl. L 253 vom 11.10.1993, S. 1. Zuletzt geändert durch die Verordnung (EG) Nr. 215/2006 (ABl. L 38 vom 9.2.2006, S. 11).
   c) mit einer durch Fälschung, falsche Angaben oder Betrug erlangten Zustimmung der betroffenen zuständigen Behörden erfolgt oder
   d) in einer Weise erfolgt, die den Notifizierungs- oder Begleitformularen sachlich nicht entspricht, oder

---

201 *VGH Bayern* Beschl. v. 27.3.2017 – 20 CS 16.2404, BeckRS 2017, 108036; *Hecker/Lorenz* NStZ-RR 2018, 65, 66.

e) in einer Weise erfolgt, die eine Verwertung oder Beseitigung unter Verletzung gemeinschaftlicher oder internationaler Bestimmungen bewirkt, oder
f) den Artikeln 34, 36, 39, 40, 41 und 43 widerspricht oder
g) in Bezug auf eine Verbringung von Abfällen im Sinne des Artikel 3 Absätze 2 und 4 dadurch gekennzeichnet ist, dass
i) die Abfälle offensichtlich nicht in den Anhängen III, IIIA oder IIIB aufgeführt sind oder
ii) Artikel 3 Absatz 4 verletzt wurde oder
iii) die Verbringung der Abfälle auf eine Weise geschieht, die dem in Anhang VII aufgeführten Dokument sachlich nicht entspricht.

Eine „*Verbringung*" wird durch Art. 2 Nr. 34 Abfallverbringungsverordnung 1013/2006/EG **490** definiert als „*Transport von zur Verwertung oder Beseitigung bestimmten Abfällen*", der zwischen den in den Buchstaben a) bis g) festgelegten Ausgangs- und Endpunkten erfolgt oder erfolgen soll.

Ein solcher Transport ist vollendet, sobald ein für das Ausland bestimmter Transport auf der **491** Straße, der Schiene, dem Luft- oder Seeweg oder den Binnengewässern begonnen hat.[202] Die Formulierung „*erfolgen soll*" beinhaltet laut der Gesetzesbegründung Handlungen, „*die hinreichend konkret auf die tatbestandliche Unternehmung gerichtet sind; darunter können u. a. folgende Handlungen fallen: die Beförderung auf einem Grundstück (also noch nicht z. B. auf der Straße), die Beladung des Transportmittels, der Abschluss eines Vertrags (z. B. Vertrag mit einem Empfänger, einer Entsorgungsanlage oder einem Beförderer), im Fall der Ausfuhr aus der EU die Durchführung der Zollanmeldung und im Fall von Artikel 2 Nummer 35 Buchstabe f auch der Transport bis zur EU-Außengrenze*".[203]

Als „*illegal*" ist eine solche Verbringung einzustufen, sofern sie ohne Notifizierung (a) oder **492** Zustimmung (b) der Behörde, mit einer rechtswidrig erlangten Zustimmung (c) oder in einer Weise erfolgt, die den Notifizierungs- oder Begleitformularen sachlich nicht entspricht (d). Ferner auch dann, sofern die Verbringung so erfolgt, dass sie gemeinschaftliche oder internationale Bestimmungen verletzt (e), den Art. 34, 36, 39, 40, 41 und 43 widerspricht (f) oder im Falle einer Abfallverbringung i.S.d. Art. 3 Abs. 2 und 4 die Verbringung entgegen den Vorgaben i) – iii) erfolgt.

Es wurde bereits dargestellt, dass als „*Vollzugshilfe zur Abfallverbringung*" die „*Mitteilung der* **493** *Bund/Länder-Arbeitsgemeinschaft Abfall (LAGA) 25*" dient, der LAGA 25 zwar ausweislich des dortigen Disclaimers „*keinerlei rechtliche Verbindlichkeit zu(kommt)*", es sich „*auch nicht um Innenrecht der Verwaltung*" handelt und die LAGA 25 vor diesem Hintergrund auch keine eigenen verwaltungsrechtlichen Pflichten i.S.d. § 330d StGB statuiert, deren Verstoß über die einschlägigen Umweltstraftatbestände unmittelbar strafbewehrt wäre.[204] Die LAGA 25 dient jedoch ausdrücklich als „*sach- und fachkundige Konkretisierung der Bestimmungen zur Verbringung von Abfällen*" und als „*Vollzugshilfe zur Verordnung (EG) Nr. 1013/2006 des Europäischen Parlaments und des Rates vom 14. Juni 2006 über die Verbringung von Abfällen (VVA) und zum Abfallverbringungsgesetz vom 19. Juli 2007 (AbfVerbrG)*". Vor diesem Hintergrund kann die LAGA 25 auch und gerade im Rahmen der illegalen Verbringung gefährlicher Abfälle nach § 18a AbfVerbrG Bedeutung erlangen, wenn aufgrund deren Nichtbeachtung nicht erkannt

202 BT-Drucks. 18/8961, S. 19.
203 BT-Drucks. 18/8961, S. 19.
204 Dazu oben unter Rn. 466 ff.

wird, dass eine illegale Verbringung i.S.d in § 18a Abs. 1 AbfVerbrG genannten Buchstaben des Art. 2 Nr. 35 der Abfallverbringungsverordnung 1013/2006/EG durchgeführt wird. Das Außerachtlassen der LAGA 25 könnte insoweit sorgfaltswidrig sein, was bei einer darauf beruhenden Durchführung einer illegalen Abfallverbringung i.S.d. § 18a AbfVerbrG zu einer strafbaren fahrlässigen illegalen Verbringung von Abfällen (§ 18a Abs. 1, Abs. 8 AbfVerbrG) führen könnte.

III. Illegale Verbringung nicht gefährlicher Abfälle, § 18b AbfVerbrG

494 Die strafbare illegale Verbringung nicht gefährlicher Abfälle ist in § 18b AbfVerbrG geregelt.

§ 18b AbfVerbrG – Strafvorschriften im Fall illegaler Verbringungen nicht gefährlicher Abfälle

(1) Mit Freiheitsstrafe bis zu zwei Jahren oder mit Geldstrafe wird bestraft, wer eine illegale Verbringung im Sinne des Artikels 2 Nummer 35 [...]

von Abfällen im Sinne des Artikels 3 Nummer 1 der Richtlinie 2008/98/EG, die keine gefährlichen Abfälle im Sinne des Artikels 3 Nummer 2 der Richtlinie 2008/98/EG sind, durchführt.

(2) Ebenso wird bestraft, wer durch eine in § 18 Absatz 2 Nummer 2 bezeichnete vorsätzliche Handlung Leben oder Gesundheit eines anderen, Tiere oder Pflanzen, Gewässer, die Luft oder den Boden oder fremde Sachen von bedeutendem Wert gefährdet.

(3) Mit Freiheitsstrafe bis zu fünf Jahren oder mit Geldstrafe wird bestraft, wer
1. eine in Absatz 1 bezeichnete Handlung beharrlich wiederholt oder
2. in den Fällen des Absatzes 1 aus Gewinnsucht handelt.

(4) Mit Freiheitsstrafe von einem Jahr bis zu zehn Jahren wird bestraft, wer in den Fällen des Absatzes 1 einen anderen Menschen in die Gefahr des Todes oder einer schweren Gesundheitsschädigung oder eine große Zahl von Menschen in die Gefahr einer Gesundheitsschädigung bringt.

(5) In minder schweren Fällen des Absatzes 4 ist die Strafe Freiheitsstrafe von sechs Monaten bis zu fünf Jahren.

(6) Mit Freiheitsstrafe nicht unter drei Jahren wird bestraft, wer in den Fällen des Absatzes 1 den Tod eines anderen Menschen verursacht.

(7) In minder schweren Fällen des Absatzes 6 ist die Strafe Freiheitsstrafe von einem Jahr bis zu zehn Jahren.

(8) Handelt der Täter in den Fällen des Absatzes 1 oder 2 fahrlässig, so ist die Strafe Freiheitsstrafe bis zu einem Jahr oder Geldstrafe.

(9) Das Gericht kann in den Fällen der Absätze 1, 2 und 8 die Strafe nach § 49 Absatz 2 des Strafgesetzbuches mildern oder von Strafe absehen, wenn der Täter freiwillig die Gefahr abwendet oder den von ihm verursachten Zustand beseitigt, bevor ein erheblicher Schaden entsteht. Wird ohne Zutun des Täters die Gefahr abgewendet oder der rechtswidrig verursachte Zustand beseitigt, so genügt ein freiwilliges und ernsthaftes Bemühen, dieses Ziel zu erreichen.

(10) Die Tat ist nicht nach den Absätzen 1 bis 8 strafbar, wenn die Handlung eine unerhebliche Menge von Abfällen betrifft.

1. Allgemeines

§ 18b AbfVerbrG stellt die illegale Verbringung von Abfällen unter Strafe, die nicht gefährlich sind.[205] Abgesehen von Tatobjekt und Strafrahmen ist § 18b AbfVerbrG wie § 18a AbfVerbrG ausgestaltet und wurde auch zusammen mit dieser Vorschrift in das AbfVerbrG aufgenommen.[206] Insoweit gelten die unter Rn. 489 ff. gemachten Ausführungen entsprechend. **495**

Ebenso wie § 18a AbfVerbrG dient auch § 18b AbfVerbrG dem mittelbaren Schutz des Lebens, der Gesundheit anderer Personen, Tieren, Pflanzen, Gewässern, der Luft, des Bodens und fremden Sachen von bedeutendem Wert. Der Gesetzgeber sieht die Notwendigkeit einer Sanktionierung einer illegalen Verbringung auch von nicht gefährlichen Abfällen in der ebenfalls durch nicht gefährliche Abfälle resultierende Gefährdung der o.g. Rechtsgüter.[207] Dies könne beispielsweise dadurch erreicht werden, *„dass Altreifen, Kunststoffe oder Papier in der Landschaft oder einem Gebäude illegal abgelagert werden und durch Selbstentzündung in Brand geraten."*[208] **496**

Auch bei § 18b AbfVerbrG handelt es sich um ein Blankettgesetz, das zur Bestimmung des *„Abfalls"* und der *„illegalen"* Verbringung jeweils auf die Art. 2 Nr. 35 der Abfallverbringungsverordnung 1013/2006/EG und Art. 3 Nr. 1 der Abfallrahmenrichtlinie 2008/98/EG verweist.[209] Das unmittelbar strafbewehrte Verhalten ergibt sich erst aus dem Zusammenspiel mit den unionsrechtlichen Vorgaben. **497**

2. Tatobjekt: Sonstiger Abfall

§ 18b AbfVerbrG ist im Gegensatz zu § 18a AbfVerbrG nicht auf gefährliche Abfälle beschränkt. Tatbestandlich erfasst sind Abfälle i.S.d. Art. 3 Nr. 1 der Abfallrahmenrichtlinie 2008/98/EG. Darunter fallen alle Stoffe und Gegenstände, derer sich ihr Besitzer entledigt, entledigen will oder muss.[210] **498**

3. Illegale Verbringung

Im Hinblick auf das Tatbestandsmerkmal der *„illegalen Verbringung"* gelten obige Ausführungen[211] mit der Einschränkung entsprechend, dass sich § 18b Abs. 1 Nr. 2 lit. b AbfVerbrG lediglich auf Art. 36 Abs. 1 lit. b, f oder g der Abfallverbringungsverordnung 1013/2006/EG bezieht. **499**

Auch im Rahmen der illegalen Verbringung nicht gefährlicher Abfälle nach § 18b AbfVerbrG kann die LAGA 25 Bedeutung erlangen, wenn aufgrund deren Nichtbeachtung nicht erkannt wird, dass eine illegale Verbringung i.S.d in § 18b Abs. 1 AbfVerbrG genannten Buchstaben des Art. 2 Nr. 35 der Abfallverbringungsverordnung 1013/2006/EG durchgeführt wird. Das Außerachtlassen der LAGA 25 könnte insoweit sorgfaltswidrig sein, was bei einer darauf beruhenden Durchführung einer illegalen Abfallverbringung i.S.d. § 18ba AbfVerbrG zu einer strafbaren fahrlässigen illegalen Verbringung von nicht gefährlichen Abfällen (§ 18b Abs. 1, Abs. 8 AbfVerbrG) führen könnte.[212] **500**

---

205 Erbs/Kohlhaas/*Häberle* AbfVerbrG § 18b Rn. 1.
206 Erbs/Kohlhaas/*Häberle* AbfVerbrG § 18b Rn. 1.
207 BT-Drucks. 18/8961, S. 19.
208 BT-Drucks. 18/8961, S. 19.
209 S.o. unter Rn. 489 ff.
210 Im Einzelnen oben unter Rn. 5 ff.
211 Oben unter Rn. 489 ff.
212 Siehe dazu auch oben unter Rn. 472 ff.

C. Abfallbedingte Gewässer- und Bodenverunreinigung

501 Der nicht ordnungsgemäße Umgang mit Abfällen kann auch von gewässer- und bodenschutzrechtlicher Relevanz sein. Beispielsweise immer dann, wenn Abfall den Boden oder das Gewässer verunreinigt oder nachteilig verändert. Im Folgenden werden die Straftatbestände der Gewässerverunreinigung (§ 324 StGB) und der Bodenverunreinigung (§ 324a StGB) dargestellt, wobei im Wesentlichen auf die jeweilige Verunreinigung durch Abfall eingegangen wird.

I. Gewässerverunreinigung durch Abfall, § 324 StGB

502 *§ 324 Gewässerverunreinigung*

(1) Wer unbefugt ein Gewässer verunreinigt oder sonst dessen Eigenschaften nachteilig verändert, wird mit Freiheitsstrafe bis zu fünf Jahren oder mit Geldstrafe bestraft.

(2) Der Versuch ist strafbar.

(3) Handelt der Täter fahrlässig, so ist die Strafe Freiheitsstrafe bis zu drei Jahren oder Geldstrafe.

1. Allgemeines

503 § 324 StGB stellt die zentrale Vorschrift im Hinblick auf den strafrechtlichen Gewässerschutz dar. Der Schutz wird ergänzt durch Bußgeldvorschriften der Landeswassergesetze und den Bußgeldtatbestand des § 103 WHG.[213] Eingeführt wurde der Straftatbestand der Gewässerverunreinigung durch das 18. StrÄndG (1. UKG) mit Wirkung zum 1.7.1980[214] als *„Verunreinigung des Gewässers“*.[215] Abänderungen erfuhr die Norm durch das 31. StrÄndG (2. UKG).[216]

504 Der Tatbestand der Gewässerverunreinigung ist nach herrschender Ansicht als Erfolgsdelikt ausgestaltet, das eine feststellbare Beeinträchtigung des geschützten Umweltrechtsguts voraussetzt.[217] Der Taterfolg setzt die Verschlechterung (Verunreinigung oder nachteilige Veränderung) der Gewässergüte voraus.[218]

505 Die Norm dient dazu, das für das Leben der Menschen und das Fortbestehen seiner Umwelt wichtige Gut des funktionierenden Gewässers strafrechtlich zu schützen. Nach der herrschenden Auffassung ist somit – wie auch bei § 326 StGB – nicht das ökologische Gut (das Gewässer) um seiner selbst willen geschützt, sondern als Umweltgut mit seinen entsprechenden Funktionen für den Menschen.[219] Es wird die konkrete Qualität des Gewässers geschützt. Demnach unerheblich für die Tatbestandsverwirklichung ist, dass das Gewässer bereits vor der Tathandlung erheblich verschmutzt war.[220]

---

213 BeckOK-StGB/*Witteck* § 324 Rn. 5.

214 Achtzehntes Strafrechtsänderungsgesetz – Gesetz zur Bekämpfung der Umweltkriminalität (18. StrÄndG) v. 28.3.1980, BGBl. I, S. 373, in Kraft seit 1.7.1980.

215 BeckOK-StGB/*Witteck* § 324 Rn. 1; MK-*Alt* § 324 Rn. 7.

216 Einunddreißigstes Strafrechtsänderungsgesetz – Zweites Gesetz zur Bekämpfung der Umweltkriminalität (31. StrÄndG – 2. UKG) vom 27.6.1994, BGBl. I, S. 1440, in Kraft seit 1.11.1994.

217 *BGH* NJW 1992, 122, 123; *OLG Frankfurt* NStZ-RR 1996, 103; MK-*Alt* § 324 Rn. 5; *Fischer* § 324 Rn. 2; Leipold/Tsambikakis/Zöller/*Szesny* AnwaltKommentar StGB § 324 Rn. 1.

218 BeckOK-StGB/*Witteck* § 324 Rn. 2; MK-*Alt* § 324 Rn. 5.

219 Leipold/Tsambikakis/Zöller/*Szesny* AnwaltKommentar StGB § 324 Rn. 2; MK-*Alt* § 324 Rn. 1.

220 BeckOK-StGB/*Witteck* § 324 Rn. 3; MK-*Alt* § 324 Rn. 3; Leipold/Tsambikakis/Zöller/*Szesny* AnwaltKommentar StGB § 324 Rn. 2.

2. Tatobjekt: Gewässer

Tatobjekt des § 324 StGB ist das Gewässer.[221] § 330d Abs. 1 Nr. 1 StGB definiert Gewässer als oberirdische Gewässer, das Grundwasser, sowie das Meer. Der Schutz beschränkt sich räumlich nicht auf inländische Gewässer.[222] 506

§ 3 Nr. 1 WHG definiert das *„oberirdische Gewässer"* als *„das ständig oder zeitweilig in Betten fließende oder stehende oder aus Quellen wild abfließende Wasser"*. 507

„Grundwasser" wird von § 3 Nr. 3 WHG als *„das unterirdische Wasser in der Sättigungszone (definiert), das in unmittelbarer Berührung mit dem Boden oder dem Untergrund steht"*. Abweichend davon wird als Grundwasser auch als das gesamte am natürlichen Kreislauf teilnehmende, unterirdische Wasser verstanden.[223] 508

Der Begriff des Meeres umfasst alle Küstengewässer und die hohe See ohne etwaige räumliche Begrenzungen, wie sie etwa in § 3 Nr. 2 WHG (seewärtigen Begrenzung der oberirdischen Gewässer und der seewärtigen Begrenzung des Küstenmeeres) oder § 3 Nr. 2a WHG (Gewässer im Bereich der deutschen ausschließlichen Wirtschaftszone und des Festlandsockels) zu finden sind. Einschränkungen erfährt der dadurch weite Anwendungsbereich über das aktive Personalitätsprinzip (§ 7 Abs. 2 Nr. 1 StGB, Täter ist Deutscher), durch das Prinzip der stellvertretenden Strafrechtspflege (§ 7 Abs. 2 Nr. 2 StGB, der im Inland betroffene ausländische Täter kann nicht ausgeliefert werden), durch das Flaggenprinzip (§ 4 StGB, Tat durch Ausländer auf einem die deutsche Bundesflagge oder Staatszugehörigkeitszeichen der BRD führenden Schiff oder Luftfahrzeug), sowie durch das Schutzprinzip in Form des Realprinzips (§ 5 Nr. 11 StGB, Tat durch Ausländer im Bereich der ausschließlichen Wirtschaftszone der BRD).[224] 509

Der Gewässerbegriff nach dem WHG ist nicht abschließend für die Beurteilung des strafrechtlichen Begriffs. Der strafrechtliche Gewässerbegriff ist weiter und umfasst auch solche Gewässer, die dem WHG nicht unterworfen sind.[225] Ebenfalls vom Tatbestand erfasst sind künstlich geschaffene Gewässer, sofern diese an den natürlichen Wasserhaushalt angebunden sind. Erforderlich sind jedoch eine Dauerhaftigkeit sowie ein Gewässerbett. Kurzfristige Wasseransammlungen werden von § 324 StGB nicht erfasst.[226] 510

3. Gewässerverunreinigung durch Abfall

Der Straftatbestand der Gewässerverunreinigung nach § 324 StGB sanktioniert das unbefugte Verunreinigen oder das die Eigenschaften des Gewässers nachteilige Verändern. Erforderlich ist somit ein feststellbarer Taterfolg in Gestalt einer tatsächlich eingetretenen nachteiligen Wasserveränderung.[227] 511

Eine Gewässerverunreinigung (Var. 1) liegt vor, wenn es nach außen erkennbar infolge der Zuführung eines Stoffes zu einer nachteiligen Veränderung der Gewässereigenschaften gekommen ist.[228] Diese Veränderung muss eine Verschlechterung der Eigenschaften aufgrund der 512

221 *BGH* NuR 1984, 203, 204; MK-*Alt* § 324 Rn. 12.
222 Schönke/Schröder/*Heine/Schittenhelm* § 324 Rn. 4; BeckOK-StGB/*Witteck* § 324 Rn. 6.
223 BT-Drucks. 8/2382, S. 13.
224 Schönke/Schröder/*Heine/Schittenhelm* § 324 Rn. 6; MK-*Ambos* § 5 Rn. 1.
225 MK-*Alt* § 324 Rn. 12.
226 *BVerwG* NVwZ-RR 2003, 829; MK-*Alt* § 324 Rn. 13.
227 BeckOK-StGB/*Witteck* § 324 Rn. 13.
228 *OLG Frankfurt* NStZ 1987, 508; *OLG Köln* NJW 1988, 2119, 2120.

Zuführung des von außen eingebrachten Stoffes sein; die Veränderung der Gewässerqualität ohne Zuführung von Substanzen ist nicht erfasst.[229] Beispielhaft für nach außen sichtbare Veränderungen sind z.B. neben Eintrübungen auch Farbveränderungen, Ölspuren oder Schaumbildung.[230]

513 Ein sonst nachteiliges Verändern der Gewässereigenschaften (Alt. 2) ist in jeder Verschlechterung der natürlichen Gewässereigenschaft im physikalischen, chemischen oder biologischen Sinn zu sehen.[231] Es darf sich jedoch nicht lediglich um eine kleine, marginale Beeinträchtigung handeln.[232] Nicht erforderlich für die Tatbestandsverwirklichung ist die Verletzung spezieller wasserrechtlicher Pflichten.[233]

514 Sowohl die Gewässerverunreinigung als auch das nachteilige Verändern der Gewässereigenschaften müssen unbefugt sein. Diese Formulierung macht – wie auch bei allen anderen umweltstrafrechtlichen Normen – die Strafbarkeit von dem Verstoß gegen Verwaltungsrecht abhängig (Verwaltungsakzessorietät).[234] Die Strafbarkeit hängt somit maßgeblich von dem anwendbaren Verwaltungsrecht ab. Die Unbefugtheit ist nach herrschender Auffassung ein allgemeines Rechtswidrigkeitsmerkmal.[235]

515 Eine Gewässerverunreinigung ist unbefugt, wenn der Täter gegen eine dem Gewässerschutz dienende verwaltungsrechtliche Pflicht verstößt.[236] Eine solche gewässerschützende verwaltungsrechtliche Pflicht kann sich gem. § 330d Abs. 1 Nr. 4 lit. a StGB aus einer Rechtsvorschrift, einer Gerichtsentscheidung, einem vollziehbaren Verwaltungsakt, einer vollziehbaren Auflage oder einem öffentlich-rechtlichen Vertrag ergeben.[237]

516 Ein Verstoß gegen Rechtsvorschriften i.S.v. § 330d Abs. 1 Nr. 4 lit. a StGB liegt vor, wenn ein Verhalten unter Nichtbeachtung von Rechtsnormen erfolgt, die unmittelbar und ohne Konkretisierung durch eine behördliche Anordnung Rechte oder Pflichten beschränken.[238] Die maßgeblichen Rechtsnormen müssen unmittelbar oder deutlich erkennbar mittelbar dem Gewässerschutz dienen.[239] Relevante verwaltungsrechtliche Pflichten können sich nicht nur aus dem Wasser- und Bodenschutzrecht, sondern auch aus dem sonstigen Umweltverwaltungsrecht ergeben, das ausdrücklich Gewässer schützen soll.[240] Dieser Schutzzweck soll auch bei Gesetzen gegeben sein, die die Umwelt insgesamt oder den Naturhaushalt schützen und damit zumindest auch den Gewässerschutz umfassen.[241]

---

229 MK-*Alt* § 324 Rn. 24; BeckOK-StGB/*Witteck* § 324 Rn. 15.
230 BeckOK-StGB/*Witteck* § 324 Rn. 15.1.
231 *BGHSt* 34, 211, 212; *OLG Stuttgart* NStZ 1994, 590; SK-*Schall* § 324 Rn. 24.
232 *BGH* NStZ 1987, 323, 324; *OLG Düsseldorf* NJW 1991, 1123, 1125; MK-*Alt* § 324 Rn. 33 ff.; BeckOK-StGB/*Witteck* § 324 Rn. 16; Schönke/Schröder/*Heine/Schittenhelm* § 324 Rn. 9; Leipold/Tsambikakis/Zöller/*Szesny* AnwaltKommentar StGB § 324 Rn. 8.
233 Vgl. *OLG Frankfurt* NStZ-RR 1996, 103 ff.; *Heger/Hower* NuR 2014, 470, 472.
234 BeckOK-StGB/*Witteck* § 324 Rn. 27; MK-*Alt* § 324 Rn. 59.
235 Zur dogmatisch umstrittenen Einordnung des Merkmals siehe oben Rn. 126 ff.
236 Matt/Renzikowski/*Rettenmaier/Gehrmann* § 324 Rn. 12 f.; MK-*Alt* § 324 Rn. 59.
237 MK-*Alt* § 324 Rn. 59; Schönke/Schröder/*Heine/Schittenhelm* § 324 Rn. 12 ff.
238 MK-*Alt* § 324 Rn. 62; LK-*Heghmanns* § 324 Rn. 33.
239 Vgl. Lackner/Kühl/Heger/*Heger* § 324 Rn. 9; MK-*Alt* § 324 Rn. 60 f.
240 MK-*Alt* § 324 Rn. 60.
241 MK-*Alt* § 324 Rn. 60.

Ein Verstoß gegen Rechtsvorschriften liegt auch in der Nutzung eines Gewässers ohne die erforderliche behördliche Genehmigung oder unter Überschreitung des genehmigten Rahmens.[242] Unbefugt ist somit ein Handeln ohne wasserrechtliche Bewilligung oder Erlaubnis oder bei Überschreiten gewässerschützender Bedingungen oder Auflagen des Wasserrechtsbescheides.[243] 517

§ 8 WHG bestimmt, dass grundsätzlich jede Benutzung eines Gewässers i.S.d. § 9 WHG einer wasserrechtlichen Genehmigung bedarf.[244] Ausnahmen sind nur für den Fall einer notwendigen Gefahrenabwehr (§ 8 Abs. 2, 3 WHG) oder im Fall eines Gemeingebrauchs (§ 25 WHG) vorgesehen. Die Erlaubnis oder Bewilligung der Behörde gem. § 8 WHG muss sich sowohl auf den Zweck als auch auf die Art und das Maß der Benutzung des Gewässers (§ 10 Abs. 1 WHG) beziehen. Eine faktische Duldung ohne förmliches Verhalten der Behörde wirkt nur in Ausnahmefällen rechtfertigend.[245] Fehlt ein solcher begünstigender Verwaltungsakt oder werden dessen gewässerschützende Bedingungen oder Auflagen des Wasserrechtsbescheides überschritten, ist eine Strafbarkeit möglich.[246] 518

Bei der Bestimmung des Maßes der Gewässerbenutzung (§ 10 WHG) spielen Grenzwerte in wasserrechtlichen Einleitebescheiden eine entscheidende Rolle.[247] Sie bestimmen den Umfang der wasserrechtlichen Nutzungsbefugnis und stellen eine Konkretisierung des wasserrechtlichen Minimierungsgebots dar, das sich aus § 5 WHG ergibt. Um einer Strafbarkeit zu entgehen, sind Grenzwerte als Höchstwerte in Wasserrechtsbescheiden zwingend einzuhalten. Eine Überschreitung führt zur wasserrechtlichen Unzulässigkeit und somit zu einer unbefugten Einleitung.[248] Neben der Einhaltung der Höchstwerte sind auch die Überwachungswerte entscheidend[249]: Aus der Formulierung im Bescheid („*Der Überwachungswert ist einzuhalten*") und § 6 AbwV folgt, dass Unbefugtheit bereits bei Überschreitung in einem Analysewert vorliegt. Die Fiktion („*gilt*") in § 6 AbwV kann aber zu einer rückwirkenden Aufhebung der Strafbarkeit bei Nichtüberschreitung in den weiteren Analysen des Kollektivs führen. Da es sich um eine nachträgliche Besserstellung des Betroffenen handelt, liegt darin kein Verstoß gegen das strafrechtliche Rückwirkungsverbot.[250] Es handelt sich nicht um eine Fiktion zulasten des Betroffenen. 519

Ebenso strafbewehrt ist beispielsweise auch ein Verstoß gegen die Pflichten aus den Vorschriften der AwSV. Die Verordnung ist dem Umweltverwaltungsrecht zuzuordnen, die den Gewässerschutz bezweckt. Dass die in der Verordnung niedergelegten Pflichten ausdrücklich dem Gewässerschutz dienen, ist in § 1 Abs. 1 AwSV ausdrücklich geregelt: „*Diese Verordnung dient dem Schutz der Gewässer*". Wird gegen die in der AwSV verankerten Pflichten verstoßen, kann dies eine unbefugte Gewässerverunreinigung begründen. 520

Ein Strafbarkeitsrisiko besteht somit schon dann, wenn eine Bewertung der Stoffe unterbleibt oder fehlerhaft vorgenommen wird und es infolgedessen aufgrund der Einleitung der Stoffe/Gemische zu einer Gewässerverunreinigung kommt (§§ 4, 8 AwSV). Strafrechtlich relevantes 521

242 MK-*Alt* § 324 Rn. 72.
243 LK-*Heghmanns* § 324 Rn. 33.
244 Zu den Fällen, in denen eine vorliegende Genehmigung keine rechtfertigende Wirkung entfaltet, siehe Rn. 144 ff.
245 Schönke/Schröder/*Heine/Schittenhelm* Vor § 324 Rn. 20; MK-*Alt* § 324 Rn. 80 jew. m.w.N.
246 MK-*Alt* § 324 Rn. 80.
247 Schönke/Schröder/*Heine/Schittenhelm* § 324 Rn. 12b; MK-*Alt* § 324 Rn. 89.
248 MK-*Alt* § 324 Rn. 89.
249 MK-*Schmitz* Vor § 324 Rn. 64 f.
250 Müller-Gugenberger/*Pfohl* Wirtschaftsstrafrecht S. 1783.

Verhalten kann auch dann vorliegen, wenn eine fehlerhafte Rückhaltung wassergefährdender Stoffe zum tatbestandlichen Erfolg führt oder der tatbestandliche Erfolg durch einen unerkannten Missstand an der Anlage hervorgerufen wurde, der wiederum auf der Missachtung der Dokumentationspflicht beruhte (§ 43 AwSV). Daneben ist eine Strafbarkeit auch denkbar, wenn es aufgrund einer Aufsichtspflichtverletzung zu einer fehlerhaften Befüllung oder Entleerung durch Angestellte und einem Austritt wassergefährdender Stoffe/Gemische kommt. Kommt der Anlagenbetreiber seinen in §§ 46-48 AwSV vorgeschriebenen Prüf- und Überwachungspflichten nicht oder nur unzureichend nach und kommt es infolgedessen wegen einer undichten Stelle oder einer fehlerhaften Befüllung/Entleerung zu einem unregulierten Austritt wassergefährdender Stoffe/Gemische, kann auch das den Tatbestand der Gewässerverunreinigung nach § 324 Abs. 1 StGB erfüllen.

522 Die Tatbestandsverwirklichung kann sowohl vorsätzlich (§ 324 Abs. 1 StGB) als auch fahrlässig (§ 324 Abs. 3 StGB) erfolgen.

523 § 324 StGB ist für das Abfallstrafrecht dort von Relevanz, wo es durch die unerlaubte Ablagerung oder unerlaubte Einführung von Abfällen in Gewässer zu einer unbefugten Verunreinigung oder einem die Eigenschaften nachteiligen Verändern des Gewässers kommt.

524 So kann auch das Einleiten von Abwasser, das unter den strafrechtlichen Abfallbegriff fällt, den Tatbestand des § 324 StGB erfüllen, wenn dadurch der tatbestandliche Erfolg der Gewässerverunreinigung oder des nachteiligen Veränderns der Eigenschaften des Gewässers herbeigeführt wurde.[251] Wird demnach nicht vorgereinigtes Abwasser, das einen erhöhten Gehalt an absetzbaren Stoffen beinhaltet, in die Teilkanalisation und in Bäche eingeleitet, die daraufhin verunreinigt werden, ist eine Strafbarkeit nach § 324 StGB denkbar.[252] Darüber hinaus können auch chemische Abfälle, die als bewegliche Sachen in das Erdreich oder den Kanal eingebracht wurden, zur Verwirklichung des § 324 StGB führen.[253]

525 **Beispiel:** Der *BGH*[254] hatte einen Fall zu entscheiden, in dem im Betrieb gehandelte Chemikalien gesetzeswidrig entsorgt wurden. Dabei handelte es sich um Chemikalien, die als bewegliche Sachen in das Erdreich eingebracht wurden. Der Strafvorwurf der Verunreinigung des Grundwassers mit chloriertem Kohlenwasserstoff wurde nur deshalb verneint, weil nicht festgestellt werden konnte, dass die Bodenverunreinigungen, die zum Eindringen der Schadstoffe in das Grundwasser geführt haben, in der Zeit erfolgten, in denen der Angeklagte als technischer Betriebsleiter die Verantwortung zur Beseitigung gehabt hätte.

526 Ebenso kann das Ausbringen tierischer Ausscheidungen auf die Böden wegen des hohen Ammoniak- und Nitratgehalts von Festmist, Gülle und Jauche zu einer Gewässerverunreinigung oder einer nachteiligen Veränderung durch Eutrophierung führen.[255] Auch die aus Mistlagerstätten austretende Jauche oder die aus unzureichend abgedeckten oder abgedichteten Mieten austretenden Silagesäfte können als Abfall zu klassifizieren werden, wenn sie objektiv wertlos und ohne Gebrauchswert sind.[256] Etwas anderes gilt dann, wenn sie als tierische Endprodukte einer gesicherten Endverwertung in Biogasanlagen zugeführt werden sollen oder als Dünger fungieren.[257]

251 *BGHSt* 38, 325 ff., 338 f.; *Michalke* Umweltstrafsachen Rn. 31.
252 *BGHSt* 38, 325 ff., 338 f.
253 *Franzheim* ZfW 1987, 9, 14.
254 *BGH* NJW 1992, 122.
255 MK-*Alt* § 326 Rn. 79.
256 Schönke/Schröder/*Heine/Schittenhelm* § 324 Rn. 10; MK-*Alt* § 326 Rn. 80.
257 *Hecker/Lorenz* NStZ-RR 2021, 65; MK-*Alt* § 326 Rn. 80.

Beispiel: Dem *OLG Oldenburg*[258] lag ein Fall zur Entscheidung vor, in welchem der Angeklagte im Rahmen seiner unternehmerischen Tätigkeit tierische Exkremente zum anschließenden Weiterverkauf nach Durchmischung mit Sägespänen als Dünger auf einer gepflasterten Fläche lagerte, die er als Mistlagerplatte nutzte. Aufgrund von Witterungseinflüssen traten ammoniumhaltige Sickersäfte aus dem Misthaufen aus und konnten ungehindert in den Boden und in die der Mistlagerplatte angrenzenden Bereiche austreten. Entnommene Proben dieser Sickersäfte ergaben eine Belastung mit Ammoniumstickstoff von solcher Menge und Konzentration, die geeignet war, den Boden und das Grundwasser nachhaltig zu verunreinigen. 527

Sind sowohl § 326 Abs. 1 Nr. 4 lit. a StGB, als auch § 324 StGB verwirklicht, so tritt § 326 Abs. 1 Nr. 4 lit. a StGB im Wege der Gesetzeskonkurrenz als abstraktes Gefährdungsdelikt zurück, so z.B. wenn eine nachhaltige Gewässerverunreinigung durch die unbefugte Beseitigung von Abwasser herbeigeführt worden ist.[259] 528

II. Bodenverunreinigung durch Abfall, § 324a StGB

§ 324a Bodenverunreinigung 529

(1) Wer unter Verletzung verwaltungsrechtlicher Pflichten Stoffe in den Boden einbringt, eindringen läßt oder freisetzt und diesen dadurch

1. *in einer Weise, die geeignet ist, die Gesundheit eines anderen, Tiere, Pflanzen oder andere Sachen von bedeutendem Wert oder ein Gewässer zu schädigen, oder*
2. *in bedeutendem Umfang verunreinigt oder sonst nachteilig verändert, wird mit Freiheitsstrafe bis zu fünf Jahren oder mit Geldstrafe bestraft.*

(2) Der Versuch ist strafbar.

(3) Handelt der Täter fahrlässig, so ist die Strafe Freiheitsstrafe bis zu drei Jahren

oder Geldstrafe.

1. Allgemeines

§ 324a StGB ist die zentrale Vorschrift zum strafrechtlichen Bodenschutz. Anders als § 324 StGB wurde § 324a StGB nicht bereits mit dem 18. StrÄndG (1. UKG), sondern erst mit dem 31. StrÄndG (2. UKG) etabliert.[260] 530

Eine Strafbarkeit nach § 324a StGB wegen Bodenverunreinigung ist auch im Zusammenhang mit dem Umgang mit Abfällen möglich.[261] Relevant wird die Bodenverunreinigung nach § 324a StGB im Zusammenhang mit Abfall insbesondere in den sog. Ablagerungsfällen, in denen Abfall unsachgemäß abgelagert wird und es dadurch, etwa durch gefährliche Stoffe, die aus dem Abfall austreten, zu einer Bodenverunreinigung kommt. Keine Bodenverunreinigung 531

258 *OLG Oldenburg* Beschl. v. 1.9.2020 – 1 Ss 71/20, BeckRS 2020, 24334; *Hecker/Lorenz* NStZ-RR 2021, 65.
259 *BGHSt* 38, 325, 338.
260 BeckOK-StGB/*Witteck* § 324a Rn. 1; Matt/Renzikowski/*Rettenmaier/Gehrmann* § 324a Rn. 1; Schönke/Schröder/*Heine/Schittenhelm* § 324a Rn. 1; Leipold/Tsambikakis/Zöller/*Szesny* AnwaltKommentar StGB § 324a Rn. 1.
261 LK-*Heghmanns* § 324a Rn. 35.

liegt im Zusammenhang mit unsachgemäßem Umgang mit Abfällen jedoch dann vor, wenn von den Abfällen keine negativen Auswirkungen auf den Boden ausgehen, weil aus den Abfällen z.B. keine schädlichen Stoffe austreten.[262]

532 Der Straftatbestand der Bodenverunreinigung nach § 324a StGB ist als Erfolgsdelikt ausgestaltet und setzt entweder eine tatsächliche Verunreinigung oder eine nachteilige Bodenveränderung voraus.[263] Die Verunreinigung stellt einen Unterfall der nachteiligen Veränderung des Bodens dar.[264]

533 Die Bodenverunreinigung muss entweder in einer Weise erfolgen, die geeignet ist, die Gesundheit eines anderen, Tiere, Pflanzen oder andere Sachen von bedeutendem Wert oder ein Gewässer zu schädigen (§ 324a Abs. 1 Nr. 1 StGB), oder von bedeutendem Umfang sein (§ 324a Abs. 1 Nr. 2 StGB).

534 § 324a StGB schützt neben der menschlichen Gesundheit, Tiere, Pflanzen, Sachen von bedeutendem Wert oder Gewässer den Boden als wesentliche Lebensgrundlage und Lebensraum für den Menschen, Tiere und Pflanzen.[265] Ähnlich wie bei § 324 StGB geht es auch bei § 324a StGB nur um einen relativen Schutz des Bodens; maßgeblich ist also der Zustand des Bodens vor der Tathandlung und nicht etwa, ob der Boden bereits vorher verunreinigt war.[266]

2. Tatobjekt: Boden

535 Tatobjekt des § 324a StGB ist der Boden. Darunter fällt nach § 2 Abs. 1 BBodSchG die obere Schicht der Erdkruste, einschließlich ihrer flüssigen und gasförmigen Bestandteile, soweit sie ökologische Funktionen nach § 2 Abs. 2 BBodSchG erfüllt und Bestandteil des Naturhaushalts ist.[267] Der strafrechtliche Begriff des Bodens ist zwar selbstständig zu bestimmen, lehnt sich aber an dieses Verständnis an.[268] Nicht durch § 324a StGB geschützt sind Böden von Binnengewässern und der Meeresgrund. Bei nachteiligen Auswirkungen für den Gewässerhaushalt greift insoweit § 324 StGB.[269]

3. Bodenverunreinigung durch Abfall

536 Unter Strafe gestellt ist nach dem Wortlaut der Norm neben dem Einbringen auch das Eindringenlassen oder Freisetzen von Stoffen in den Boden. Als Stoffe werden alle körperlichen Gegenstände erfasst, die weder Grundstück noch Bestandteil davon sind.[270] Der Begriff wird weit ausgelegt.[271] Erfasst sind alle organischen und anorganischen Substanzen, die entweder chemisch, chemisch-physikalisch, mechanisch, thermisch oder in sonstiger Weise nachteilig auf den Boden einwirken.[272]

---

262 LK-*Heghmanns* § 324a Rn. 35.
263 BeckOK-StGB/*Witteck* § 324a Rn. 2; Schönke/Schröder/*Heine/Schittenhelm* § 324a Rn. 1.
264 BeckOK-StGB/*Witteck* § 324a Rn. 11; *Sanden* wistra 1996, 283, 284.
265 BT-Drucks. 12/192, S. 15; *Fischer* § 324a Rn. 2; *Möhrenschlager* NStZ 1994, 513, 516; BeckOK-StGB/*Witteck* § 324a Rn. 3.
266 Leipold/Tsambikakis/Zöller/*Szesny* AnwaltKommentar StGB § 324a Rn. 3.
267 Schönke/Schröder/*Heine/Schittenhelm* § 324a Rn. 3; BeckOK-StGB/*Witteck* § 324a Rn. 6.
268 MK-*Alt* § 324a Rn. 12.
269 Schönke/Schröder/*Heine/Schittenhelm* § 324a Rn. 3.
270 MK-*Alt* § 324a Rn. 15; BeckOK-StGB/*Witteck* § 324a Rn. 7.
271 Matt/Renzikowski/*Rettenmaier/Gehrmann* § 324a Rn. 4; Schönke/Schröder/*Heine/Schittenhelm* § 324a Rn. 5; *Fischer* § 324a Rn. 4; Leipold/Tsambikakis/Zöller/*Szesny* AnwaltKommentar StGB § 324a Rn. 6.
272 Leipold/Tsambikakis/Zöller/*Szesny* AnwaltKommentar StGB § 324a Rn. 6; LK-*Heghmanns* § 324a Rn. 35.

Für das Abfallstrafrecht besonders relevant sind die Tathandlungsvarianten des Einbringens und des Eindringenlassens. Ein Einbringen liegt bei jedem finalen Stoffeintrag in den Boden vor, wie z.B. durch das Ablagern von Abfällen oder das Einleiten oder Ablassen flüssiger oder fester Abfälle in den Boden.[273] Das Eindringenlassen umfasst das pflichtwidrige Nichtverhindern des Schadstoffeintrags in den Boden.[274] 537

Die Tathandlungen müssten unter Verletzung verwaltungsrechtlicher Pflichten vorgenommen worden sein. § 330d Nr. 4 StGB regelt, dass sich die verwaltungsrechtlichen Pflichten sowohl aus einer Norm, einer Gerichtsentscheidung, einem vollziehbaren Verwaltungsakt oder einer Auflage ergeben können.[275] 538

Von abfallrechtlicher Relevanz sind Altablagerungen und Altstandorte, durch die schädliche Bodenveränderungen hervorgerufen werden.[276] Ursächlich dafür kann beispielsweise die nicht sachgemäße Behandlung, Lagerung oder Ablagerung von Abfällen oder bodengefährdender Stoffe sein.[277] Ebenso tatbestandsmäßig ist auch das Ausbringen von Düngemitteln oder Pflanzenschutzmitteln.[278] 539

Beispiele: In dem oben[279] bereits ausgeführten Fall des *AG Lübeck*[280] wurde neben dem unerlaubten Umgang mit Abfällen (§ 326 StGB) auch eine Strafbarkeit wegen Bodenverunreinigung nach § 324a StGB angenommen. Reste von Altöl, die der Angeklagte in einer Plastikschüssel auf unregelmäßig aneinandergelegten Gehwegplatten an der rückwärtigen Front seines Geräteschuppens in seinem Garten abstellte und dort ohne weitere Vorkehrungen zwei Wochen im Freien stehenließ, wurden vom Regen abgetragen und gelangten in das Erdreich. Das Altöl-Wasser-Gemisch verursachte eine Kontaminierung des Bodens im Ausmaß von 136 x 90 x 10 cm. Das Gericht begründete das davon ausgehende Gefährdungspotential des Umweltmediums *„Boden"* mit den im Altöl enthaltenen Schwermetallen wie Blei, Kupfer, Zinn, Nickel, Chrom und Cadmium. Aus der festgestellten konkreten Kontaminierung des Erdreichs könne auf eine abstrakte Eignung des Abfallstoffes zur nachhaltigen Gefährdung des Umweltmediums geschlossen werden. 540

In einem Fall, den das *OLG Celle*[281] zu entscheiden hatte, ging es um die Frage, ob Putenmist den Abfallbegriff des § 326 StGB erfüllt und dieser, auf einer feuchtigkeitsdurchlässigen Fläche von 15,5 ha zwischengelagerte Putenmist, eine Eignung zu einer Gewässerschädigung als Folge einer Bodenverunreinigung i.S.v. § 324a Abs. 1 Nr. 1 StGB besitzt. Die Abfalleigenschaft wurde jedoch verneint, da Putenmist als anerkannter und wertvoller Dünger anzusehen sei. Bei tierischen Ausscheidungen wie Stallmist handele es sich um Wirtschaftsdünger, der objektiv keinen Abfall darstelle. Subjektiv konnte bei dem Angeklagten kein Entledigungswille nachgewiesen werden. Ebenso verneinte das Gericht eine Strafbarkeit nach § 324a StGB wegen Bodenverunreinigung, da die im Boden nachgewiesenen 541

273 MK-*Alt* § 324a Rn. 16; BeckOK-StGB/*Witteck* § 324a Rn. 8; Leipold/Tsambikakis/Zöller/*Szesny* AnwaltKommentar StGB § 324a Rn. 6.
274 Leipold/Tsambikakis/Zöller/*Szesny* AnwaltKommentar StGB § 324a Rn. 7; BeckOK-StGB/*Witteck* § 324a Rn. 10; Matt/Renzikowski/*Rettenmaier/Gehrmann* § 324a Rn. 4.
275 Zu den Einzelheiten, woraus sich verwaltungsrechtliche Pflichten ergeben können, siehe bereits Rn. 126 ff.
276 MK-*Alt* § 324a Rn. 17; *Michalke* Umweltstrafsachen Rn. 138.
277 *Fischer* § 324a Rn. 4; vgl. auch https://www.umweltbundesamt.de/themen/boden-flaeche/altlasten.
278 MK-*Alt* § 324a Rn. 16.
279 Siehe oben unter Rn. 89 ff.
280 *AG Lübeck* NJW 1991, 1126.
281 *OLG Celle* NStZ-RR 1998, 208.

erhöhten Stickstoffgehalte unter den ehemaligen Mistzwischenlagerstätte nicht ausreichten, um eine Bodenverunreinigung oder nachteilige Bodenveränderung in bedeutendem Umfang i.S.d. § 324a Abs. 1 Nr. 2 StGB zu belegen.

542 Im oben[282] dargestellten Fall des *BGH*[283], in dem es um im Betrieb gehandelte Chemikalien ging, die gesetzeswidrig entsorgt wurden, wurde durch die als Abfall zu klassifizierenden Chemikalien eine Bodenverunreinigung hervorgerufen.

543 Sind sowohl § 326 Abs. 1 Nr. 4 lit. a StGB als auch § 324a StGB verwirklicht, so tritt § 326 Abs. 1 Nr. 4 lit. a StGB im Wege der Gesetzeskonkurrenz zurück, wenn sich die in § 326 Abs. 1 Nr. 4 lit. a StGB normierte Gefahr in einer nachhaltigen Bodenverunreinigung durch die unbefugte Beseitigung von Abwasser realisiert.[284] Bei gleichzeitiger Verunreinigung des Grundwassers ist Tateinheit (§ 52 StGB) mit § 324 StGB möglich.[285]

544 Die Tatbestandsverwirklichung kann sowohl vorsätzlich (§ 324a Abs. 1 StGB) als auch fahrlässig (§ 324a Abs. 3 StGB) erfolgen.

282 Siehe oben unter Rn. 511 ff.
283 *BGH* NJW 1992, 122.
284 *BGH* wistra 2001, 259; Leipold/Tsambikakis/Zöller/*Szesny* AnwaltKommentar StGB § 324a Rn. 18.
285 MK-*Alt* § 324a Rn. 53; Leipold/Tsambikakis/Zöller/*Szesny* AnwaltKommentar StGB § 324a Rn. 18.

Anhang I:
Merkposten für den Abfallbeauftragten

I. Allgemeines

Betreiber von Anlagen einer gewissen Art, Größe oder abfallwirtschaftlichen Bedeutung haben 545
gem. § 59 Abs. 1 S. 1 KrWG die gesetzliche Pflicht einen Betriebsbeauftragten für Abfall zu bestellen. Einzelheiten zur Bestellung sind in der Abfallbeauftragtenverordnung (AbfBeauftrV) geregelt.[1] Die Bestellung kann intern und mit Genehmigung auch extern erfolgen. Der Bestellungsakt ist schriftlich festzuhalten, entweder durch einen Arbeitsvertrag oder durch eine Bestellungsurkunde.[2]

- Es gibt *„Nur-Betriebsbeauftragte"* und *„Auch-Betriebsbeauftragte"*: 546
  - Der sog. *„Nur-Betriebsbeauftragte"* hat ausschließlich die gesetzlichen Pflichten aus § 60 KrWG und sonst keine weiteren arbeitsvertraglich geschuldeten Aufgaben zu erfüllen. Handelt es sich bei dem bestellten Nur-Betriebsbeauftragten um einen Betriebsangehörigen, so ist er für die Dauer der Bestellung von seinen sonstigen Pflichten und Aufgaben freizustellen.[3]
  - Der *„Auch-Betriebsbeauftragte"* ist ein Betriebsangehöriger, dem zusätzlich zu seiner Stellung als Abfallbeauftragter weitere betriebliche Funktionen und Aufgaben oder zusätzliche Verantwortungsbereiche zur eigenverantwortlichen Wahrnehmung übertragen wurden. Er nimmt insofern eine Doppelstellung ein.[4] Der Auch-Betriebsbeauftragte darf durch die Wahrnehmung weiterer betrieblicher Aufgaben nicht an der Erfüllung seiner gesetzlichen Aufgaben nach § 60 KrWG gehindert werden.[5]
- Die gesetzlichen Aufgaben des Abfallbeauftragten sind in § 60 KrWG abschließend geregelt. 547
  Der Abfallbeauftragte hat insbesondere in allen Angelegenheiten zu beraten, die abfallrechtlich von Bedeutung sein können. Neben einer Kontroll- und Überwachungsfunktion, kommt ihm auch eine Informations- und Initiativfunktion zu. Darüber hinaus obliegt ihm eine jährliche Berichterstattungspflicht. Neben den gesetzlich vorgesehenen Aufgaben kann der Unternehmer den gesetzlich festgelegten Aufgabenbereich des Abfallbeauftragten einzelvertraglich erweitern und ihm damit weitere Rechte und Pflichten übertragen (Grundsatz der Vertragsfreiheit).[6]

---

1 Siehe oben unter Rn. 181 ff.
2 *Bergwitz* NZA 2021, 542, 543.
3 *Kloepfer/Heger* Umweltstrafrecht Rn. 136 f.; näher dazu oben unter Rn. 196.
4 *Bergwitz* NZA 2021, 542, 543; *Böse* NStZ 2003, 636; *Kloepfer* Umweltstrafrecht S. 679 Rn. 59; *Wendler* Die Haftung der Betriebsbeauftragten im Strafrecht S. 148.
5 *Wendler* Die Haftung der Betriebsbeauftragten im Strafrecht S. 149; näher dazu oben unter Rn. 197 ff.
6 *Wendler* Die Haftung der Betriebsbeauftragten im Strafrecht S. 146; näher dazu oben unter Rn. 200 ff.

II. Haftung des Betriebsbeauftragten

548 • Spezielle, eigens auf den Abfallbeauftragten zugeschnittene Strafrechtsnormen, die ein Fehlverhalten sanktionieren könnten, existieren nicht. Insbesondere die Verletzung der Pflichten aus § 60 KrWG ist nicht unmittelbar straf- oder bußgeldbewehrt (anders z.B. bei dem Gefahrgutbeauftragten).[7]

549 • Auf den Abfallbeauftragten findet aufgrund seiner Eigenverantwortlichkeit und seines Wissensvorsprungs die Vorschrift des § 14 Abs. 2 Nr. 2 StGB (Handeln für einen anderen) Anwendung.[8] Dadurch können ihm besondere persönliche Merkmale, wie z.B. die Betreibereigenschaft, die von bestimmten Straftatbeständen wie dem unerlaubten Betreiben einer Anlage (§ 327 StGB) vorausgesetzt werden, zugerechnet werden. Die Zurechnung eines besonderen persönlichen Merkmals hat zur Folge, dass auch der Abfallbeauftragte, bei dem dieses strafbarkeitsbegründenden Merkmal eigentlich nicht vorliegt, z.B. Betreiber ist und den entsprechenden Straftatbestand erfüllen kann.[9]

550 • Fälle, in denen der Nur-Betriebsbeauftragte selbst durch aktives Tun einen umweltrechtlichen Straftatbestand verwirklicht, sind selten, weil der Abfallbeauftragte nicht in der Ausführungsphase, sondern beratend tätig wird.[10] Bei vorsätzlichem aktivem Tun kommt in der Regel mangels Tatherrschaft keine Täterschaft, sondern allenfalls eine Teilnahmestrafbarkeit wegen Anstiftung oder Beihilfe zur Straftat eines anderen in Betracht.[11]

551 • Bei dem *„Auch-Betriebsbeauftragten"* kann die Täterqualität hingegen aus der allgemeinen Verantwortlichkeit im Unternehmen resultieren. Für die individuelle strafrechtliche Haftung bedeutend sind somit neben der Einsetzung des Abfallbeauftragten in die betriebliche Hierarchie auch die damit verbundenen Befugnisse und Möglichkeiten. Je weitreichender diese sind, desto höher ist das Haftungsrisiko des Abfallbeauftragten.[12]

552 • Da der Abfallbeauftragte bei einer etwaig notwendigen Erfolgsabwendung meist nicht selbst tätig wird, ist die Strafbarkeit durch Unterlassen von besonderer praktischer Relevanz. Voraussetzung für eine solche Unterlassenstrafbarkeit ist eine Garantenpflicht aufgrund seiner Garantenstellung, der der Abfallbeauftragte trotz Möglichkeit und Zumutbarkeit nicht nachgekommen ist.[13] Im Regelfall ist von einer Überwachergarantenstellung des Abfallbeauftragten auszugehen, im Rahmen derer der Abfallbeauftragte für die Erfüllung seiner gesetzlichen Kontroll-, Informations- und Initiativpflichten aus § 60 KrWG einzustehen hat.[14]

553 • Mangels eigener Anordnungs- und Entscheidungskompetenz fehlt es dem Abfallbeauftragten in den meisten Fällen an der für ein täterschaftliches Handeln notwendigen Tatherrschaft. Dem *„Nur-Betriebsbeauftragten"* kommt eine solche Anordnungs- und Entscheidungsbefugnis nicht zu. In Betracht kommt daher grundsätzlich eine Strafbarkeit als Teilnehmer einer Umweltstraftat durch Unterlassen.[15] Dies immer dann, wenn er pflichtwidrig umweltschützende Kontroll-, Initiativ-, Informationspflichten verletzt, obwohl ihm deren Einhaltung möglich und zumutbar war, und es in der Folge zu einer Umweltstraftat

---

7 Im Einzelnen dazu oben unter Rn. 324 ff.
8 *Böse* NStZ 2003, 636, 640.
9 Siehe dazu oben unter Rn. 311 ff.
10 *Salje* BB 1993, 2297, 2298.
11 *OLG Frankfurt* NJW 1987, 2753, 2756; näher dazu oben unter Rn. 328 ff.
12 Siehe oben unter Rn. 338 ff.
13 BeckOK-StGB/*Heuchemer* § 13 Rn. 33 ff.; 110 ff.; 115.
14 Erbs/Kohlhaas/*Häberle* Strafrechtliche Nebengesetze KrWG § 60 Rn. 5; näher dazu oben unter Rn. 214 ff.
15 Siehe dazu oben unter Rn. 328 ff.

kommt.[16] Das kann z.B. dann der Fall sein, wenn es der Abfallbeauftragte unterlässt, die Betriebsleitung dahingehend zu warnen, dass die Einhaltung gesetzlicher Vorschriften gefährdet ist bzw. die Genehmigungssituation über entsprechende Änderungsanträge an die Betriebspraxis angepasst werden muss. Der Hinweis an die Betriebsleitung, dass infolgedessen z.B. ein unerlaubter Umgang mit Abfällen i.S.d. § 326 Abs. 1 StGB in Betracht kommt, ist nicht notwendig.[17]

- Werden dem Abfallbeauftragten etwa betriebsintern Entscheidungs- oder Anordnungsbe- **554** fugnisse übertragen, die nicht auf seiner Stellung als Abfallbeauftragter beruhen, kommt eine Täterschaft durch aktives Tun in Betracht. Dies z.B. dann, wenn der Abfallbeauftragte vorsätzlich seine Entscheidungs- und/oder Anordnungsbefugnisse missbraucht oder unterlässt und es dadurch zu einer Verwirklichung eines umweltstrafrechtlichen Tatbestandes kommt.[18]
- Werden dem Abfallbeauftragten zusätzlich weitere Aufsichtspflichten übertragen oder resul- **555** tieren diese aus seiner Eingliederung in das Unternehmen („*Auch-Betriebsbeauftragte*"), so kommt auch eine weitergehende Haftung wegen einer Aufsichtspflichtverletzung nach § 130 OWiG in Betracht, wenn durch vorsätzliches oder fahrlässiges Untätigbleiben im Betrieb eine Zuwiderhandlung durch einen Dritten begangen wird, die durch eine ordnungsgemäße Aufsicht verhindert oder wesentlich erschwert worden wäre. Es bedarf also einer Verletzung der Aufsichtspflicht.[19] Der „*Nur-Betriebsbeauftragte*" haftet hingegen nur in Bezug auf seine aus § 60 KrWG resultierenden Aufsichtspflichten (Überwachung der Einhaltung der Vorschriften des KrWG und der auf Grund des KrWG erlassenen Rechtsverordnungen sowie die Erfüllung erteilter Bedingungen und Auflagen) und auch nur dann, wenn durch die unterbliebene Aufsicht Zuwiderhandlungen begangen werden, die die Umweltgüter verletzten.

16 *Kloepfer/Heger* Umweltrecht Rn. 136 ff.; *OLG Frankfurt* NJW 1987, 2753, 2756; Schönke/Schröder/*Heine/Schittenhelm* § 324 Rn. 17; *Fischer* § 324 Rn. 9; *Versteyl* in: V/M/S § 69 Rn. 7; *Salje* BB 1993, 2297 ff.; *Köhler* ZfW 1976, 323, 344; *Truxa* ZfW 1980, 220 ff.; *Sander* NuR 1985, 47, 54; Landmann/Rohmer/*Kersting* Umweltrecht KrWG § 60 Rn. 55 ff.

17 Siehe oben unter Rn. 328 ff.

18 Vgl. *Salje* BB 1993, 2297, 2301; näher dazu oben unter Rn. 341 ff.

19 Näher dazu oben unter Rn. 344 ff.

Anhang II: Gesetzgebungsgeschichte zu den Begriffen Abfall und Gefährlichkeit

Der Gesetzgeber hat bei der Einführung des § 326 StGB (unerlaubter Umgang mit Abfällen) in das Strafgesetzbuch im Jahre 1978 darauf verzichtet, einen allein für das Strafgesetzbuch maßgeblichen Abfallbegriff zu bestimmen. Für den strafrechtlichen Abfallbegriff seien vielmehr die abfallverwaltungsrechtlichen Begriffsbestimmungen des damals geltenden Abfallbeseitigungsgesetzes maßgeblich gewesen. Jedoch sollte § 326 StGB in seinem Anwendungsbereich nicht gem. § 1 Abs. 3 AbfG a.F.[1] beschränkt werden. Denn mit der Einführung des § 326 in das StGB bezweckte der Gesetzgeber alle Abfälle zu erfassen und auch die bisherigen Ordnungswidrigkeiten zu Straftaten zu erklären, um Strafbarkeitslücken zu vermeiden.[2] **556**

Das heute geltende Kreislaufwirtschaftsgesetz hatte viele Vorgängerregelungen. Die erste bundeseinheitliche Regelung des Abfallrechts stellte das Gesetz über die Beseitigung von Abfall (Abfallbeseitigungsgesetz, AbfG) vom 7.6.1972[3] dar, welches am 8.7.1972 in Kraft trat und auf das sich auch der Gesetzgeber bei der Definition des strafrechtlichen Abfallbegriffs 1980 bezog. **557**

Das Abfallbeseitigungsgesetz wurde mit Inkrafttreten des Gesetzes über die Vermeidung und Entsorgung von Abfällen (Abfallgesetz, AbfG)[4] vom 28.8.1986 abgelöst, darauf folgte das Gesetz über die Vermeidung, Verwertung und Beseitigung von Abfällen (Kreislaufwirtschafts- und Abfallgesetz, KrW-/AbfG)[5], welches am 7.11.1994 in Kraft trat und schließlich mit Inkrafttreten des Kreislaufwirtschaftsgesetz (KrWG)[6] am 1.6.2012 ersetzt wurde. Mit dem Fortgang des Abfallbeseitigungsgesetzes änderte sich auch dessen Abfallbegriff und damit die für den strafrechtlichen Abfallbegriff maßgeblichen Vorgaben. **558**

---

1 Gesetz über die Beseitigung von Abfällen (Abfallbeseitigungsgesetz – AbfG) v. 7.6.1972, BGBl. I, S. 873, in Kraft getreten am 8.6.1972.

2 BT-Drucks. 8/2382, S. 16 f.

3 Gesetz über die Beseitigung von Abfällen (Abfallbeseitigungsgesetz – AbfG) v. 7.6.1972, BGBl. I, S. 873, in Kraft getreten am 8.6.1972.

4 Gesetz über die Vermeidung und Entsorgung von Abfällen (Abfallgesetz – AbfG) v. 27.8.1986, BGBl. I, S. 1410, in Kraft getreten am 1.9.1986.

5 Einunddreißigstes Strafrechtsänderungsgesetz – Zweites Gesetz zur Bekämpfung der Umweltkriminalität (31. StrÄndG – 2. UKG) v. 27.6.1994, BGBl. I, S. 2705, in Kraft getreten am 7.11.1994.

6 Gesetz zur Neuordnung des Kreislaufwirtschafts- und Abfallrechts v. 24.2.2012, BGBl. I, S. 212, in Kraft getreten am 1.3.2012 bzw. 1.6.2012.

I. Gesetz über die Beseitigung von Abfällen (Abfallbeseitigungsgesetz – AbfG) vom 7.6.1972

559 Die erste bundeseinheitliche Regelung des Abfallrechts stellte das Gesetz über die Beseitigung von Abfall (Abfallbeseitigungsgesetz – AbfG) v. 7.6.1972[7] dar, welches am Folgetag in Kraft trat. Auf dieses Gesetz bezog sich auch der Gesetzgeber bei der Definition des strafrechtlichen Abfallbegriffs im Jahr 1980, als § 326 in das StGB aufgenommen wurde.

560 Es definierte „*Abfall*" in § 1 Abs. 1 AbfG a.F. wie folgt:

„Abfälle im Sinne dieses Gesetzes sind bewegliche Sachen, deren sich der Besitzer entledigen will oder deren Beseitigung zu Wahrung des Wohls der Allgemeinheit geboten ist."

561 Das Abfallbeseitigungsgesetz enthielt in § 16 auch „*Straftaten*" und regelte in § 16 Abs. 1 Nr. 1 AbfG a.F.[8] bereits einen Vorläufer des § 326 Abs. 1 Nr. 1 StGB:

§ 16 Abs. 1 Nr. 1 AbfG a.F.

„Mit Freiheitsstrafe bis zu fünf Jahren und mit Geldstrafe oder mit einer dieser Strafen wird bestraft, wer

1. entgegen § 4 Abs. 1 Abfälle, die Gifte oder Erreger übertragbarer Krankheiten enthalten oder hervorbringen können, behandelt, lagert oder ablagert,

[...]

und dadurch das Leben oder die Gesundheit anderer gefährdet."

562 Aus der Formulierung lässt sich ableiten, dass die Tatbestände des § 16 AbfG a.F. somit noch als konkrete Gefährdungsdelikte ausgestaltet waren.

II. Richtlinie 75/442/EWG des Rates vom 15.7.1975 über Abfälle

563 Die Richtlinie 75/442/EWG[9] stellte die erste europarechtliche Regelung zum Abfallrecht dar und war bis zum 15.7.1975 durch die Mitgliedsstaaten in nationales Recht umzusetzen.

564 „*Abfall*" wurde in dieser Richtlinie in Art. 1 wie folgt definiert:

„Im Sinne dieser Richtlinie sind

a) Abfälle: Alle Stoffe oder Gegenstände, deren sich der Besitzer entledigt oder gemäß den geltenden einzelstaatlichen Vorschriften zu entledigen hat."

565 Im Erwägungsgrund 6 dieser Richtlinie heißt es dazu:

„Ein wirksames und zusammenhängendes System der Abfallbeseitigung, welches den innergemeinschaftlichen Warenverkehr nicht hemmt und die Wettbewerbsbedingungen nicht beeinträchtigt, muß auf alle beweglichen Sachen Anwendung finden, deren sich der Besitzer entledigt oder gemäß den geltenden einzelstaatlichen Vorschriften zu entledigen hat, ausgenommen radioaktive Abfälle, Abfälle aus dem Bergbau und landwirtschaftliche Abfälle, Tierkörper, Abwässer, gasförmige Ableitungen sowie Abfälle, die einer besonderen Gemeinschaftsregelung unterliegen."

---

7 Gesetz über die Beseitigung von Abfällen (Abfallbeseitigungsgesetz – AbfG) v. 7.6.1972, BGBl. I, S. 873, in Kraft getreten am 11.6.1972.

8 Gesetz über die Beseitigung von Abfällen (Abfallbeseitigungsgesetz – AbfG) v. 7.6.1972, BGBl. I, S. 873, in Kraft getreten am 11.6.1972.

9 Richtlinie 75/442/EWG des Rates v. 15.7.1975 über Abfälle, Abl. L 194 v. 25.7.1975, S. 47.

III. Gesetz zur Änderung des Abfallbeseitigungsgesetzes vom 21.6.1976

Eine erste Änderung erfuhr das Abfallbeseitigungsgesetz mit dem Inkrafttreten des Gesetzes zur Änderung des Abfallbeseitigungsgesetz am 22.6.1976.[10] Mit der Änderung sollten insbesondere Überwachungsmöglichkeiten bei der Abfallbeseitigung ausgeweitet werden, die vorgesehenen Verwaltungsverfahren vereinfacht und der strafrechtliche Schutz vorgezogen und ausgeweitet werden. Insbesondere wurden die Straftatbestände des § 16 AbfG a.F.[11] von konkreten Gefährdungsdelikten zu abstrakten Gefährdungsdelikten ausgestaltet. **566**

In der Gesetzesbegründung heißt es dazu: **567**

„Die neue Vorschrift enthält in ihrem Grundtatbestand die Erweiterung des bisherigen § 16 Abs. 1 Nr. 1 zum abstrakten Gefährdungsdelikt, das sich auf alle Arten von Abfällen erstreckt."[12]

An der Begrifflichkeit des Abfalls änderte sich hingegen nichts. Auch auf die europarechtlichen Vorgaben der Richtlinie 75/442/EWG des Rates vom 15.7.1975 über Abfälle wurde nicht eingegangen. **568**

IV. Richtlinie 78/319/EWG des Rates vom 20.3.1978 über giftige und gefährliche Abfälle

Die Richtlinie 78/319/EWG[13] über giftige und gefährliche Abfälle wurde erlassen, um Unterschiede in den Bestimmungen der Mitgliedsstaaten über die Beseitigung giftiger und gefährlicher Abfälle anzugleichen und dadurch ungleiche Wettbewerbsbedingungen und negative Auswirkungen auf das Funktionieren des Binnenmarktes zu vermeiden.[14] **569**

Die Begriffsbestimmungen finden sich in Art. 1: **570**

„a) Abfälle: alle Stoffe oder Gegenstände, deren sich der Besitzer entledigt oder gemäß den geltenden einzelstaatlichen Vorschriften zu entledigen hat;

b) giftige und gefährliche Abfälle: alle Abfälle, die die im Anhang zu dieser Richtlinie aufgeführten Stoffe oder Materialien enthalten oder durch sie verseucht sind, und zwar in einer solchen Beschaffenheit, in solchen Mengen oder Konzentrationen, daß sich daraus eine Gefahr für die Gesundheit oder die Umwelt ergibt;"

---

10 Gesetz zur Änderung des Abfallbeseitigungsgesetzes v. 21.6.1976, BGBl. I, S. 1601, in Kraft getreten am 1.1.1977.

11 Gesetz über die Beseitigung von Abfällen (Abfallbeseitigungsgesetz – AbfG) v. 7.6.1972, BGBl. I, S. 873, in Kraft getreten am 11.6.1972.

12 BT-Drucks. 7/2593, S. 11.

13 Richtlinie 75/442/EWG des Rates v. 15.7.1975 über Abfälle, Abl. L 084 v. 31.3.1978, S. 43.

14 Vgl. Erwägungsgrund 1 der Richtlinie 78/319/EWG des Rates v. 20.3.1978 über giftige und gefährliche Abfälle, Abl. L 084 v. 31.3.1978, S. 43.

V. Entwurf eines Sechzehnten Strafrechtsänderungsgesetzes — Gesetz zur Bekämpfung der Umweltkriminalität (16. StrÄndG) vom 13.12.1978

571 Der Entwurf der Bundesregierung zum 16. StrÄndG – Gesetz zur Bekämpfung der Umweltkriminalität – vom 13.12.1978[15] bezog sich zur Definition des strafrechtlichen Abfallbegriffes auf die Begriffsbestimmungen des Abfallbeseitigungsgesetzes von 1972[16]:

„Der Entwurf hält es nicht für notwendig, den Begriff Abfall besonders zu definieren. Für das Strafgesetzbuch ist maßgeblich die im Abfallbeseitigungsgesetz verankerte Begriffsbestimmung.“[17]

VI. Achtzehntes Strafrechtsänderungsgesetz– Gesetz zur Bekämpfung von Umweltkriminalität (18. StrÄndG) vom 28.3.1980

572 § 326 StGB wurde durch das 18. StrÄndG vom 28.3.1980[18] in das StGB eingefügt. Dieses Gesetz ist seit dem 1.7.1980 in Kraft. Ziel dieses Änderungsgesetzes war es, die wichtigsten Straftatbestände gegen die Umwelt aus dem Nebenstrafrecht in das Strafgesetzbuch zu übernehmen, um damit dem sozialschädlichen Charakter von Umweltstraftaten gerecht zu werden und das Bewusstsein der Öffentlichkeit diesbezüglich zu stärken:

„Denn der Schutz von Wasser, Luft, Boden usw. ist für die Erhaltung des Lebensraums unabdingbar und hat einen hohen Stellenwert. Daher kann kein Zweifel bestehen, daß die ökologischen Schutzgüter Rechtsgüter sind, die den klassischen, mehr individuellen Rechtsgütern des Strafgesetzbuches wie Leben, Gesundheit, Eigentum gleichwertig sind. Diese Gleichstellung wird deutlicher, wenn die Straftatbestände zum Schutz der Umwelt in das Kernstrafrecht des Strafgesetzbuches eingestellt werden. Straftaten gegen die Umwelt sind kriminelles Unrecht, sie sind keine Kavaliersdelikte und nicht „nur“ Verstöße gegen Nebenstrafrecht.“ [19]

573 Der Gesetzgeber gab § 326 StGB den Schutzzweck *„soweit wie möglich alle wirklich gefährlichen Fälle“* eines unzulässigen Umgang mit Abfällen zu *„erfassen“*.[20] Dabei wurde der Tatbestand des § 326 StGB als abstraktes Gefährdungsdelikt mit gesetzlicher Gefährlichkeitsvermutung ausgestaltet, da sich der Nachweis der Ursächlichkeit in der Praxis als äußert schwierig erwiesen hat.[21]

15 BT-Drucks. 8/2382.
16 Gesetz über die Beseitigung von Abfällen (Abfallbeseitigungsgesetz – AbfG) v. 7.6.1972, BGBl. I, S. 873, in Kraft getreten am 11.6.1972.
17 BT-Drucks. 8/2382, S. 17.
18 Achtzehntes Strafrechtsänderungsgesetz – Gesetz zur Bekämpfung der Umweltkriminalität (18. StrÄndG) v. 28.3.1980, BGBl. I, S. 373, in Kraft getreten am 1.7.1980.
19 BT-Drucks. 8/3633, S. 19.
20 BT-Drucks. 8/2382, S. 17.
21 BT-Drucks. 8/2382, S. 16.

Zudem äußerte sich der Gesetzgeber auch zum Begriff des Abfalls: 574

„Der Kreis der vom Tatbestand erfassten gefährlichen Abfälle wird – im Vergleich zu § 16 AbfG – erweitert. Die Anwendungsbeschränkungen des § 1 Abs. 3 AbfG entfallen im Wesentlichen.“[22]

Neben dieser Erweiterung wurde auch eine Einschränkung im Bericht des Deutschen Bundestages bei der Einführung des § 326 StGB durch den Rechtsausschuss vorgenommen. Die Absicht des Rechtsausschusses war es, durch § 326 Abs. 1 Nr. 3 StGB nur solche Abfälle zu erfassen, 575

„die für die Umwelt besonders gefährlich sind, nicht jedoch alle Abfälle, die generell geeignet sind, eines der genannten Schutzgüter zu gefährden", und dass es sich so um die „notwendige Beschränkung des Tatbestands auf die sogenannten Sonderabfälle" handele. Dies „wird dadurch ausreichend deutlich zum Ausdruck gebracht, dass“ § 326 Abs. 1 „Nummer 3 an den Wortlaut des § 2 Abs. 2 Abfallbeseitigungsgesetz angelehnt ist.“[23]

Gefährliche Abfälle wurden in der Gesetzesbegründung des § 326 StGB a.F. von 1980 wie folgt definiert: 576

„Gefährliche Abfälle“... „sind Abfälle, die besonders geeignet sind, schädliche Umwelteinwirkungen etwa i. S. der Grundsatzvorschrift des § 2 Abs. 1 Nr. 1 bis 6 AbfG“ „hervorzurufen“.[24]

VII. Zweites Gesetz zur Änderung des Abfallbeseitigungsgesetzes vom 4.3.1982

Das ursprünglich aus dem Jahr 1972 stammende Abfallbeseitigungsgesetz wurde zehn Jahre später durch das *„Zweite Gesetz zur Änderung des Abfallbeseitigungsgesetzes“* vom 4.3.1982[25] ein zweites Mal novelliert. Die Bundesregierung verfolgte mit der Gesetzesänderung insbesondere das Ziel, die Abfallbeseitigung stärker zu überwachen und dadurch Bürger und Verwaltung von verzichtbaren Kosten- und Verwaltungsaufwand zu entlasten, sowie für das Aufbringen von Abwasser und Klärschlamm interessengerechtere Regelungen zu treffen. 577

Das zweite Änderungsgesetz anderte unter anderem den damaligen § 1 Abs. 3 AbfG, womit klargestellt werden sollte, dass es sich bei den Anwendungsbeschränkungen um eine dynamische Verweisung (auf die jeweils geltende Gesetzesfassung) handelt. 578

22 BT-Drucks. 8/2382, S. 17.
23 BT-Drucks. 8/3633, S. 29.
24 BT-Drucks. 8/2382, S. 17.
25 Zweites Gesetz zur Änderung des Abfallbeseitigungsgesetzes v. 4.3.1982, BGBl. I, S. 281, in Kraft getreten am 1.4.1982.

VIII. Gesetz über die Vermeidung und Entsorgung von Abfällen (Abfallgesetz – AbfG) vom 27.8.1986

579 Der Abfallbegriff des AbfG a.F. wurde 1986 mit Inkrafttreten des Gesetzes *„über die Vermeidung und Entsorgung von Abfällen“* (Abfallgesetz - AbfG)[26] vom 27.8.1986, der das Außerkrafttreten des Abfallbeseitigungsgesetzes zur Folge hatte, durch einen S. 2 ergänzt. Der Abfallbegriff des Abfallgesetzes von 1986 lautete wie folgt:

„§ 1 Abs. 1: „Abfälle im Sinne dieses Gesetzes sind bewegliche Sachen, deren sich der Besitzer entledigen will oder deren Beseitigung zu Wahrung des Wohls der Allgemeinheit, insbesondere des Schutzes der Umwelt, geboten ist. Bewegliche Sachen, die der Besitzer der entsorgungspflichtigen Körperschaft oder dem von dieser beauftragten Dritten überlässt, sind auch im Falle der Verwertung Abfälle, bis sie oder die aus ihnen gewonnen Stoffe oder erzeugte Energie dem Wirtschaftskreislauf zugeführt werden.“

580 Die Einführung dieses S. 2 wurde durch den Gesetzgeber wie folgt begründet:

„Damit werden Befürchtungen, daß verwertbare Bestandteile des Hausmülls in Abhängigkeit von der Entledigungsabsicht des Besitzers (subjektiver Abfallbegriff) und einer vorher vorgenommenen Sortierung ständig rechtlich zwischen „Abfall“ und „Wirtschaftsgut“ schwanken könnten, ausgeräumt.“

581 Darüber hinaus wurden in § 1 Abs. 3 AbfG a.F. folgende Anwendungsbeschränkungen festgehalten:

„(3) Die Vorschriften dieses Gesetzes gelten nicht für

1. *die nach dem Tierkörperbeseitigungsgesetz,*
   nach dem Fleischbeschaugesetz,
   nach dem Tierseuchengesetz,
   nach dem Pflanzenschutzgesetz und
   nach den auf Grund dieser Gesetze erlassenen Rechtsverordnungen zu beseitigenden Stoffe,
2. *Kernbrennstoffe und sonstige radioaktive Stoffe im Sinne des Atomgesetzes,*
3. *Abfälle, die beim Aufsuchen, Gewinnen, Aufbereiten und Weiterverarbeiten von Bodenschätzen in den der Bergaufsicht unterstehenden Betrieben anfallen, mit Ausnahme der §§ 5 a, 12, 14 Abs. 1 in Verbindung mit § 5 a und der sich hierauf beziehenden Bußgeldvorschriften,*
4. *nicht gefaßte gasförmige Stoffe,*
5. *Stoffe, die in Gewässer oder Abwasseranlagen eingeleitet oder eingebracht werden,*
6. *Stoffe, ausgenommen die von den §§ 2 Abs. 2 und 3, 5, 5 a und 15 erfaßten, die durch gemeinnützige Sammlung einer ordnungsgemäßen Verwertung zugeführt werden,*
7. *Stoffe, ausgenommen die von den §§ 2 Abs. 2 und 3, 5, 5 a und 15 erfaßten, die durch gewerbliche Sammlung einer ordnungsgemäßen Verwertung zugeführt werden, sofern dies den entsorgungspflichtigen Körperschaften nachgewiesen wird und nicht überwiegende öffentliche Interessen entgegenstehen,*
8. *das Aufsuchen, Bergen, Befördern, Lagern, Behandeln und Vernichten von Kampfmitteln.“*

582 Bezüglich der Anwendbarkeit dieser Anwendungsbeschränkungen machte der Gesetzgeber in der Gesetzesbegründung folgende Angaben:

---

26 Gesetz über die Vermeidung und Entsorgung von Abfällen (Abfallgesetz – AbfG) v. 27.8.1986, BGBl. I, S. 1410, in Kraft getreten am 1.12.1986.

„Soweit die in Absatz 1 Nrn. 1 bis 3 umschriebenen Abfälle verwaltungsrechtlich den Bestimmungen der in § 1 Abs. 3 AbfG a.F. aufgezählten Gesetze unterfallen und vom Anwendungsbereich des Abfallbeseitigungsgesetzes ausgenommen sind (Tierkörperbeseitigungsgesetz, Fleischbeschaugesetz, Viehseuchengesetz, Pflanzenschutzgesetz, Atomgesetz, Altölgesetz), werden bisherige Ordnungswidrigkeiten (vgl. § 81 Abs. 1 Nr. 1 Buchstabe a Strahlenschutzverordnung — StrlSchV — vom 13. Oktober 1976 – BGBl. I Seite 2905, 2933) zu strafbaren Handlungen.“[27]

Der Vorrang der Abfallvermeidung und Abfallverwertung vor der Abfallbeseitigung wurde **583** somit zu einem Grundsatz von Gesetzeskraft erhoben.

IX. Richtlinie 91/689/EWG des Rates vom 12.12.1991 über gefährliche Abfälle

Die Richtlinie 91/689/EWG[28] ersetzte die Richtlinie 78/319/EWG[29]. Die Richtlinie 78/319/EWG **584** wurde damit zum 12.12.1993 aufgehoben. Die Erwägungsgründe 4 und 5 der neuen Richtlinie 91/689/EWG begründeten den Bedarf einer Neuregelung wie folgt:

„Die ordnungsgemäße Bewirtschaftung gefährlicher Abfälle erfordert zusätzliche, strengere Regeln, die den Besonderheiten dieser Art von Abfällen Rechnung tragen.“

„Für eine wirksamere Bewirtschaftung gefährlicher Abfälle in der Gemeinschaft bedarf es einer präzisen und einheitlichen Definition der gefährlichen Abfälle unter Berücksichtigung der bisherigen Erfahrungen.“

Insoweit erfuhr auch der europarechtliche Begriff des gefährlichen Abfalls eine Änderung und **585** wurde in Art. 1 Abs. 4 wie folgt definiert:

„Abfälle, die in einem auf den Anhängen I und II der vorliegenden Richtlinie beruhenden Verzeichnis aufgeführt sind, das spätestens sechs Monate vor dem Beginn der Anwendung dieser Richtlinie nach dem Verfahren des Artikels 18 der Richtlinie 75/442/EWG zu erstellen ist. Diese Abfälle müssen eine oder mehrere der in Anhang III aufgeführten Eigenschaften aufweisen. In diesem Verzeichnis wird dem Ursprung und der Zusammensetzung der Abfälle und gegebenenfalls den Konzentrationsgrenzwerten Rechnung getragen. Das Verzeichnis wird in regelmässigen Abständen überprüft und gegebenenfalls nach dem genannten Verfahren überarbeitet;

Sämtliche sonstigen Abfälle, die nach Auffassung eines Mitgliedstaates eine der in Anhang III aufgezählten Eigenschaften aufweisen. Diese Fälle werden der Kommission mitgeteilt und nach dem Verfahren des Artikels 18 der Richtlinie 75/442/EWG im Hinblick auf eine Anpassung des Verzeichnisses überprüft.“

In Bezug auf die Definition von Abfall wurde in Art. 1 Abs. 3 auf die Definition der Richtlinie **586** 75/442/EWG verwiesen.

---

27 BT-Drucks. 8/2382, S. 17.

28 Richtlinie 91/689/EWG des Rates v. 12.12.1991 über gefährliche Abfälle, Abl. L 377 v. 31.12.1991, S. 20.

29 Richtlinie 78/319/EWG des Rates v. 20.3.1978 über giftige und gefährliche Abfälle, Abl. L 084 v. 31.3.1978, S. 43.

X. Verordnung (EWG) Nr. 259/93 des Rates vom 1.2.1993 zur Überwachung und Kontrolle der Verbringung von Abfällen in der, in die und aus der Europäischen Gemeinschaft (EU-Abfallverbringungsverordnung)

587 Die EU-Abfallverbringungsverordnung war ab dem 9.2.1993 in Kraft und kam zwischen dem 6.5.1994 und 11.7.2007 in Deutschland zur unmittelbaren Anwendung. Sie regelte den Im- und Export von Abfällen zwischen den Mitgliedsstaaten, sowie aus und in Drittstaaten.

588 Für die Definition von Abfall verweist die Verordnung in Art. 2 Abs. 1 auf Art. 1 lit. a der Richtlinie 75/442/EWG.[30]

XI. Einunddreißigstes Strafrechtsänderungsgesetz – Zweites Gesetz zur Bekämpfung der Umweltkriminalität (31. StrÄndG – 2. UKG) vom 27.6.1994

589 Am 1.11.1994 trat das Zweite Gesetz zur Bekämpfung der Umweltkriminalität vom 27.6.1994 (2. UKG)[31] in Kraft, das Strafbarkeitslücken schließen und Mängel beheben sollte. Der strafrechtliche Schutz gegen Umweltschäden sollte durch neue Tatbestände und durch die Ergänzung bestehender Tatbestände verstärkt werden. Auch § 326 StGB erfuhr dadurch eine Änderung, indem in Abs. 2 ein Verbringungstatbestand eingefügt wurde. Abgesehen davon, blieb die Grundstruktur gleich, lediglich in Detailfragen wurden Änderungen vorgeschlagen:

590 Der Bundestag äußere sich in seiner Begründung dazu wie folgt:

„*§ 326 StGB hat sich in der Praxis weitgehend bewährt, wie die erhebliche Zahl von nach dieser Vorschrift eingeleiteten Strafverfahren und die relativ hohe Verurteilungsquote belegen. Es besteht daher kein Anlaß, die Grundstruktur des Tatbestandes zu ändern.*“[32]

591 Die Gesetzesbegründung zur Ergänzung des § 326 StGB nimmt keine weitere Konkretisierung des strafrechtlichen Abfallbegriffs vor. Jedoch wurde der von der „*Wissenschaft als zu eng kritisierte*“ in Abs. 1 aufgestellte Katalog von gefährlichen Abfällen erweitert. Der Gesetzgeber äußerte sich hierzu wie folgt:

„*Lücken zeigen sich insbesondere dort, wo eine chemische oder chemisch-physikalische Einwirkung nicht oder nur mit erheblichen Schwierigkeiten nachgewiesen werden kann. Um eine ungerechtfertigte Privilegierung von solchen Stoffen zu vermeiden, die in ihrer Gefährlichkeit Giften oder den genannten Krankheitserregern gleichstehen, soll der Tatbestand in der neuen Nummer 2 auch auf Abfälle erstreckt werden, die für den Menschen krebserzeugend, fruchtschädigend oder erbgutverändernd sind. Die drei Begriffe sind § 7a Abs. 1 WHG und § 3 Nr. 3 Buchstabe k-m ChemG (künftig § 3 a Abs. 1 Nr. 12-14 ChemG) entlehnt.*“[33]

---

30 Vgl. oben unter Anhang II: II., Rn. 563 ff.

31 Einunddreißigstes Strafrechtsänderungsgesetz – Zweites Gesetz zur Bekämpfung der Umweltkriminalität (31. StrÄndG – 2. UKG) v. 27.6.1994, BGBl. I, S. 1440, in Kraft getreten am 1.11.1994.

32 BT-Drucks. 12/192, S. 20.

33 BT-Drucks. 12/192, S. 20.

Ferner wird bei der Gesetzesbegründung zu § 328 StGB die Erweiterung der Strafbarkeit des Umgangs mit gefährlichen Stoffen mit den Grenzen des § 326 StGB erklärt: **592**

„Überdies ist die Grenze zwischen Abfall im Sinne des § 326 StGB und nicht von dieser Vorschrift erfaßtem Wirtschaftsgut fließend, da zumindest beim „privatrechtsbezogenen" Abfallbegriff auf die Willensrichtung des Besitzers abgestellt wird. Eine am Rechtsgüterschutz orientierte Regelung sollte strafbares Unrecht von bußgeldrechtlich zu ahndendem Verhalten anhand des typischen Gefährdungspotentials des jeweiligen Stoffes abschichten."

XII. Gesetz zur Vermeidung, Verwertung und Beseitigung von Abfällen (Kreislaufwirtschafts- und Abfallgesetz KrW-/AbfG) vom 27.9.1994

Das Abfallgesetz von 1976 wurde mit Inkrafttreten des Gesetzes zur Vermeidung, Verwertung und Beseitigung von Abfällen (Kreislaufwirtschafts- und Abfallgesetz KrW-/AbfG)[34] vom 27.9.1994, außer Kraft gesetzt. Die Neuregelung diente unter anderem der Umsetzung der Richtlinie 75/442/EWG in nationales Recht.[35] **593**

Dadurch erfuhr auch der Abfallbegriff eine zentrale Änderung. § 3 Abs. 1 KrW-/AbfG definierte Abfall wie folgt: **594**

„Abfälle im Sinne dieses Gesetzes sind alle beweglichen Sachen, die unter die in Anhang I aufgeführten Gruppen fallen und deren sich ihr Besitzer entledigt, entledigen will oder entledigen muß. Abfälle zur Verwertung sind Abfälle, die verwertet werden; Abfälle, die nicht verwertet werden, sind Abfälle zur Beseitigung."

Der Gesetzgeber äußert sich dazu in dem *„Entwurf eines Gesetzes zur Vermeidung von Rückständen, Verwertung von Sekundärrohstoffen und Entsorgung von Abfällen"*: **595**

„Das Kreislaufwirtschafts- und Abfallgesetz macht die Notwendigkeit der Abfallentsorgung von den Eigenschaften des Rückstandes abhängig, gibt dabei den subjektiven Abfallbegriff ganz auf und bezieht Sekundärrohstoffe in seinen Anwendungsbereich ein." „Unter Abfall werden nur noch solche Rückstände verstanden, die nicht als Sekundärrohstoffe ordnungsgemäß und schadlos verwertet werden können."[36]

„Fortan sollen die Besitzer jedweder Rückstände gemäß dem Verursacherprinzip in die Verantwortung für deren Verbleib und dabei in erster Linie für deren weitere Nutzbarmachung genommen werden."[37]

Darüber hinaus soll die Neuregelung des Kreislaufwirtschafts- und Abfallgesetzes auch der Vorbereitung, auf die ab dem 9.5.1994 unmittelbar geltende Verordnung (EG) Nr. 259/93 dienen. Es heißt in der Gesetzesbegründung: **596**

„Darüber hinaus führt die Bundesregierung weitere unterschiedliche Abfallbegriffe in die jeweiligen Gesetzgebungsvorhaben ein. Ab dem 9. Mai 1994 gilt die EG-Verordnung 259/93 (Abfallverbringung) unmittelbar in der Bundesrepublik Deutschland. Diese erklärt den Abfallbegriff der Richtlinie 91/156 für unmittelbar anwendbar."[38]

---

34 Einunddreißigstes Strafrechtsänderungsgesetz – Zweites Gesetz zur Bekämpfung der Umweltkriminalität (31. StrÄndG – 2. UKG) v. 27.6.1994, BGBl. I, S. 2705, in Kraft getreten am 7.10.1994 bzw. 6.10.1996.

35 BT-Drucks. 12/5672, S. 62.

36 BT-Drucks. 12/5672, S. 2.

37 BT-Drucks. 12/5672, S. 40.

38 BT-Drucks. 12/5672, S. 92.

„Da die EG-Verordnung 259/93 ab dem 9. Mai 1994 unmittelbar geltendes Recht in der Bundesrepublik Deutschland wird und nach der Verfassungsrechtsprechung unmittelbar geltendes EG-Recht im Range über dem Bundesrecht, jedoch aufgrund der Solange-Beschlüsse des Bundesverfassungsgerichts unterhalb des Grundgesetzes steht, ist eine formelle Umsetzung des EG-Abfallbegriffs in das bundesdeutsche Recht erforderlich, da auch bei einer materiellen Umsetzung anderenfalls die Vollzugsbehörden zumindest zwei Abfallbegriffe parallel nebeneinander anzuwenden hätten."

XIII. Richtlinie 2006/12/EG des Europäischen Parlaments und des Rates vom 5.4.2006 über Abfälle

597 Die Richtlinie 2006/12/EG[39], die als Neufassung der Richtlinie 75/442/EWG[40] nur sehr kurz zur Geltung kam, definierte Abfall in Art. 1 Abs. 1 lit. a wie folgt:

„‚Abfall': alle Stoffe oder Gegenstände, die unter die in Anhang I aufgeführten Gruppen fallen und deren sich ihr Besitzer entledigt, entledigen will oder entledigen muss."

XIV. Richtlinie 2008/98/EG des Europäischen Parlaments und des Rates vom 19.11.2008 über Abfälle und zur Aufhebung bestimmter Richtlinien

598 Die Richtlinie 2006/12/EG[41] wurde durch die Abfallrahmenrichtlinie 2008/98/EG[42] bis zum 12.12.2010 aufgehoben. In den Erwägungsgründen der Neufassung heißt es dazu:

„(1) Die Richtlinie 2006/12/EG des Europäischen Parlaments und des Rates vom 5. April 2006 über Abfälle (4) legt den Rechtsrahmen für den Umgang mit Abfällen in der Gemeinschaft fest. Sie enthält Bestimmungen wichtiger Begriffe wie Abfall, Verwertung und Beseitigung und schafft grundlegende Anforderungen an die Bewirtschaftung von Abfällen, insbesondere eine Genehmigungs- bzw. Registrierungspflicht von Anlagen oder Unternehmen, die Abfallbewirtschaftungsmaßnahmen durchführen, und eine Verpflichtung der Mitgliedstaaten zur Aufstellung von Abfallbewirtschaftungsplänen. Ferner enthält sie wichtige Grundsätze wie z.B. eine Verpflichtung, mit Abfällen so umzugehen, dass die Umwelt und die menschliche Gesundheit nicht beeinträchtigt werden, sowie einen Aufruf zur Einhaltung der Abfallhierarchie und im Einklang mit dem Verursacherprinzip eine Anforderung, wonach die Kosten der Abfallbeseitigung vom Abfallbesitzer, den früheren Abfallbesitzern oder den Herstellern des Erzeugnisses, von dem der Abfall stammt, zu tragen sind."

„(7) In seiner Entschließung vom 24. Februar 1997 über eine Gemeinschaftsstrategie für die Abfallbewirtschaftung (8) hat der Rat bekräftigt, dass die Abfallvermeidung die oberste Priorität der Abfallwirtschaft sein sollte und dass Wiederverwendung und stoffliches Recycling den Vorzug vor der energetischen Verwertung von Abfällen haben sollten, wenn und soweit dies unter Umweltschutzgesichtspunkten die besten Optionen sind."

---

39 Richtlinie 2006/12/EG des Europäischen Parlaments und des Rates v. 5.4.2006 über Abfälle, Abl. L 114 v. 27.4.2006, S. 9.

40 Richtlinie 75/442/EWG des Rates v. 15.7.1975 über Abfälle, Abl. L 194 v. 25.7.1975.

41 Richtlinie 2006/12/EG des Europäischen Parlaments und des Rates v. 5.4.2006 über Abfälle, Abl. L 114 v. 27.4.2006, S. 9.

42 Richtlinie 2008/98/EG des Europäischen Parlaments und des Rates v. 19.11.2008 über Abfälle und zur Aufhebung bestimmter Richtlinien, Abl. L 312 v. 22.11.2008.

„(8) Es ist somit notwendig, die Richtlinie 2006/12/EG zu überarbeiten, um die Definition von Schlüsselbegriffen wie Abfall, Verwertung und Beseitigung zu klären, die Maßnahmen zur Abfallvermeidung zu stärken, ein Konzept einzuführen, das den gesamten Lebenszyklus von Produkten und Stoffen und nicht nur die Abfallphase berücksichtigt, sowie den Schwerpunkt auf die Reduzierung der Umweltauswirkungen von Abfallerzeugung und -bewirtschaftung zu setzen, wodurch der wirtschaftliche Wert von Abfall erhöht wird. Darüber hinaus sollten die Verwertung von Abfällen sowie die Verwendung verwerteter Materialien zur Erhaltung der natürlichen Rohstoffquellen gefördert werden. Im Interesse der Klarheit und Lesbarkeit sollte die Richtlinie 2006/12/EG aufgehoben und durch eine neue Richtlinie ersetzt werden."

Die Abfallrahmenrichtlinie 2008/98/EG[43] legt einen Rechtsrahmen für den Umgang mit Abfällen in der EU fest und zielt auf den Schutz der Umwelt, menschlicher Gesundheit und Ressourcen ab. Sie ersetzt die seit 1975 gültige Richtlinie 75/442/EWG[44] mit ihrer kurz gültigen Neufassung in Gestalt der Richtlinie 2006/12/EG[45], sowie der Richtlinien 75/439/EWG (über die Altölbeseitigung)[46] und 91/689/EWG (über gefährliche Abfälle)[47]. **599**

Eine neue Abfallrahmenrichtlinie war unter anderem nötig, um die Definition umstrittener Schlüsselbegriffe wie Abfall, Verwertung und Beseitigung zu klären und Maßnahmen zur Abfallverwertung zu fördern (vgl. Erwägungsgrund 8). **600**

Abfall und gefährlicher Abfall wurden in der Richtlinie in Art. 3 Nr. 1 und 2 wie folgt definiert:

„1. „Abfall" jeden Stoff oder Gegenstand, dessen sich sein Besitzer entledigt, entledigen will oder entledigen muss;"

„2. „gefährlicher Abfall" Abfall, der eine oder mehrere der in Anhang III aufgeführten gefährlichen Eigenschaften aufweist;"

In Deutschland wurde die Richtlinie durch das Gesetz zur Förderung der Kreislaufwirtschaft und Sicherung der umweltverträglichen Bewirtschaftung von Abfällen (Kreislaufwirtschaftsgesetz) 2012 in nationales Recht umgesetzt. **601**

XV. Richtlinie 2008/99/EG des Europäischen Parlaments und des Rates vom 19.11.2008 über den strafrechtlichen Schutz der Umwelt

Die Richtlinie 2008/99/EG[48] legte erstmals gemeinsame Regeln für Straftaten fest, die einem wirksameren Umweltschutz dienen sollen. In Erwägungsgrund 2 der Richtlinie begründet der europäische Gesetzgeber seine Entscheidung damit, dass die EU über die Zunahme von Umweltstraftaten und deren Auswirkungen besorgt sei, die in steigendem Maße über die Grenzen der Staaten hinausgehen, in denen die Straftaten begangen werden. Die bestehenden Sanktionsregelungen seien nicht ausreichend, um die vollständige Einhaltung des Umweltschutzrechts durchzusetzen. Die Mitgliedsstaaten wurden daher mit dieser Richtlinie ver- **602**

43 Richtlinie 2008/98/EG des Europäischen Parlaments und des Rates v. 19.11.2008 über Abfälle und zur Aufhebung bestimmter Richtlinien, Abl. L 312 v. 22.11.2008, S. 3.

44 Richtlinie 75/442/EWG des Rates v. 15.7.1975 über Abfälle, Abl. L 194 v. 25.7.1975, S. 47.

45 Richtlinie 2006/12/EG des Europäischen Parlaments und des Rates v. 5.4.2006 über Abfälle, Abl. L 114 v. 27.4.2006, S. 9.

46 Richtlinie 75/439/EWG des Rates v. 16.6.1975 über die Altölbeseitigung, Abl. L 194 v. 25.7.1975, S. 31

47 Richtlinie 91/689/EWG des Rates v. 12.12.1991 über gefährliche Abfälle, Abl. L 377 v. 31.12.1991, S. 20.

48 Richtlinie 2008/99/EG des Europäischen Parlaments und des Rates v. 19.11.2008 über den strafrechtlichen Schutz der Umwelt, Abl. L 328/28 v. 6.12.2008.

pflichtet, in ihren nationalen Rechtsvorschriften strafrechtliche Sanktionen für schwere Verstöße gegen das gemeinschaftliche Umweltschutzrecht vorzusehen (vgl. EG 10).

603 Die Vorschriften der Richtlinie sind dabei als Mindestvorschriften zu verstehen. Den nationalen Gesetzgebern stand es daher frei, strengere Maßnahmen für den wirksamen strafrechtlichen Schutz zu der Umwelt zu erlassen oder aufrechtzuerhalten (vgl. EG 12).

604 Die Europäische Kommission hat am 15.12.2021 eine neue Richtlinie über den strafrechtlichen Schutz der Umwelt vorgeschlagen.[49] Der Richtlinienvorschlag wurde vom Rat der Europäischen Union erörtert, woraufhin er am 9.12.2022 sein Mandat für Verhandlungen mit dem Europäischen Parlament über die Richtlinie zur Bekämpfung der Umweltkriminalität festlegte.

605 Ziel des Richtlinienvorschlags ist insbesondere die Wirksamkeit der Ermittlungen und der Strafverfolgung durch Aktualisierung des Anwendungsbereichs der Richtlinie, sowie der Präzisierung oder Streichung vager Begriffe in den Definitionen für Umweltkriminalität. Dadurch soll vor allem auch die grenzüberschreitende Ermittlung und Strafverfolgung gefördert werden. Außerdem soll der Richtlinienvorschlag der Gewährleistung von wirksamen, abschreckenden und verhältnismäßigen Sanktionsarten und Strafmaßnahmen für Umweltkriminalität dienen.

606 Im Vergleich zu der aufzuhebenden Richtlinie 2008/99/EG sieht der Richtlinienvorschlag einige neue Straftatbestände sowie detailliertere und weitergehende Sanktionsvorgaben für natürliche und juristische Personen vor. Sind es in der aktuellen Richtlinie 2008/99/EG noch neun Straftaten, sieht der Richtlinienvorschlag nun 20 Straftatbestände vor. Zu den neuen Straftaten zählen insbesondere der illegale Holzhandel, der in einigen Teilen der Welt eine der Hauptursachen für die Entwaldung ist, das illegale Recycling umweltschädlicher Schiffsteile, die illegale Wasserentnahme, die zu erheblicher Schädigung der Wasserressourcen führt, schwerwiegende Verstöße gegen die Rechtsvorschriften über Chemikalien, schwerwiegende Verstöße im Zusammenhang mit dem Umgang mit fluorierten Treibhausgasen, die zum Klimawandel beitragen, sowie schwerwiegende Verstöße gegen die Rechtsvorschriften über invasiver gebietsfremde Arten von unionsweiter Bedeutung.

XVI. Fünfundvierzigstes Strafrechtsänderungsgesetz zur Umsetzung der Richtlinie des Europäischen Parlaments und des Rates über den strafrechtlichen Schutz der Umwelt vom 6.12.2011

607 In Art. 8 der Richtlinie 2008/99/EG wurden die Mitgliedsstaaten aufgefordert, die Vorschriften dieser Richtlinie bis spätestens zum 26.12.2010 in nationales Recht umzusetzen. Der deutsche Gesetzgeber kam dieser Aufforderung am 6.12.2011 in Form eines 45. StrÄndG zur Umsetzung der Richtlinie des Europäischen Parlaments und Rates über den strafrechtlichen Schutz der Umwelt[50] nach. Es trat am 14.12.2011 in Kraft.

608 Zur Umsetzung der Richtlinie in nationales Recht waren verschiedene Gesetzesänderungen im deutschen Recht erforderlich. Der deutsche Gesetzgeber stellte in der Gesetzesbegründung

49 Vorschlag für eine Richtlinie des Europäischen Parlaments und des Rates über den strafrechtlichen Schutz der Umwelt und zur Ersetzung der Richtlinie 2008/99/EG v. 15.12.2021, COM (2021) 851 final.

50 Fünfundvierzigstes Strafrechtsänderungsgesetz zur Umsetzung der Richtlinie des Europäischen Parlaments und des Rates über den strafrechtlichen Schutz der Umwelt v. 6.12.2011, BGBl. I, S. 2557, in Kraft getreten am 14.12.2011.

jedoch auch klar, dass das deutsche Strafrecht bereits im Wesentlichen den Vorgaben der Richtlinie Umweltstrafrecht entsprach, sodass Änderungen nur in Teilbereichen erforderlich wurden.[51]

Der den § 326 StGB ändernde Art. 1 dieses Gesetz trat am 7.12.2011 in Kraft. Durch diesen **609**
wurde der Straftatbestand des § 326 Abs. 1 StGB auf die von der Norm bislang nicht erfasste innerstaatliche Beförderung von gefährlichen Abfällen erweitert. Ebenso wurde der Abfallbegriff des § 326 Abs. 2 StGB an den europarechtlichen Abfallbegriff des Art. 2 Nr. 35 Abfallverbringungsverordnung 1013/2006/EG angeglichen.

Das Wort *„gefährlich"* wurde in der Überschrift des Tatbestandes des § 326 StGB gestrichen. **610**

„Die Streichung des Worts „gefährlichen" in der Überschrift wird in Anlehnung an die Vorgaben der Richtlinie Umweltstrafrecht, die nicht ausschließlich auf gefährliche Abfälle beschränkt sind, und an die Verwendung des europarechtlichen Abfallbegriffs in § 326 Absatz 2 StGB (vgl. folgende Nummer 4) vorgeschlagen."[52]:

Dies war laut Gesetzesbegründung der Tatsache geschuldet, den Vorgaben der Richtlinie **611**
Umweltstrafrecht, die nicht ausschließlich auf gefährliche Abfälle beschränkt sind, nachzukommen und sei daher mit keiner materiellen Änderung verbunden gewesen.

„Der Abfallbegriff des Artikels 3 Buchstabe c der Richtlinie setzt, anders als § 326 Absatz 2 in Verbindung mit Absatz 1 StGB, nicht voraus, dass die Abfälle besonders geeignet sein müssen, schädliche Umwelteinwirkungen hervorzurufen. Auch enthält die Vorgabe in Artikel 3 Buchstabe c der Richtlinie, anders als Artikel 3 Buchstabe b der Richtlinie, keine Beschränkung auf besonders gefährliche Abfälle. Der Gesetzentwurf schlägt deshalb vor, zur Umsetzung der Vorgabe in Artikel 3 Buchstabe c der Richtlinie in § 326 Absatz 2 Nummer 1 StGB alle Abfälle und alle Tathandlungen im Sinne des Artikels 2 Nummer 35 der Verordnung (EG) Nummer 1013/2006 in den Tatbestand aufzunehmen."[53]

Ferner heißt es in der Begründung zu Art. 1 Nr. 4. 4[54]: **612**

„Dem in Artikel 3 Buchstabe c der Richtlinie Umweltstrafrecht genannten Artikel 2 Nummer 35 der Verordnung (EG) Nummer 1013/2006 liegt der Abfallbegriff des Artikels 2 Nummer 1 der Verordnung in Verbindung mit Artikel 1 Absatz 1 Buchstabe a der Richtlinie 2006/ 12/EG zu Grunde."

Der strafrechtliche Abfallbegriff des § 326 Abs. 2 StGB wird in dieser Gesetzesänderung an **613**
den europarechtlichen Abfallbegriff angelehnt.

Letzterer wird in Art. 2 Nr. 1 der Abfallverbringungsverordnung 1013/2006/EG vom 14.6.2006[55] **614**
in Verbindung mit Art. 1 Abs. 1a der Richtlinie 2006/12/EG vom 19.11.2008[56] definiert:

Art. 2 Nr. 1 VO (EG) Nr. 1013/2006:

„1. „Abfälle" Abfälle im Sinne des Artikels 1 Absatz 1 Buchstabe a der Richtlinie 2006/12/EG;"

---

51 BT-Drucks. 17/5391, S. 10.
52 BT-Drucks. 17/5391, S. 17.
53 BT-Drucks. 17/5391, S. 18.
54 BT-Drucks. 17/5391, S. 18.
55 Verordnung (EG) Nr. 1013/2006 des Europäischen Parlaments und des Rates v. 14.6.2006 über die Verbringung von Abfällen, ABl. L 190 v. 15.7.2006, S. 1.
56 Richtlinie 2006/12/EG des Europäischen Parlaments und Rates v. 5.4.2006 über Abfälle, ABl. L 114 v. 27.4.2006, S. 9.

Art. 1 Abs. 1a 2006/12/EG:

„1.: „Abfall“ jeden Stoff oder Gegenstand, dessen sich sein Besitzer entledigt, entledigen will oder entledigen muss.“

615 Auf den Abfallbegriff des § 326 Abs. 1 StGB geht der Gesetzgeber überdies nicht weiter ein. Insbesondere die Entwicklungen des Abfallbeseitigungsgesetzes und der damit verbundenen Änderung dessen Abfallbegriffes, werden trotz der Anlehnung des strafrechtlichen Abfallbegriffs an den des damaligen Abfallbeseitigungsgesetzes, nicht aufgegriffen. Jedoch wird auf die Notwendigkeit einer europarechtskonformen Auslegung hingewiesen.[57]

XVII. Gesetz zur Förderung der Kreislaufwirtschaft und Sicherung der umweltverträglichen Bewirtschaftung von Abfällen (Kreislaufwirtschaftsgesetz - KrWG)

616 Das Gesetz zur Förderung der Kreislaufwirtschaft und Sicherung der umweltverträglichen Bewirtschaftung von Abfällen (Kreislaufwirtschaftsgesetz – KrWG) vom 24.2.2012 löste das Kreislaufwirtschafts- und Abfallgesetz ab. Das Kreislaufwirtschaftsgesetz setzte die Abfallrahmenrichtlinie 2008/98/EG[58] in deutsches Recht um, was eine Fortentwicklung des nationalen Abfallrechts zur Folge hatte.

617 Der Abfallbegriff wurde dementsprechend der Vorgabe der Abfallrahmenrichtlinie angepasst:

§ 3 Abs. 1 KrWG: *„Abfälle im Sinne dieses Gesetzes sind alle Stoffe oder Gegenstände, derer sich ihr Besitzer entledigt, entledigen will oder entledigen muss. Abfälle zur Verwertung sind Abfälle, die verwertet werden; Abfälle, die nicht verwertet werden, sind Abfälle zur Beseitigung.“*

618 S. 1 entsprach ungefähr dem Wortlaut der Abfallrahmenrichtlinie 2008/98/EG.[59] Darauf ging der Gesetzgeber auch in dem Entwurf eines Gesetzes zur Neuordnung des Kreislaufwirtschafts- und Abfallrecht vom 6.6.2011[60] ein:

„Die Legaldefinition des Abfallbegriffs ist gegenüber der bisherigen gesetzlichen Regelung in § 3 Absatz 1 KrW-/AbfG an den Wortlaut des Artikels 3 Nummer 1 AbfRRL angepasst worden.“

XVIII. Gesetz zur Änderung des Umwelt-Rechtsbehelfsgesetzes und anderer umweltrechtlicher Vorschriften vom 21.1.2013

619 Im Zuge der Umsetzung des Urteils des EuGH vom 12.5.2011 (Rechtssache C-115/09) durch Änderung des Umwelt-Rechtsbehelfsgesetz, wurde auch § 326 Abs. 2 StGB durch das Gesetz zur Änderung der Umwelt-Rechtsbehelfsgesetz und anderer umweltrechtlicher Vorschriften

57 BT-Drucks. 17/5391, S. 11.

58 Richtlinie 2008/98/EG des Europäischen Parlaments und des Rates v. 19.11.2008 über Abfälle und zur Aufhebung bestimmter Richtlinien, Abl. L 312 v. 22.11.2008, S. 3.

59 Richtlinie 2008/98/EG des Europäischen Parlaments und des Rates v. 19.11.2008 über Abfälle und zur Aufhebung bestimmter Richtlinien, Abl. L 312 v. 22.11.2008, S. 3.

60 BT-Drucks. 17/6052, S. 71.

vom 21.1.2013[61] geändert. Art. 5 des Änderungsgesetzes, der am 22.1.2013 in Kraft trat, aktualisierte lediglich die Verweisung auf die unionsrechtlichen Bestimmungen zur Abfallverbringung.[62] Anmerkungen speziell zum strafrechtlichen Abfallbegriff wurden nicht gemacht.

XIX. Gesetz zur Änderung abfallverbringungsrechtlicher Vorschriften vom 1.11.2016

Das Gesetz zur Änderung abfallverbringungsrechtlicher Vorschriften vom 1.11.2016[63] änderte **620** sowohl das Strafgesetzbuch als auch das für das Abfallstrafrecht relevante Abfallverbringungsgesetz.

Durch Art. 1 dieses Gesetzes, der am 2.11.2016 in Kraft trat, wurde die Sanktionsregelung des **621** § 326 Abs. 2 Nr. 1 StGB für Verstöße gegen die Abfallverbringungsverordnung 1013/2006/EG in das Abfallverbringungsgesetz verlagert.

Durch Art. 2 dieses Gesetzes wurde § 326 Abs. 2 StGB somit wieder in die Fassung gebracht, **622** die vor Inkrafttreten des 45. StrÄndG bestand. In der Begründung des Gesetzgebers zu Art. 2 heißt es:

„… § 326 Absatz 2 StGB bezieht sich künftig – wie auch schon vor Inkrafttreten des 45. StrÄndG – wieder nur auf bestimmte in § 326 Absatz 1 StGB aufgeführte gefährliche Abfälle und deckt auch Rechtsbereiche außerhalb der Verordnung (EG) Nr. 1013/2006 ab, u. a. radioaktive Abfälle.“[64]

Andere Anmerkungen zum strafrechtlichen Abfallbegriff blieben aus. Auch auf das 2012 in **623** Kraft getretene Kreislaufwirtschaftsgesetz als aktueller Nachfolger des Abfallbeseitigungsgesetzes wurde nicht eingegangen.

Das Gesetz zur Änderung abfallverbringungsrechtlicher Vorschriften vom 1.11.2016[65] änderte **624** auch das Gesetz zur Ausführung der Abfallverbringungsverordnung 1013/2006/EG und des Basler Übereinkommens vom 22.3.1999 über die Kontrolle der grenzüberschreitenden Verbringung gefährlicher Abfälle und ihrer Entsorgung (Abfallverbringungsgesetz)[66], welches am 28.7.2007 in Kraft trat. Dadurch erfuhr das Abfallverbringungsgesetz eine auch für das Strafrecht relevante Änderung: Die Sanktionsregelung des § 326 Abs. 2 Nr. 1 StGB wurde in das Abfallverbringungsgesetz verlagert. Dadurch sollte ein *„differenziertes Sanktionsgefüge“* geschaffen und Auslegungsprobleme gelöst werden.[67] Der neu eingeführte § 18a des Abfallverbringungsgesetzes ist laut Gesetzgeber lex specialis zu § 326 Abs. 2 StGB.[68]

---

61 Gesetz zur Änderung des Umwelt-Rechtsbehelfsgesetzes und anderer umweltrechtlicher Vorschriften v. 21.1.2013, BGBl. I, S. 95, in Kraft getreten am 1.8.2013 bzw. 1.1.2014 bzw. 29.1.2013.

62 BR-Drucks. 469/12, S. 13.

63 Gesetz zur Änderung abfallverbringungsrechtlicher Vorschriften v. 1.11.2016, BGBl. I, S. 2452, in Kraft getreten am 10.11.2016 bzw. 1.1.2018.

64 BT-Drucks. 18/8961, S. 20.

65 Gesetz zur Änderung abfallverbringungsrechtlicher Vorschriften v. 1.11.2016, BGBl. I, S. 2452, in Kraft getreten am 10.11.2016 bzw. 1.1.2018.

66 Gesetz zur Ablösung des Abfallverbringungsgesetzes und zur Änderung weiterer Rechtsvorschriften v. 19.7.2007, BGBl. I, S. 1462, in Kraft getreten am 28.7.2007 bzw. 1.5.2008.

67 BT-Drucks. 18/8961, S. 11.

68 BT-Drucks. 18/8961, S. 18.

625 Bei dem Abfallbegriff des Abfallverbringungsgesetzes handelt es sich um einen eigenständigen Abfallbegriff, der eng an den europarechtlichen Abfallbegriff angelehnt ist:

626 § 18a AbfVerbrG verweist für die Definition von gefährlichen Abfällen auf Art. 3 Nr. 2 der Abfallrahmenrichtlinie 2008/98/EG, wobei zur Definition des Begriffs des Abfalls ebenfalls Art. 3 Nr. 1 hinzugelesen werden muss.

„Mit Freiheitsstrafe bis zu fünf Jahren oder mit Geldstrafe wird bestraft, wer eine illegale Verbringung (…) von gefährlichen Abfällen im Sinne des Artikels 3 Nummer 2 der Richtlinie 2008/98/EG durchführt.“

627 Nach Art. 3 Nr. 1 der Abfallrahmenrichtlinie 2008/98/EG bezeichnet *„„Abfall,* jeden Stoff oder Gegenstand, dessen sich sein Besitzer entledigt, entledigen will oder entledigen muss“.

628 Als *„gefährlicher Abfall“* definiert Art. 3 Nr. 2 der Abfallrahmenrichtlinie 2008/98/EG Abfall, der eine oder mehrere der in Anhang III aufgeführten gefährlichen Eigenschaften aufweist:

„Im Sinne dieser Richtlinie bezeichnet der Ausdruck

2. „gefährlicher Abfall“ Abfall, der eine oder mehrere der in Anhang III aufgeführten gefährlichen Eigenschaften aufweist“

629 Der Begriff *„gefährliche Abfälle“* i.S.d. Abfallverbringungsgesetzes ist so zu verstehen, wie in Art. 2 Nr. 2 der Abfallverbringungsverordnung 1013/2006/EG definiert[69]:

***Art. 2 Nr. 2 VO (EG) 1013/2006:** „gefährliche Abfälle“ sind Abfälle im Sinne des Artikels 1 Absatz 4 der Richtlinie 91/689/EWG des Rates vom 12. Dezember 1991 über gefährliche Abfälle.“*

630 Die Abfallverbringungsverordnung 1013/2006/EG[70] trat am 15.7.2006 in Kraft und wird seit dem 12.7.2007 angewandt. Berichtigungen der Abfallverbringungsverordnung 1013/2006/EG wurden am 28.11.2008, am 13.12.2013 und am 22.10.2015 veröffentlicht.

631 Art. 2 Nr. 1 bzw. Nr. 2 der Abfallverbringungsverordnung 1013/2006/EG verweist für den Begriff der Abfälle wiederum auf Art. 1 Abs. 1 lit. a der Richtlinie 2006/12/EG[71] bzw. für gefährliche Abfälle auf Art. 1 Abs. 4 der Richtlinie 91/689/EWG[72], geändert durch die Richtlinie 94/31/EG[73]:

„Im Sinne dieser Verordnung bezeichnet der Ausdruck:
1. „Abfälle“ Abfälle im Sinne des Artikels 1 Absatz 1 Buchstabe a der Richtlinie 2006/12/EG;
2. „gefährliche Abfälle“ Abfälle im Sinne des Artikels 1 Absatz 4 der Richtlinie 91/689/EWG des Rates vom 12. Dezember 1991 über gefährliche Abfälle“

632 Art. 1 Abs. 1 lit. a der Richtlinie 2006/12/EG und damit die Vorgängervorschrift des Art. 3 Nr. 1 der Abfallrahmenrichtlinie 2008/98/EG lautete:
„(1) Im Sinne dieser Richtlinie bedeutet:
a) „Abfall“: alle Stoffe oder Gegenstände, die unter die in Anhang I aufgeführten Gruppen fallen und deren sich ihr Besitzer entledigt, entledigen will oder entledigen muss;“

69 BT-Drucks. 18/8961, S. 20.

70 Verordnung (EG) Nr. 1013/2006 des Europäischen Parlaments und des Rates v. 14.6.2006 über die Verbringung von Abfällen, ABl. L 190 v. 15.7.2006, S. 1.

71 Richtlinie 2006/12/EG des Europäischen Parlaments und des Rates v. 5.4.2006 über Abfälle, ABl. L 114 v. 27.4.2006, S. 9.

72 Richtlinie 91/689/EWG des Rates v. 12.12.1991 über gefährliche Abfälle, ABl. L 377 v. 31.12.1991, S. 20.

73 Richtlinie 94/31/EG des Rates v. 27.6.1994 zur Änderung der Richtlinie 91/689/EWG über gefährliche Abfälle, ABl. L 168 v. 2.7.1994, S. 28.

Art. 1 Abs. 4 der Richtlinie 91/689/EWG[74] lautete: 633

„(4) Im Sinne dieser Richtlinie sind ‚gefährliche Abfälle':

- *Abfälle, die in einem auf den Anhängen I und II der vorliegenden Richtlinie beruhenden Verzeichnis aufgeführt sind, das spätestens sechs Monate vor dem Beginn der Anwendung dieser Richtlinie nach dem Verfahren des Artikels 18 der Richtlinie 75/442/EWG zu erstellen ist. Diese Abfälle müssen eine oder mehrere der in Anhang III aufgeführten Eigenschaften aufweisen. In diesem Verzeichnis wird dem Ursprung und der Zusammensetzung der Abfälle und gegebenenfalls den Konzentrationsgrenzwerten Rechnung getragen. Das Verzeichnis wird in regelmässigen Abständen überprüft und gegebenenfalls nach dem genannten Verfahren überarbeitet;*
- *sämtliche sonstigen Abfälle, die nach Auffassung eines Mitgliedstaates eine der in Anhang III aufgezählten Eigenschaften aufweisen. Diese Fälle werden der Kommission mitgeteilt und nach dem Verfahren des Artikels 18 der Richtlinie 75/442/EWG im Hinblick auf eine Anpassung des Verzeichnisses überprüft."*

Die Richtlinie 91/689/EWG wurde durch Art. 41 der Abfallrahmenrichtlinie 2008/98/EG[75] mit 634
Wirkung v. 12.12.2010 aufgehoben. Dort wird *„gefährlicher Abfall"* in Art. 3 Nr. 2 wie folgt definiert:

„‚gefährlicher Abfall' ist Abfall, der eine oder mehrere der in Anhang III aufgeführten gefährlichen Eigenschaften aufweist"

Anhang III listet insgesamt 15 gefahrenrelevante Eigenschaften von Abfällen auf. Zu diesen 635
Eigenschaften gehören u.a. die Kategorien explosiv, brandfördernd, leicht entzündbar, entzündbar, reizend, gesundheitsschädlich, giftig, krebserzeugend, ätzend, infektiös, fortpflanzungsgefährdend, mutagen, sensibilisierend und ökotoxisch.

§ 18b AbfVerbrG verweist für die Definition von nicht gefährlichen Abfällen ebenfalls auf Art. 636
3 Nr. 1 der Abfallrahmenrichtlinie 2008/98/EG:

„Mit Freiheitsstrafe bis zu zwei Jahren oder mit Geldstrafe wird bestraft, wer eine illegale Verbringung (…) von Abfällen im Sinne des Artikels 3 Nummer 1 der Richtlinie 2008/98/EG, die keine gefährlichen Abfälle im Sinne des Artikels 3 Nummer 2 der Richtlinie 2008/98/EG sind, durchführt."

XX. Richtlinie (EU) 2018/851 des Europäischen Parlaments und des Rates vom 30.5.2018 zur Änderung der Richtlinie 2008/98/EG über Abfälle

Die Richtlinie (EU) 2018/851[76] hatte zum Ziel, die Abfallbewirtschaftung der Union zu verbes- 637
sern und durch eine effizientere Ressourcennutzung und eine Erhöhung der zuvor festgelegten Zielvorgaben zu einem schnelleren Übergang hin zu einer Kreislaufwirtschaft beizutragen (vgl. Erwägungsgrund 1, 2 und 3).

---

74 Richtlinie 91/689/EWG des Rates v. 12.12.1991 über gefährliche Abfälle, ABl. L 377 v. 31.12.1991, S. 20.

75 Richtlinie 2008/98/EG des Europäischen Parlaments und des Rates v. 19.11.2008 über Abfälle und zur Aufhebung bestimmter Richtlinien, ABl. L 312 v. 22.11.2008, S. 3.

76 Richtlinie (EU) 2018/851 des Europäischen Parlaments und des Rates v. 30.5.2018 zur Änderung der Richtlinie 2008/98/EG über Abfälle, ABl. L 150/109 v. 14.6.2018.

638 Durch die Änderungsrichtlinie bleiben die bestehenden Begriffsbestimmungen zu „*Abfall*" in Art. 3 Nr. 1 und „*gefährlicher Abfall*" in Art. 3 Nr. 2 bestehen. Jedoch wird eine Nr. 2a eingefügt, die „*nicht gefährliche[n] Abfall*" wie folgt definiert:

„‚nicht gefährlicher Abfall' ist Abfall, der nicht unter Nummer 2 fällt".

639 Die Mitgliedstaaten hatten die Vorgaben der Änderungsrichtlinie bis 5.7.2020 durch entsprechende Rechts- und Verwaltungsvorschriften umzusetzen.

640 Diese Umsetzung erfolgte durch Art. 1 des Gesetzes zur Umsetzung der Abfallrahmenrichtlinie der Europäischen Union (Novelle des Kreislaufwirtschaftsgesetzes – KrWG)[77], welches am 29.10.2020 in Kraft getreten ist

641 Dies hatte unter anderem zur Folge, dass einige Begriffsbestimmungen des § 3 KrWG neu getroffen, ausdifferenziert oder konkretisiert wurden. Unter anderem wird der Begriff „*Siedlungsabfall*" eingeführt. Auf die Begriffsbestimmungen von Abfall und gefährlichem Abfall hat die Novelle jedoch keine Auswirkungen.

---

77 Gesetz zur Umsetzung der Abfallrahmenrichtlinie der Europäischen Union v. 23.10.2020, BGBl. I, S. 2232, in Kraft getreten am 29.10.2020.

Stichwortverzeichnis

Die Zahlen bezeichnen die jeweiligen Randnummern.